本书出版得到武汉大学文学院

"双一流"学科建设经费资助

谭新红 笺证

四库全书总目词籍提要笺证

中华书局

图书在版编目(CIP)数据

四库全书总目词籍提要笺证/谭新红笺证. —北京:中华书局,2024.1

ISBN 978-7-101-16368-1

Ⅰ.四… Ⅱ.谭… Ⅲ.《四库全书总目提要》–研究 Ⅳ.Z833

中国国家版本馆 CIP 数据核字(2023)第 210058 号

书　　名	四库全书总目词籍提要笺证
笺　　证	谭新红
责任编辑	郭睿康　刘　明
责任印制	管　斌
出版发行	中华书局
	(北京市丰台区太平桥西里38号　100073)
	http://www.zhbc.com.cn
	E-mail:zhbc@zhbc.com.cn
印　　刷	北京盛通印刷股份有限公司
版　　次	2024年1月第1版
	2024年1月第1次印刷
规　　格	开本/880×1230毫米　1/32
	印张12　插页2　字数297千字
印　　数	1-1500册
国际书号	ISBN 978-7-101-16368-1
定　　价	58.00元

目　录

前　言*

　　清代考据学大师王鸣盛在《十七史商榷》卷一中说："目录之学，学中第一紧要事。必从此问途，方能得其门而入。"教人做学问要从目录学入手，而目录学的集大成之作非《四库全书总目》莫属。因此，张之洞《輶轩语·语学·读书宜有门径》告诉我们："将《四库全书总目提要》读一过，即略知学问门径矣。"

　　诚然！《四库全书总目》的内容包罗甚广，所涉甚多，堪称一部大百科全书！它除了是一部目录学巨著外，还关涉版本学、校勘学、作家生平考证、作家批评、文学理论等问题。如《四库全书总目》卷一九八《集部》五一《词曲类一》著录柳永《乐章集》一卷时云："永初名三变，字耆卿。崇安人。景祐元年进士，官至屯田员外郎，故世号柳屯田。叶梦得《避暑录话》曰：'柳永为举子时，多游狭斜，善为歌词。教坊乐工每得新腔，必求永为词，始行于世。余仕丹徒，尝见一西夏归朝官云："凡有井水饮处，即能歌柳词。"言其传之广也。'张端义《贵耳集》亦曰'项平斋言诗当学杜诗，词当学柳词。杜诗、柳词皆无表德，只是实说'云云。"这是关于词人生平的记载，涉及到柳永的名、字、号、籍贯、科考、仕履、传播、影响等，言简意赅，非常全面。《四库全书总目》接着说："盖词本管弦冶荡之音，而永所作旖旎近情，故使人易入。虽颇以俗为病，然好之者终不绝也。"这是词人批评，同时有

＊本书属国家社科基金重点项目《宋诗汇评与考证》（19AZW009）阶段性成果。

词学理论的阐发。《四库全书总目》又云："陈振孙《书录解题》载其《乐章集》三卷，今止一卷，盖毛晋刊本所合并也。宋词之传于今者，惟此集最为残阙。晋此刻亦殊少勘正，讹不胜乙。"这关系到柳永词集的版本。《提要》最后用一大段话校勘柳永词的字句问题。《四库全书总目·乐章集提要》只有五百四十八字，却将柳永的生平、柳永词的特点与影响、柳永词集的版本、柳永词的批评等问题非常精练、非常全面地呈现给读者，无怪乎刘毓盘《中国文学略》要说："纪昀《四库提要》出，尤只千古而无对者已。"陈尚君先生在《四库提要辨证重刊弁言》中也说："这部凝聚着乾隆年间一批最优秀学者二十多年心血的大书，对清中叶以前基本古籍作了全面清理和估价，对中国传统学术作了系统深入的总结，在学术史上地位和影响空前启后。"

针对这样一部优秀的著作，我们有必要精耕细作，对其进行全面深入的研究，笺证就是其中一项重要的基础工作。将《提要》中相关信息的来龙去脉厘清楚，"辨章学术，考镜源流"，有助于我们更深入地了解学术的传承演变。而学术界历来关于作家生平事迹的考证、作品写作年代及真伪的考证、版本源流的辨析等所产出的大量研究成果，又为我们的笺证工作打下了坚实的基础。

《四库全书总目》共二百卷，其中卷一百九十八至卷二百凡三卷共著录一百二十七部词籍，分为词集、词选、词话、词谱词韵、存目词集、存目词选、存目词话、存目词谱词韵八个部分，本书即以此为笺证对象。本书所据为武英殿本《四库全书总目》（国家图书馆出版社2019年版）。笺证的内容则重点围绕三个方面展开：

一是考证史料的来源。《四库全书总目》的撰写，作者事迹要备征史传、勾稽线索才能弄清楚，成书过程和文本流传的叙述则要广引书志、详核文本同异方得理出端末，而涉及到对一部书的学术评价，则要反复研读全书，引据前人对此书的评述，然后折衷群言，分析利病，作出允洽的评议。（参陈尚君先生《四库提要辨证重刊弁言》）我们需要找出这些材料的来源，使其传承演变呈现得更为清晰明确。

二是纠正史实的错误。张素《丹铅馀录序》曾云："祸天下之书者存乎误，断天下之误者存乎辨。辨岂易哉？考究未精，穿凿附会，纪录之实语难明，润色之雅词易惑，贵耳贱目，徒借听于前人，承误踵讹，竟吠声于末学，遂失古人立言之意，兼贻后人尊闻之误，弊也甚矣。"指出了图书中错误的危害及辨误的重要。《四库全书总目》总共有一万篇左右的提要，初成于众人之手，后由纪昀定稿。在这种情况下，正如余嘉锡《四库提要辨证序》所言："四库所收，浩如烟海，自多未见之书。而纂修诸公，绌于时日，往往读未终篇，拈得一义，便率尔操觚"，以致"纰缪之处，难可胜言"。工程量大，参与人员众多，出现诸多错误很难避免。为《四库全书总目》纠错已有很丰富的成果，其中杰出者如胡玉缙《四库全书总目提要补正》、余嘉锡《四库提要辨证》、崔富章《四库提要补正》、李裕民《四库提要订误》、杨武泉《四库全书总目辨误》等皆是。本书将在前人成果的基础上，进一步订正《四库全书总目》词集提要的错误。凡前人已辨者，则径直引用。

三是补充原书未备的重要事迹。《四库全书总目》虽然内容非常丰富，但不可能面面俱到，因此会留下许多空白，本书笺证的第三项内容就是尽量补充一些重要的信息。

经此三项工作，《四库全书总目》中所著录的一百馀部词集的作者生平（包括名、字、号、籍贯、科第、仕履等）、词集版本的刊刻流传、词人之间的传承演变及词集内容等都将更为清晰地呈现在读者面前。

四库全书总目词曲类总叙

词曲二体,在文章技艺之间。厥品颇卑,作者弗贵,特才华之士以绮语相高耳。

【笺证】

　　胡震亨《宋词二集叙》(毛晋《宋名家词》)云:"宋人词多不入正集,好事家皆为总集,如曾氏及今代汝南陈氏者,亦无几,以此失传最多。虞山子晋毛兄,惧其久而弥湮也,遂尽取诸家词刻之。……宋人有词,宋人自小之,曰寄谑,曰写豪,甚曰劝酒,浸使后人卑其格律为淡渐。"因宋人填词,多以游戏态度而为之,故卑视词体,自宋迄清,其说甚夥,如欧阳修《西湖念语》云:"因翻旧阕之辞,写以新声之调,敢陈薄伎,聊佐清欢。"刘克庄《跋黄孝迈长短句》云:"为洛学者皆崇性理而抑艺文,词尤艺文之下者也。"章末《重校元遗山先生新乐府序》云:"夫所托至尊者,莫如经史,次之古文,次之诗,又次之若词,则卑之又卑者也。"如此之类,所在多有。

然三百篇变而古诗,古诗变而近体,近体变而词,词变而曲,层累而降,莫知其然。

【笺证】

　　刘勰《文心雕龙·时序》云:"时运交移,质文代变。"意谓一代有一代之文学,一体有一体之所变。后人多有承其说者,如罗宗信

《中原音韵序》云:"世之共称唐诗、宋词、大元乐府,诚哉!"杨维桢《郭义仲诗集序》(《东维子文集》卷七)云:"皇世之辞无所述问,见于帝世而备于《三百篇》,变于楚《离骚》、汉乐歌,再变于琴操、五七言,大变于声律,驯至末唐,季宋而其弊极矣,君子于诗可观世变者类此。"黄瑜《彭陆论韵》(《双槐岁钞》卷九)云:"诗自《三百篇》变而为《离骚》,又变而为五言,又变而为七言,又变而为近体,为小词。"焦循《易馀籥录》卷十五云:"楚骚、汉赋、魏晋六朝五言、唐律、宋词、元曲、明人八股,都是一代之所胜。"

亦有不以词为宋代之代表文学者,如孔齐《至正直记》卷三云:"虞翰林邵庵尝论一代之兴,必有一代之绝艺足称于后世者,汉之文章、唐之律诗、宋之道学、国朝之今乐府,亦开于气数音律之盛。"此"道学"当指理学,以学术思想之理学与汉文、唐诗、元曲类文学相提并论,颇为不伦。

究厥渊源,实亦乐府之馀音,风人之末派。其于文苑,尚属附庸,亦未可全斥为俳优也。今酌取往例,附之篇终。

【笺证】

词之起源,众说纷纭,其中即有云词起源于汉魏乐府乃至《诗经》者,如王炎《长短句序》(《双溪类稿》卷十)云:"古诗自风雅以降,汉魏间乃有乐府,而曲居其一。今之长短句,盖乐府曲之苗裔也。"汪森《词综序》亦云《孔子家语》中的《南风歌》、《书经》中的《五子之歌》、《诗经》中《颂》十八篇、汉《郊祀歌》中的五篇和汉乐府《短箫铙歌》十八篇,"篇篇长短句,谓非词之源乎"?

词、曲两家又略分甲乙。词为五类:曰别集,曰总集,曰词话,曰词谱、词韵。曲则惟录品题论断之词及《中原音韵》,而曲文则不录焉。王圻《续文献通考》以《西厢记》《琵琶记》俱入经籍类中,全失论撰之体裁,不可训也。

【笺证】

　　《四库全书总目》共著录一百二十七部词集,其中别集八十四部(含宋词别集七十三部,明词别集四部,清词别集七部)、词选二十六部、词话十部、词谱七部,而曲类则仅著录十部,详略判然,轻重了然。

词集上

珠玉词一卷_{江苏巡抚采进本}

宋晏殊撰。殊有《类要》,已著录。

【笺证】

《四库全书总目》卷一三七子部四十七类书类存目一著录晏殊《类要》一百卷,云是书"乃所作类事之书,体例略如《北堂书钞》《白氏六帖》,而详赡则过之。……所载皆从原书采掇,不似他类书互相剽窃,辗转传讹"。

陈振孙《书录解题》载殊词有《珠玉集》一卷。

【笺证】

《直斋书录解题》卷二一云:"《珠玉集》一卷,晏元献公殊撰。"按,《直斋书录解题》卷二一著录郭应祥《笑笑词集》后注云:"自《南唐二主词》而下,皆长沙书坊所刻,号《百家词》。其前数十家皆名公之作,其末亦多有滥吹者。市人射利,欲富其部帙,不暇择也。"意即《直斋书录解题》所著录的唐宋词集,自《南唐二主词》至《笑笑词集》凡九十一部,所据版本皆为南宋宁宗嘉定年间(1208—1224)长沙书坊所刻《百家词》本。

又按,南宋初胡仔(1110—1170)《苕溪渔隐丛话后集》卷三三曾言及《珠玉集》："元献词谓之《珠玉集》，叔原词谓之《乐府补亡集》。"与《百家词》本所载词集名相同，《百家词》本或即以此本为底本刻成。

此本为毛晋所刻，与陈氏所记合，盖犹旧本。

【笺证】

毛晋《宋名家词》所收第一种词集即晏殊《珠玉词》一卷，与陈氏所载词集名《珠玉集》有一字之差，收词凡一百三十一首。

《名臣录》称"殊词名《珠玉集》，张子野为之序"。子野，张先字也。今卷首无先序，盖传写佚之矣。

【笺证】

朱熹撰有《宋名臣言行录前集》十卷《后集》十四卷，李幼武撰有《续集》八卷《别集》二十六卷《外集》十七卷，李廷机撰有《汉唐宋名臣录》。今查《四部丛刊》景宋本、《文渊阁四库全书》本《宋名臣言行录》、《四库全书存目丛书》本《汉唐宋名臣录》，均未有言及晏殊词集及张先为之序一事，不知何故，或另有其书。四库馆臣盖录自沈雄《古今词话·词评卷上》所载："《名臣录》曰：晏同叔为仁宗朝宰相，卒谥元献。常兴建学校，为诸生倡，延范仲淹教授生徒，荐为馆阁校理。词名《珠玉集》，张子野为之序。"《古今词话》所据为何，则暂不可考。

按，黄昇《唐宋诸贤绝妙词选》卷三云："晏同叔名殊，以神童出身，仁宗朝宰相，谥元献。公有词名《珠玉集》，张子野为序。"黄昇为南宋理宗时人，其所记为现存最早云张先为晏殊词集作序者。

殊赋性刚峻，而词语特婉丽。

【笺证】

晏殊性格颇为躁烈，据《宋史》卷三一一《晏殊传》载："坐从幸玉清昭应宫，从者持笏后至，殊怒，以笏撞之，折齿。御史弹奏，罢知宣州。"为人颇不似其为文。晁公武《郡斋读书志》卷十九云："(晏殊)性刚峻,幼孤独学。"毛晋《珠玉词跋》亦云："(殊)赋性刚峻,遇人以诚。一生自奉如寒士。为文赡丽,应用不穷,尤工风雅,间作小词。"

故刘攽《中山诗话》谓元献喜冯延巳歌词,其所自作,亦不减延巳。赵与旹《宾退录》记殊幼子几道尝称,殊词不作妇人语。

【笺证】

赵与旹《宾退录》卷一引《诗眼》云："晏叔原见蒲传正云:'先公平日小词虽多,未尝作妇人语也。'传正云:'"绿杨芳草长亭路,年少抛人容易去",岂非妇人语乎?'晏曰:'公谓"年少"为何语?'传正曰:'岂不谓其所欢乎?'晏曰:'因公之言,遂晓乐天诗两句,盖"欲留所欢待富贵,富贵不来所欢去。"'传正笑而悟。"

按,晏殊《木兰花》全篇云:"绿杨芳草长亭路,年少抛人容易去。楼头残梦五更钟,花底离愁三月雨。　　无情不似多情苦,一寸还成千万缕。天涯地角有穷时,只有相思无尽处。"写闺怨离愁。而白居易《浩歌行》中"欲留年少待富贵,富贵不来年少去"之"年少"则指青春年少,二者之意实不同。

今观其集,绮艳之词不少。盖几道欲重其父名,故作是言,非确论也。

【笺证】

尹觉《坦庵词序》(赵师侠《坦庵词》)云:"词,古诗流也。吟咏情性,莫工于词。临淄、六一,当代文伯,其乐府犹有怜景泥情之偏。岂情之所钟,不能自已于言耶?""临淄"即晏殊,因其曾封临淄公也。

集中《浣溪沙·春恨词》"无可奈何花落去,似曾相识燕归来"二句,乃殊《示张寺丞王校勘》七言律中腹联,《复斋漫录》尝述之。今复填入词内,岂自爱其造语之工,故不嫌复用耶?

【笺证】

胡仔《苕溪渔隐丛话后集》卷二十引《复斋漫录》："晏元献赴杭州，道过维扬，憩大明寺，瞑目徐行。使侍史诵壁间诗板，戒其勿言爵里、姓氏，终篇者无几。又俾别诵一诗云：'水调隋宫曲，当年亦九成。哀音已亡国，废沼尚留名。仪凤终陈迹，鸣蛙只沸声。凄凉不可问，落日下芜城。'徐问之，江都尉王琪诗也。召至，同饭。饭已，又同步池上，时春晚，已有落花。晏云：'每得句，书墙壁间，或弥年未尝强对，且如"无可奈何花落去"，至今未能对也。'王应声曰：'似曾相识燕归来。'自此辟置馆职，遂跻侍从矣。"

按，晏殊《示张寺丞王校勘》云："元巳清明假未开，小园幽径独徘徊。春寒不定斑斑雨，宿醉难禁滟滟杯。无可奈何花落去，似曾相识燕归来。游梁赋客多风味，莫惜青钱万选才。"知此诗与《浣溪沙》除"无可奈何花落去，似曾相识燕归来"复用外，尚复用"小园香径独徘徊"一句，仅一字之差而已。

考唐许浑集中"一樽酒尽青山暮，千里书回碧树秋"二句，亦前后两见，知古人原有此例矣。

【笺证】

"一樽酒尽青山暮，千里书回碧树秋"在许浑《丁卯集》中凡三见，非两见：《京口闲居寄两都亲友》、《送元昼上人归苏州兼寄张厚二首》之一、《郊园秋日寄洛中友人》。

按，赵翼《瓯北诗话》卷八称此为"复句"："遗山复句最多，如《怀州城晚望少室》云：'十年旧隐抛何处，一片伤心画不成。'《重九后一日作》云：'重阳拟作登高赋，一片伤心画不成。'《题家山归梦图》云：'卷中正有家山在，一片伤心画不成。'《雪香亭杂咏十五首》内有云：'赋家正有芜城笔，一段伤心画不成。'"

六一词一卷 江苏巡抚采进本

宋欧阳修撰。修有《诗本义》，已著录。

【笺证】

　　《四库全书总目》卷一五经部一五诗类一著录欧阳修《毛诗本义》十六卷，云欧阳修"作是书，本出于和气平心，以意逆志。故其立论未尝轻议二家，而亦不曲徇二家。其所训释，往往得诗人之本志"。

其词，陈振孙《书录解题》作一卷。

【笺证】

　　《直斋书录解题》卷二一著录《六一词》一卷，并云"其间多有与《花间》《阳春》相混者，亦有鄙亵之语一二厕其中，当是仇人无名子所为也"。

此为毛晋所刻，亦止一卷，而于总目中注"原本三卷"，盖庐陵旧刻，兼载乐语，分为三卷。晋删去乐语，仍并为一卷也。

【笺证】

　　毛晋《六一词跋》："庐陵旧刻三卷，且载乐语于首，今删乐语，汇为一卷。凡他稿误入，如《清商怨》类，一一削去。误入他稿，如《归自谣》类，一一注明。然集中更有浮艳伤雅不似公笔者，先辈云疑以传疑可也。"

曾慥《乐府雅词序》有云："欧公一代儒宗，风流自命，词章窈眇，世所矜式。乃小人或作艳曲，谬为公词。"蔡絛《西清诗话》云："欧阳词之浅近者，谓是刘煇伪作。"《名臣录》亦云："修知贡举，为下第举子刘煇等所忌，以《醉蓬莱》《望江南》诬之。"则修词中已杂他人之作。

【笺证】

除以上诸书外，王灼《碧鸡漫志》卷二亦云欧阳修词集中泰半为他人之作："欧阳永叔所集歌词，自作者三之一耳。其间他人数章，群小因指为永叔，起暧昧之谤。"除刘辉伪作之说外，尚有以此类词乃钱世昭因欧阳修《五代史》多毁吴越而诋之者，郎瑛《七修类稿》卷三一即云："或者钱世昭因公《五代史》中多毁吴越，故抵之，如落第士子作《醉蓬莱》以嘲公也。"

按，刘辉是否伪托欧阳修填词，《直斋书录解题》卷十七著录刘辉《刘状元东归集》时曾辨之云："辉，嘉祐四年进士第一人，《尧舜性仁赋》至今人所传诵。始在场屋有声，文体奇涩，欧公恶之，下第。及是在殿庐得其赋，大喜，既唱名，乃辉也，公为之愕然，盖与前所试文如出二人手，可谓速化矣。仕止于郡幕，年三十六以卒。世传辉既黜于欧阳公，怨愤造谤，为猥亵之词。今观杨杰志辉墓，称其祖母死，虽有诸叔，援古谊，以适孙解官承重服，又尝买田数百亩，以聚其族而饷给之，盖笃厚之士也，肯以一试之淹，而为此憸薄之事哉？"另据江休复《江邻几杂志》、沈括《梦溪笔谈》卷九所载，刘辉被欧阳修黜落两年后的嘉祐四年，因主动改变文风而被欧阳修录为第一。

又元丰中崔公度跋冯延巳《阳春录》，谓其间有误入六一词者，则修词又或窜入他集，盖在宋时已无定本矣。

【笺证】

崔公度《阳春录跋》今已不存，唯见罗泌《欧阳文忠公近体乐府跋》征引数语："元丰中崔公度跋冯延巳《阳春录》，谓皆延巳亲笔，其间有误入六一词者。"欧词误入冯集，盖欧阳修学冯延巳词而能得其神者，刘熙载《艺概》卷四曾云："冯延巳词，晏同叔得其俊，欧阳永叔得其深。"

崔公度，《宋史》卷三五三有传："崔公度，字伯易，高邮人。口吃不能剧谈，而内绝敏。书一阅，即不忘。……欧阳修得其所作《感山赋》，以示韩琦，琦上之英宗，即付史馆。授和州防御推官，为国子直讲，以母老辞。"

晋此刻亦多所厘正，然诸选本中有梅尧臣《少年游》"阑干十二独凭春"一首，吴曾《能改斋漫录》独引为修词，且云不惟圣俞、君复二词不及，虽求诸唐人温、李集中，殆难与之为一。则尧臣当别有词，此词断当属修。晋未收此词，尚不能无所阙漏。

【笺证】

吴曾《能改斋漫录》卷十七："梅圣俞在欧阳公座，有以林逋《草词》'金谷年年，乱生青草谁为主'为美者，圣俞因别为《苏幕遮》一阕云：'露堤平，烟墅杳。乱碧萋萋，雨后江天晓。独有庚郎年最少。窣地春袍，嫩色宜相照。　　接长亭，迷远道。堪怨王孙，不记归期早。落尽梨花春又了。满地残阳，翠色和烟老。'欧公击节赏之，又自为一词云：'栏杆十二独凭春。晴碧远连云。千里万里，二月三月，行色苦愁人。谢家池上，江淹浦畔，吟魄与离魂。那堪疏雨滴黄昏。更特地，忆王孙。'盖《少年游令》也。不惟前二公所不及，虽置诸唐人温、李集中，殆与之为一矣。今集本不载此篇，惜哉。"

按，毛晋编《六一词》时，删去了毛氏认为不是欧阳修的许多词作，其《六一词跋》即云："凡他稿误入，如《清商怨》类，一一削去。"除《清商怨》外，据其调下自注可知尚删如下词作：《长相思》（深画眉）、《蝶恋花》五首、《渔家傲》二首。

又按，查现存宋代诸词选，均未见选录《少年游》（阑干十二独凭春）。万树《词律》卷五以之为梅尧臣词。

又按，《能改斋漫录》云欧阳修《少年游令》虽置诸唐人温、李集中，"殆与之为一矣"。然《提要》云"殆难与之为一"，"难"字衍，馆臣误。

又如《越溪春》结语"沈麝不烧金鸭，玲珑月照梨花"，系六字二句。集内尚沿坊本误"玲"为"冷"、"珑"为"笼"，遂以七字为句，是校雠亦未尽无讹。然终较他刻为稍善，故今从其本焉。

【笺证】

饶宗颐《词集考》卷二："其《越溪春》结语：'沉麝不烧金鸭冷，笼月照梨花'二句，宋本《琴趣》'笼'字作'陇'。总之，两宋本此十二字皆作上七下五读。朱竹垞《词综》不知据何误本，'冷笼'二字作'玲珑'，或出周青士意校。万树《词律》因之作六字两句，四库馆臣又资以讥毛刻'冷笼'之讹，此古本所以可贵也。"

乐章集一卷　江苏巡抚采进本

宋柳永撰。永初名三变，字耆卿。

【笺证】

柳永之名与字，文献有三说：或曰柳永初名柳三变，后改名为柳永，如王辟之《渑水燕谈录》卷九云："柳三变，景祐末登进士第……后以疾更名永，字耆卿。"陈师道《后山诗话》云："（柳三变）会改京官，乃以无行黜之。后改名永，仕至屯田员外郎。"吴曾《能改斋漫录》卷十六云："（三变）景祐元年方及第，后改名永，方得磨勘转官。"或曰初名柳永，后改名为柳三变，如叶梦得《避暑录话》卷下云："永亦善为他文辞，而偶先以是得名，始悔为己累。后改名三变，而终不能救。"《（嘉庆）泾川柳氏宗谱》则云其字三变："公讳永，字三变，宋仁宗景祐三年进士，官至屯田员外郎，世号屯田先生。"

按,柳永有兄名三复、三接,柳永原名当为三变。唐圭璋《柳永事迹新证》即云柳永弟兄原皆以"三"字排行,三变正是初名,后改名永。柳永因何改名,多认为其改名以求磨勘转官,唯王辟之《渑水燕谈录》言柳永因疾更名,以求长寿。柳永后改字耆卿,意为长寿老翁,王辟之所记或可信。

崇安人。

【笺证】

王禹偁《建溪处士赠大理评事柳府君墓碣铭》:"公讳崇,字子高。五代祖奥从季父冕廉问闽川,因奏署福州司马,改建州长史,遂家焉。奥生诞,诞生琼,琼生柞,柞生瞪,于公为显考。……洎李氏奄有江左,其长子宜为太子校书郎、江宁尉,宰贵溪、崇仁、建阳三邑,拜监察御史。"

祝穆《方舆胜览》卷十一:"柳耆卿,崇安白水人。"

《(嘉靖)建宁府志》卷十五:"柳三变,字耆卿,一名永。工部侍郎宜之子。"

《(雍正)崇安县志》卷七:"(柳崇)其先世由河东来居金鹅峰之阳,遂为五夫里人。"

按,柳崇为柳永祖父,知柳永先世居河东,自七世祖柳奥始迁居崇安(今属福建)白水五夫里金鹅峰之阳。

景祐元年进士,官至屯田员外郎,故世号柳屯田。

【笺证】

据前所引,柳永中进士时间有三说,一为《能改斋漫录》卷十六所云景祐元年,一为《(嘉庆)泾川柳氏宗谱》所云景祐三年,一为《渑水燕谈录》卷九所云景祐末。

按,李焘《续资治通鉴长编》卷一一六云:"(景祐二年六月)丁巳,诏幕职、州县官初任未成考者,毋得奏举。先是,侍御史知杂事郭劝言：'睦州团练推官柳三变释褐到官才逾月，未有善状，而知州吕蔚荐之，盖私之也。'故降是诏。""景祐"为宋仁宗年号，前后凡五年（1034—1038）。景祐二年，柳永已"释褐到官"且"逾月"，故柳永登第之年当为景祐元年。

叶梦得《避暑录话》曰："柳永为举子时，多游狭斜，善为歌词。教坊乐工每得新腔，必求永为词，始行于世。余仕丹徒，尝见一西夏归朝官云：'凡有井水饮处，即能歌柳词。'言其传之广也。

【笺证】

事见《避暑录话》卷下。叶梦得仕丹徒在绍圣四年（1097），彭百川《太平治迹统类》卷二七即云："（绍圣四年）闰二月己酉，御集英殿，礼部奏名进士叶梦得、程经、杨鸣忠、何昌言、谢克家、吕天惠。"《宋史》卷四四五《叶梦得传》亦云："叶梦得字少蕴，苏州吴县人，嗜学蚤成，多识前言往行，谈论衮衮不穷。绍圣四年登进士第，调丹徒尉。"柳永卒于皇祐五年（1053）之后，故柳永卒后半个世纪其词仍天下流行。

张端义《贵耳集》亦曰："项平斋言'诗当学杜诗，词当学柳词。杜诗、柳词皆无表德，只是实说'云云。"

【笺证】

语载张端义《贵耳集》卷上。黄宗羲《宋元学案》卷七四云："张端义，字正夫，郑州人也。……少读书，兼习技击。尝师项平斋于荆南。"既为师生，张端义所记或为其亲闻于项平斋耳。

按，杜诗实说，乃其能道尽安史之乱前后事。柳词实说，盖其能道尽仁宗时的太平盛世与都市繁华，此在宋时即多有体认，如黄裳《书乐章集后》云："予观柳氏乐章，喜其能道嘉祐中太平气象，如观杜甫诗，典雅文华，无所不有。"李之仪《跋吴师道小词》云："至柳耆卿始铺叙展衍，备足无馀。形容盛明，千载如逢当日。"祝穆《方舆胜览》卷十一亦云："范蜀公尝曰：仁宗四十二年太平，镇在翰苑十馀载，不能出一语歌咏，乃于耆卿词见之。"

又按，黄裳（1044—1130）去柳永（984？—1053？）未远，柳永卒时其已十岁有馀，故其《书乐章集后》云柳永词能道仁宗嘉祐年间（1056—1063）太平气象，柳永或卒于仁宗嘉祐年间之后。

盖词本管弦冶荡之音，而永所作旖旎近情，故使人易入。虽颇以俗为病，然好之者终不绝也。

【笺证】

两宋皆言柳永词俗，如赵令畤《侯鲭录》卷七云："东坡云：'世言柳耆卿曲俗，非也。如《八声甘州》云："霜风凄紧，关河冷落，残照当楼。"此语于诗句，不减唐人高处。'"柳永去世，苏轼已十馀岁，知苏轼所言"世言柳耆卿曲俗"，盖在柳永当世也。其后词评家多有言其词俗者，如李清照《词论》云："逮至本朝，礼乐文武大备，又涵养百馀年，始有柳屯田永者，变旧声作新声，出《乐章集》，大得声称于世。虽协音律，而辞语尘下。"王灼《碧鸡漫志》卷二云："柳耆卿《乐章集》，世多爱赏该洽，序事闲暇，有首有尾，亦间出佳语，又能择声律谐美者用之。惟是浅近卑俗，自成一体，不知书者尤好之。余尝以比都下富儿，虽脱村野，而声态可憎。"胡仔《苕溪渔隐丛话后集》卷三九引《艺苑雌黄》云："彼其所以传名者，直以言多近俗，俗子易悦故也。"

按，胡仔《苕溪渔隐丛话后集》卷三三引《复斋漫录》云："无咎评本朝乐章，不见诸集，今录于此云：'世言柳耆卿曲俗，非也。如《八声甘州》云："渐霜风凄惨，关河冷落，残照当楼"，此唐人语，不减高处矣。'"云柳词"不减唐人高处"乃晁补之语，与《侯鲭录》所载为苏轼语异。赵令畤（1064—1134）与苏轼交往甚密，苏轼曾为之改字德麟，其《侯鲭录》所记当更为可信。故晁补之评本朝乐章，首论柳词者即取自苏轼,非其自创也。

又按,冯煦《蒿庵论词》云:"耆卿词,曲处能直,密处能疏,奡处能平,状难状之景,达难达之情,而出之以自然,自是北宋巨手。然好为俳体,词多媟黩,有不仅如《提要》所云'以俗为病'者。《避暑录话》谓'凡有井水饮处,即能歌柳词'。三变之为世诟病,亦未尝不由于此,盖与其千夫竞声,毋宁白雪之寡和也。"

陈振孙《书录解题》载其《乐章集》三卷,今止一卷,盖毛晋刊本所合并。宋人词之传于今者,惟此集最为残缺。晋此刻亦殊少勘正,讹不胜乙。

【笺证】

《直斋书录解题》卷二一载"《乐章集》九卷",非《提要》所言"三卷"。毛晋《宋名家词》收《乐章集》一卷。丁丙《善本书室藏书志》卷四十著录明钞本《柳屯田乐章》三卷,云"卷尾有甲午十月八日金陵所校墨笔一行,有梅鼎祚印,梅禹金藏书印,毛刻作一卷,且于上卷尾叶原本未全之词删削以灭其迹,最为大谬"。

按,黄裳《书乐章集后》云:"予观柳氏乐章,喜其能道嘉祐中太平气象,如观杜甫诗,典雅文华,无所不有。是时予方为儿,犹想见其风俗,欢声和气,洋溢道路之间,动植咸若。"黄裳(1044—1130)既云其儿时读《乐章集》,而柳永或活至嘉祐年间(1056—1063),故《乐章集》在柳永生前应已编印刊行。

其分调之显然舛误者,如《笛家》"别久"二字,《小镇西》"久离缺"三字,《小镇西犯》"路辽绕"三字,《临江仙》"萧条"二字,皆系后段换头,今乃截作前段结句。字句之显然舛误者,如《尾犯》之"一种芳心力","芳"字当作"劳";《浪淘沙慢》之"几度饮散歌阑","阑"字当作"阕";"如何时","如"字当作"知";《浪淘沙令》之"有一个人人","一"字属衍,"促尽随红袖举","促"字下缺"拍"字;《破阵乐》之"各

明珠"，"各"字下脱"采"字；《定风波》之"拘束教吟咏"，"咏"字当叶韵作"和"字；《凤归云》之"霜月夜"，"夜"字下脱"明"字；《如鱼水》之"兰芷汀洲望中"，"中"字当作"里"；《望远行》之"乱飘僧舍，密洒歌楼"二句，上下倒置；《红窗睡》之"如削肌肤红玉莹"句，已属叶韵，下又误增"峰"字；《河传》之"露清江芳交乱"，"清"字当改"净"；《塞鸿》之"渐西风紧"，"紧"字属衍；《诉衷情》之"不堪更倚木兰"，"木兰"二字当作"兰棹"；《夜半乐》之"嫩红光数"，"光"字当作"无"；"金钗笑争赌"，"敛"字当作"钗"。万树作《词律》，尝驳正之，今并从其说。其必不可通者，则疑以传疑，姑仍其旧焉。

【笺证】

夏承焘《四库全书词籍提要校议》："'阕'字属第十八部韵，柳词用韵，第十七部与第十八部甚分明，不应有此例外。'阑'字是否'阕'误，仍不能遽定，彊村本亦作'阑'不作'阕'。《词律》七以《望远行》'乱飘僧舍，密洒歌楼'二句与下片'皓鹤夺鲜，白鹇失素'相对，而平仄不同，谓'此调通用仄声，玩其声响，应以平字居下，此必"密洒"二句在上。'案词体本有倒平仄之例，其一句平仄相倒者，如柳词《引驾行》上片'泛画鹢翩翩'，与下片'念吴邦越国'相对，而平仄相倒。《词律》七谓'吴邦越国'当作'越国吴邦'，不知《晁氏琴趣外编》此调字声亦同柳词，不当改也。……可见柳词无误。……取彊村本校毛刊讹处：《破阵乐》'各明珠'句，'各'下脱'委'而非'采'。《定风波》'拘束教吟咏'句，'咏'是'课'误，非'和'误。《凤归云》'霜月夜'句，'夜'下脱'凉'而非'明'。《如鱼水》'兰芷汀洲望中'句，'中'字不误。《河传》'露清江芳交乱'句，'露'下是'溃红'而非'净江'。《诉衷情》'不堪更倚木兰'句，'木兰'是'危阑'之讹，而非'兰棹'。《词律》臆改，皆不可从。"

安陆集一卷_{兵部侍郎纪昀家藏本}

宋张先撰。案仁宗时有两张先,皆字子野。其一博州人,枢密副使张逊之孙,天圣三年进士,官至知亳州,卒于宝元二年,欧阳修为作墓志者是也。其一乌程人,天圣八年进士,官至都官郎中,即作此集者是也。

【笺证】

此盖取自周密《齐东野语》卷十五:“本朝有两张先,皆字子野。其一博州人,天圣三年进士,欧阳公为作墓志。其一天圣八年进士,则吾州人也。二人名、姓、字偶皆同,而又适同时,不可不知也。”然周密所记有误,据欧阳修《张子野墓志铭》可知,博州张先中进士在天圣二年,非天圣三年。《四库提要》云其官至知亳州,亦误,欧阳修《张子野墓志铭》云其“知亳州鹿邑县”,乃知县而非知州。相关考证见杨武泉《四库全书总目辨误》。

按,周密《齐东野语》此处所录乃陈振孙《十咏图跋》,然抄录时出现错误。今据张先《十咏图》(《宋画全集》第一卷第一册),知陈振孙《十咏图跋》原文为:“本朝有两张先,皆字子野,其一博州人,天圣二年进士,欧阳公为作墓志;其一天圣八年进士,则吾州人也。二人姓、名、字偶皆同,而又同时,不可不知也,故并记之。”(参谭新红《〈十咏图〉陈振孙跋考略》,《深圳大学学报》2018 年第 2 期)

又按,张先字子野,典出《论语·先进篇》:“子曰:‘先进于礼乐,野人也;后进于礼乐,君子也。如用之,则吾从先进。’”

《道山清话》竟以博州张先为此张先,误之甚矣。

【笺证】

《道山清话》云:“张先,京师人。有文章,尤长于诗词……人目为'张三影'。先字子野，其祖母宋氏，孝章皇后亲妹也。祖逊因是而贵，太宗朝为枢密副使……欧阳永叔雅敬重之，尝言与其同饮酒酤，众客或歌或呼起舞，子野独退然其间，不动声气。当时皆称为长者。今人乃以'张三影'呼之，哀哉！欧公为其墓铭。"

按，《道山清话》误词人张先为京师人，实为乌程人；误词人张先祖父为张逊，实为张任；误孝章皇后为词人张先祖母亲姊，实乃博州张先祖母亲姊。王安石《张常胜墓志铭》（《王安石文集》卷九七）云："君湖州乌程县人，姓张氏，名文刚，字常胜。好学能文，孝友顺祥，再举进士不第。年二十七，熙宁五年九月九日卒，以六年二月十日葬于凤凰山。曾祖任，祖维，赠刑部侍郎。父先，尚书都官郎中致仕。"知张文刚为词人张先之子，其祖父为张任，张逊实乃博州张先祖父。

张铎《湖州府志》称："先有文集一百卷，惟乐府行于世。"《宋史·艺文志》载："先诗集二十卷。"

【笺证】

张铎《湖州府志》："张先，字子野，乌程人，康定进士。知吴江县。诗格清丽，尤长乐府。有'云破月来花弄影''浮萍破处见山影''隔墙送过秋千影'之句，时号'张三影'……有文集一百卷，惟乐府行于世。"按，张铎误张先为康定进士，实天圣八年进士。

陈振孙《十咏图跋》称："偶藏子野诗一帙，名《安陆集》。旧京本也。乡守杨嗣翁见之，因取刻之郡斋"云云（案此跋载周密《齐东野语》），则振孙时其集尚存。然振孙作《直斋书录解题》，乃惟载张子野词一卷，而无其诗集，殊不解其何故也。

【笺证】

张先曾图其父张维平生自爱诗十首，号曰"十咏图"。孙觉《张维十咏图序》云："公（张维）卒十八年，公子尚书都官郎中先亦致仕家居，取公平生所自爱诗十首，写之缣素，号'十咏图'。"按，今由《宋画全集》所载张先《十咏图》可知，《提要》所引之语非出自陈振孙《十咏图跋》，乃周密《齐东野语》抄录陈振孙此跋后所加之按语。故《直斋书录解题》卷二一著录《张子野词》一卷，而没有著录其诗集《安陆集》，盖其未见此书耳。

自明以来，并其词集亦不传，故毛晋刻六十家词，独不及先。此本乃近时安邑葛鸣阳所辑，凡诗八首，词六十八首。其编次虽以诗列词前，而为数无几。今从其多者为主，录之于词曲类中。

【笺证】

胡玉缙《四库全书总目提要补正》卷六十："阮元《掣经室外集》著录侯文璨编《名家词》十卷，中有张子野词，云一百三十首，较为完善，末附东坡题跋。丁丙《藏书志》有明钞本《张子野词》一卷，云：'词一百二十九阕，即《名家词》中之一。'玉缙案：两书首数互异，未知孰是，要胜于葛本。"

按，葛本辑词仅六十八首，远少于《名家词》十卷本和明钞一卷本。又有《知不足斋丛书》本《张子野词》二卷《补遗》二卷，共存词一百八十四阕，辑录张子野词最为完善。鲍廷博《张子野词跋》云："顷得绿斐轩钞本二卷，凡百有六阕，区分宫调，犹属宋时编次，喜付汗青。既又得亦园《十家乐府》所刊，去其重复，得六十三阕，诸家选本中采辑一十六阕，次为补遗二卷，合计得词一百八十四阕。于是子野词收拾无遗矣。"《全宋词》收张先词一百六十五首。今有吴熊和师、沈松勤《张先集编年校注》，唐圭璋有《张子野词跋》，对张先词集版本源流有详细考述。

考《苏轼集》有《题张子野诗集后》曰："子野诗笔老妙，歌词乃其馀技耳。《华州西溪诗》云：'浮萍破处见山影，野艇归时闻草声。'（案《石林诗话》《瀛奎律髓》，"草声"并误作"棹声"，近时安邑葛氏刊本据

《渔隐丛话》改正，今从之。）与余和诗云："愁似鳏鱼知夜永，懒同蝴蝶为春忙。"若此之类，皆可以追配古人，而世俗但称其歌词。昔周昉画人物，皆入神品，而世俗但知有周昉士女，皆所谓未见好德如好色者欤"云云。然轼所举二联，皆涉纤巧。自此二联外，今所传者惟《吴江》一首稍可观，然"欲图江色不上笔，静觅鸟声深在芦"一联，亦有纤巧之病。平心而论，要为词胜于诗，当时以"张三影"得名，殆非无故。轼所题跋，当由好为高论，未可据为定评也。

【笺证】

《苏文忠公全集》卷六八载《题张子野诗集后》，作于元祐五年四月二十一日。

苏轼《祭张子野文》："清诗绝俗，甚典而丽。搜研物情，刮发幽翳。"

方回《瀛奎律髓》卷十六："大抵文名重，足以压诗名。犹张子野、贺方回以长短句尤有声，故世人或不知其诗。然二人诗，极天下之工也。"

按，诸家所引"三影"句颇有不同。《道山清话》曰："其诗有'浮萍断处见山影，小艇归时闻草声'之句，脍炙人口。又有'云破月来花弄影''隔墙送过秋千影'之词，人目为'张三影'。"张铎《湖州府志》所取与《道山清话》同。陈师道《后山诗话》则改后二影，谓："尚书郎张先善著词，有云'云破月来花弄影''帘幕卷花影''坠轻絮无影'，世称诵之，号张三影。"胡仔《苕溪渔隐丛话前集》卷三七引《古今词话》，载张子野所自爱"三影"者，与《后山诗话》稍有出入："有客谓子野曰：'人皆谓公"张三中"，即"心中事，眼中泪，意中人"也。'公曰：'何不目之为"张三影"？'客不晓，公曰："'云破月来花弄影''娇柔懒起，帘压卷花影''柳径无人、坠风絮无影'，此余平生所得意也。'"

东坡词一卷江苏巡抚采进本

宋苏轼撰。轼有《易传》,已著录。

【笺证】

《四库全书总目》卷二经部二易类二著录《东坡易传》九卷。苏洵精通《太玄》,晚年欲作《易传》而未成,遗命苏轼继作。苏轼被贬官黄州时始撰《易传》,凡二十馀年而始成。苏轼著作曾遭蔡京等人劈版禁毁,此书以《毗陵易传》("毗陵"乃苏轼去世之地常州别名)印行于世。《提要》云是书"推阐理势,言简意明,往往足以达难显之情,而深得曲譬之旨。盖大体近于王弼,而弼之说惟畅玄风,轼之说多切人事。其文辞博辨,足资启发"。

《宋史·艺文志》载轼词一卷,《书录解题》则称《东坡词》二卷。

【笺证】

《直斋书录解题》卷二一:"《东坡词》二卷,苏文忠公轼撰。"

《宋史·艺文志》著录苏轼《前后集》七十卷外,另有《奏议》十五卷《补遗》三卷《南征集》一卷《词》一卷《南省说书》一卷《应诏集》十卷《内外制》十三卷《别集》四十六卷《黄州集》二卷《续集》二卷《和陶诗》四卷《北归集》六卷《儋耳手泽》一卷《年谱》一卷。

按,陈第《世善堂藏书目录》卷下亦载《苏东坡词》二卷,知《东坡词》二卷本至明代万历年间尚存。

此本乃毛晋所刻,后有晋跋云:"得金陵刊本,凡混入黄、晁、秦、柳之作俱经芟去。"然刊削尚有未尽者,如开卷《阳关曲》三首,已载入诗集之中,乃饯李公择绝句,其曰'以《小秦王》歌之'者,乃唐人歌诗之法。宋代失传,惟《小秦王》调近绝句,故借其声律以歌之,非别有词调谓之《阳关曲》也。使当时有《阳关曲》一调,则必自有本调之宫

律，何必更借《小秦王》乎？以是收之词集，未免泛滥。

【笺证】

苏轼《书彭城观月诗》："'暮云收尽溢清寒，银汉无声转玉盘。此生此夜不长好，明月明年何处看。'余十八年前中秋夜，与子由观月彭城，作此诗，以《阳关》歌之。今复此夜宿于赣上，方迁岭表，独歌此曲，聊复书之，以识一时之事，殊未觉有今夕之悲，悬知有他日之喜也。"

按，《钦定词谱》卷一收录《阳关曲》，并云："本名《渭城曲》。宋秦观云：'《渭城曲》绝句，近世又歌入《小秦王》，更名《阳关曲》。'双调，又属大石调，按唐《教坊记》，有《小秦王》曲，即《秦王小破阵乐》也，属坐部伎。"《全宋词》收入苏轼此三词。

又按，苏轼《阳关曲》三首并非皆为饯李公择而作。据邹同庆、王宗堂《苏轼词编年笺注》可知，《阳关曲》（济南春好雪初晴）题为"答李公择"，系熙宁十年正月，作于济南；而《阳关曲》（暮云收尽溢清寒）题作"中秋月"，系熙宁十年中秋作于徐州；《阳关曲》（受降城下紫髯郎）题为"赠张继愿"，系元丰元年作于徐州。

至集中《念奴娇》一首，朱彝尊《词综》据《容斋随笔》所载黄庭坚手书本，改"浪淘尽"为"浪声沉"，"多情应笑我早生华发"为"多情应是我笑生华发"，因谓"浪淘尽"三字于调不协，"多情"句应上四下五。然考毛开此调，如"算无地""阅风顶"，皆作仄平仄，岂可俱谓之未协？石孝友此调云"九重频念此，衮衣华发"，周紫芝此调云"白头应记得，尊前倾盖"，亦何尝不作上五下四句乎？

【笺证】

《词综》卷六："按他本'浪声沉'作'浪淘尽'，与调未协。'孙吴'作'周郎'，犯下'公瑾'字。'崩云'作'穿空'，'掠岸'作'拍岸'。又'多情应是，笑我生华发'作'多情应笑我，早生华发'，益非。今从《容斋随笔》所载黄鲁直手书本更正。至于'小乔初嫁'宜句绝,'了'字属下句,乃合。"

　　谢桃坊《唐宋词谱校正》:"此调以苏轼《赤壁怀古》词为创调之作,但其中句式与宋代通行者颇异。苏轼另一首中秋词'凭高眺远'则与通行之体相合,然而此词不见于宋人傅幹《注坡词》,亦不见元延祐本之《东坡乐府》。辛词同苏轼中秋词格律,是为宋人通用之正体,当以为法式。……《词谱》于此调共列十二体,除正体而外,影响最大者是苏轼之始词。"

又赵彦卫《云麓漫钞》辨《贺新凉》词版本"乳燕飞华屋"句,真迹"飞"作"栖"。《水调歌头》版本"但愿人长久"句,真迹"愿"作"得",指为妄改古书之失。然二字之工拙,皆相去不远。前人著作,时有改定,何必定以真迹为断乎?晋此刻不取洪、赵之说,则深为有见矣。

　　【笺证】

　　《云麓漫钞》卷四:"版行东坡长短句《贺新郎》词云:'乳燕飞华屋。'尝见其真迹,乃'栖华屋'。《水调歌》词,版行者末云:'但愿人长久。'真迹云:'但得人长久。'以此知前辈文章为后人妄改亦多矣。"

词自晚唐、五代以来,以清切婉丽为宗。至柳永而一变,如诗家之有白居易。至轼而又一变,如诗家之有韩愈,遂开南宋辛弃疾等一派。寻源溯流,不能不谓之别格,然谓之不工则不可,故至今日,尚与《花间》一派并行而不能偏废。

　　【笺证】

　　汪莘《方壶诗馀自序》(《方壶先生集》卷三):"词至东坡而一变,其豪妙之气,隐隐然流出言外。"

　　胡寅《向芗林酒边集后序》(《斐然集》卷十九):"及眉山苏氏,一洗绮罗香泽之态,摆脱绸缪宛转之度,使人登高望远,举首高歌,而逸怀浩气超然乎尘垢之外，于是《花间》为皂隶，而柳氏为舆台矣。"

曾敏行《独醒杂志》载轼守徐州日，作《燕子楼》乐章，其稿初具，逻卒已闻张建封庙中有鬼歌之。其事荒诞不足信，然足见轼之词曲，舆隶亦相传诵，故造作是说也。

【笺证】

　　事载《独醒杂志》卷三："东坡守徐州，作燕子楼乐章，方具稿，人未知之，一日忽哄传于城中，东坡讶焉，诘其所从来，乃谓发端于逻卒。东坡召而问之，对曰：'某稍知音律，尝夜宿张建封庙，闻有歌声，细听乃此词也。记而传之，初不知何谓。'东坡笑而遣之。"并未如《提要》所云"有鬼歌之"。东坡填词，人们竞相传播，故能速传天下。叶梦得《避暑录话》卷上亦记东坡于黄州填《临江仙·夜归临皋》，"翌日喧传子瞻夜作此辞，挂冠服江边，拏舟长啸去矣"。

山谷词一卷 江苏巡抚采进本

宋黄庭坚撰。庭坚有《山谷集》，已著录。

【笺证】

　　《四库全书总目》卷一五四集部七别集类七著录《山谷内集》三十卷《外集》十四卷《别集》二十卷《词》一卷《简尺》二卷《年谱》三卷。《山谷内集》即《豫章黄先生集》，凡三十卷，由黄庭坚外甥洪炎编于宋高宗建炎二年，黄庭坚之友胡直孺刊板行世。《外集》十四卷乃李彤编，其中前十卷收《焦尾》《敝帚》二集诗文，卷十一至卷十四收《南昌集》之诗。《别集》二十卷乃黄庭坚诸孙黄𤫩所编。

此其别行之本也。《宋史·艺文志》载庭坚《乐府》二卷，《书录解题》则载《山谷词》一卷，盖宋代传刻已合并之矣。

【笺证】

　　《直斋书录解题》卷二一所载《山谷词》一卷乃南宋长沙书坊所刻《百家词》本，《宋史·艺文志》载黄庭坚《乐府》二卷，书名、卷数与《百家词》本皆异，当为另一版本，且《书录解题》所载一卷本早于《宋史》所载二卷本，故《提要》所云"宋代传刻已合并之矣"不确。

陈振孙于晁无咎词条下引补之语曰："今代词手，惟秦七、黄九，他人不能及也。"于此集条下又引补之语曰："鲁直间作小词，固高妙，然不是当行家语，自是著腔子唱好诗。"二说自相矛盾。考秦七、黄九语在《后山诗话》中，乃陈师道撰，殆振孙误记欤？

【笺证】

　　此确系陈振孙误陈师道之言为晁补之语。陈师道《后山诗话》云："退之以文为诗，子瞻以诗为词，如教坊雷大使之舞，虽极天下之工，要非本色。今代词手唯秦七、黄九尔，唐诸人不逮也。"胡仔《苕溪渔隐丛话后集》卷三三引《复斋漫录》云："无咎评本朝乐章，不见诸集，今录于此云：'……黄鲁直间作小词，固高妙，然不是当家语，自是著腔子唱好诗。'"

今观其词，如《沁园春》《望远行》，《千秋岁》第二首，《江城子》第二首，《两同心》第二首、第三首，《少年心》第一首、第二首，《丑奴儿》第二首，《鼓笛令》四首，《好事近》第三首，皆亵诨不可名状。至于《鼓笛令》第三首之用"躠"字，第四首之用"屝"字，皆字书所不载，尤不可解，不止补之所云不当行已也。

【笺证】

　　黎靖德《朱子语类》卷一三〇："黄山谷慈祥之意甚佳，然殊不严重。书简皆及其婢妮，艳词小诗先已定以悦人，忠信孝弟之言不入矣。"

毛晋《山谷词跋》："鲁直少时，使酒玩世，喜造纤淫之句，法秀道人诚云：'笔墨劝淫，应堕犁舌地狱。'鲁直答曰：'空中语耳。'"

顾其佳者则妙脱蹊径，迥出慧心。

【笺证】

蔡絛《西清诗话》："黄太史诗妙脱蹊径，言侔鬼神，唯胸中无一点尘，故能吐出世间语。"

补之"著腔好诗"之说，颇为近之。师道以配秦观，殆非定论。观其《两同心》第二首与第三首，《玉楼春》词第一首与第二首，《醉蓬莱》第一首与第二首，皆改本与初本并存。则当时以其名重，片纸只字，皆一概收拾，美恶杂陈，故至于是，是固宜分别观之矣。

【笺证】

胡仔《苕溪渔隐丛话后集》卷三三："苕溪渔隐曰：'无己称今代词手，惟秦七、黄九耳，唐诸人不迨也。无咎称鲁直词不是当家语，自是著腔子唱好诗。二公在当时品题不同如此，自今观之，鲁直词亦有佳者，第无多首耳。'"

王若虚《滹南集》卷三九《诗话》："陈后山云：'子瞻以诗为词，虽工非本色。今代词手惟秦七、黄九耳。'予谓后山以子瞻词如诗，似矣；而以山谷为得体，复不可晓。晁无咎云：'东坡词小不谐律吕，盖横放杰出，曲子中缚不住者。'其评山谷则曰：'词固高妙，然不是当行家语，乃著腔子唱好诗耳。'此言得之。"

陆游《老学庵笔记》辨其《念奴娇》词"老子平生，江南江北，爱听临风笛"句，俗本不知其用蜀中方音，改"笛"为"曲"以叶韵。今考此本，仍作"笛"字，则犹旧本之未经窜乱者矣。

【笺证】

陆游《老学庵笔记》卷二："鲁直在戎州，作乐府曰：'老子平生，江南江北，爱听临风笛。孙郎微笑，坐来声喷霜竹。'予在蜀，见其稿。今俗本改‘笛’为‘曲’以协韵，非也。然亦疑‘笛’字太不入韵。及居蜀久，习其语音，乃知泸、戎间谓‘笛’为‘曲’，故鲁直得借用，亦因以戏之耳。”

淮海词一卷浙江巡抚采进本

宋秦观撰。观有《淮海集》，已著录。

【笺证】

《四库全书总目》卷一五四集部七别集类七著录《淮海集》四十卷《后集》六卷《长短句》三卷，评秦观诗“少年所作，神锋太俊或有之，概以为靡曼之音，则诋之太甚”，云其文“自成一家”。

《书录解题》载《淮海词》一卷，而传本俱称三卷。

【笺证】

《直斋书录解题》卷二一著录秦观词集乃《淮海集》一卷。

饶宗颐《词集考》卷二：“《淮海词》版本，有单词本与全集本两种。《直斋书录》歌词类载长沙刻《淮海集》一卷，《传是楼书目》载《淮海琴趣》一本（黄子鸿校毛本，引宋本《琴趣》入校记），并单刻，不经见。……至全集本，《直斋书录》别集类载《淮海集》四十卷《后集》六卷《长短句》三卷，今传宋椠尚有两残本，明、清两代，覆刊颇多。其《长短句》并作上中下三卷，共七十七首。”

此本为毛晋所刻，仅八十七调，袠为一卷，乃杂采诸书而成，非其旧帙。其总目注原本三卷，特姑存旧数云尔。晋跋虽称订讹搜遗，而校雠尚多疏漏，如集内《长相思·铁瓮城高》一阕，乃用贺铸韵，尾句作“鸳鸯未老否”，《词汇》所载则作“鸳鸯未老绸缪”。考当时杨无咎亦有此调，与观同赋，注云用方回韵，其尾句乃“佳期永卜绸缪”，知《词汇》为是矣。

【笺证】

赵万里《淮海居士长短句跋》(《淮海居士长短句笺注》附录三):"传世秦词,以毛氏汲古阁本为最劣,其底本亦当自三卷本出,惟前后倒置,又妄据他书增入《如梦令》等十阕,除《喜春来》或确系淮海佚词外,馀率据《类编草堂诗馀》及明人所辑《续草堂诗馀》《古今词统》内录出,实则均非秦作。其误与毛氏所刻苏子瞻、周美成、李清照词均同,实无足怪也。"

夏承焘《四库全书词籍提要校议》:"《长相思·铁瓮城高》一首,实贺铸词误入观集。今《彊村丛书》本《贺方回词》卷一载此首,名《望扬州》,尾句作'幸于飞鸳鸯未老,不应同是悲秋'。毛本盖脱去下五字。杨无咎《逃禅词》用贺韵《长相思》一首,尾句'问何时佳期卜夜,绸缪','绸缪'下亦脱四字,并失'秋'字韵。《词汇》不察,乃误取无咎残句校此词,误以'缪'字为韵,遂妄改作'鸳鸯未老绸缪'。"

又《河传》一阕尾句作"闷损人天不管",考黄庭坚亦有此调,尾句作"好杀人天不管",自注云:"因少游词,戏以'好'字易'瘦'字。"是观原词当是"瘦杀人天不管","闷损"二字为后人妄改也。至"唤起一声人悄"一阕,乃在黄州咏海棠作,调名《醉乡春》,详见《冷斋夜话》。此本乃缺其题,但以三方空记之,亦为失考。今并厘正,稍还其旧。

【笺证】

夏承焘《四库全书词籍提要校议》:"若《河传》尾句,宋本亦作'闷损人,天不管',或出观自定,提要谓是后人妄改,亦未必然也。"

观诗格不及苏、黄。

【笺证】

时人即颇不以秦观诗为意,如黄庭坚《山谷别集》卷六云:"余

尝对人言作诗在东坡下,文潜、少游上。"陈师道《后山诗话》云:
"世语云:'苏明允不能诗,欧阳永叔不能赋。曾子固短于韵语,黄
鲁直短于散语。苏子瞻词如诗,秦少游诗如词。'"其后陈与义亦
云:"秦少游诗如刻就楮叶,陈无己诗如养成内丹。"(方勺《泊宅
编》卷九)意谓秦观诗仅能模仿得真。

而词则情韵兼胜,在苏、黄之上,流传虽少,要为倚声家一作手。

【笺证】

秦观词在北宋即被高度赞誉,如晁补之云:"近世以来作者,皆
不及秦少游。"(胡仔《苕溪渔隐丛话后集》卷三三)北宋后期蔡伯
世亦云:"苏东坡辞胜乎情,柳耆卿情胜乎辞。辞情相称者,惟秦少
游而已。"(孙兢《竹坡老人词序》)均以秦观词为北宋第一家。

**宋叶梦得《避暑录话》曰:"秦少游亦善为乐府,语工而入律,知乐者
谓之作家歌。"蔡絛《铁围山丛谈》亦记"观婿范温常预贵人家会,贵
人有侍儿喜歌秦少游长短句,坐间略不顾温。酒酣欢洽,始问此郎何
人。温遽起叉手对曰:'某乃"山抹微云"女婿也。'闻者绝倒"云云。
梦得,蔡京客;絛,蔡京子。而所言如是,则观词为当时所重可知矣。**

【笺证】

叶梦得所记出自《避暑录话》卷下,蔡絛所记出自《铁围山丛
谈》卷四。

周辉《清波杂志》卷三云:"石林为蔡京客,故《避暑录》所书
政、宣间事,尊京曰'鲁公',凡及蔡氏,每委曲回互,而于元祐斥司
马温公名。"陈振孙《直斋书录解题》卷五著录《国史后补》五卷时
云:"蔡絛撰。絛,京之爱子,京末年事皆出絛。絛兄攸既叛父,亦
与絛不咸。"蔡京擅国,新党得用,旧党被斥,然蔡京门客叶梦得、爱
子蔡絛皆能于激烈的新旧党争之时载录秦观词,确可见秦词影响
之大。

书舟词一卷_{安徽巡抚采进本}

宋程垓撰。垓字正伯,眉山人。

《直斋书录解题》卷二一:"《书舟词》一卷,眉山程垓正伯撰。"

其家有拟舫名书舟,见本集词注。《古今词话》谓号虚舟,盖字误也。

【笺证】

程垓《望江南·夜泊龙桥滩前遇雨作》后注:"家有拟舫名书舟。"

按,沈雄《古今词话》凡四次提及程垓,均云"书舟",未见有言"虚舟"者,未知何故。《提要》此处所云《古今词话》或为宋杨湜《古今词话》(此书明以后佚,清初钱曾《也是园书目》卷七载《古今词话》十卷,未知是否即此书),然赵万里辑本杨湜《古今词话》并未有程垓号虚舟之载,或已佚。

《书录解题》载垓《书舟词》一卷,传本或作《书舟雅词》二卷,而《宋史·艺文志》乃作陈正伯《书舟雅词》十一卷,则又误程为陈,误二为十一矣。此本为毛晋所刻,仍作一卷,前有王俦序,与《书录解题》所载合。序云"尚书尤袤曾称其文过于诗词",今其诗文无可考,而词则颇有可观。

【笺证】

《直斋书录解题》卷二一云:"《书舟词》一卷,眉山程垓正伯撰,王俦季平为作序。"毛晋《宋名家词》即据此本,王俦《书舟词序》赖此以存,末署"绍熙甲寅端午前一日,王俦季平序",知其编年。此本明代另有钞本,丁丙《善本书室藏书志》卷四十三云:"眉山程正伯,正伯名垓。其家有屋如舫,榜曰书舟,词因以名。宋《艺文志》作陈正伯《书舟雅词》十一卷,姓氏卷数并误。此棉纸蓝格明钞一卷,与《书录解题》所载合,前有绍熙甲寅王俑季平序。"

按,《宋史·艺文志》著录陈正伯《书舟雅词》十一卷,与《直斋书录解题》所载书名不同,卷数亦异,或另有其本,又或"十"为衍文,后世即多有云《书舟雅词》一卷者,如沈辰垣《历代诗馀》卷一百四云程垓有《书舟雅词》一卷,陈廷焯《白雨斋词话》卷六亦云程正伯有《书舟雅词》一卷。又,《提要》云"传本或作《书舟雅词》二卷"本为猜测之语,加之古人亦甚少有书"十一卷"为"一一卷"者,故不可能误"二卷"为"一一卷"者。《提要》云《宋史》误"二"为"十一",其说未必是。

杨慎《词品》最称其《酷相思》《四代好》《折秋英》数阕,盖垓与苏轼为中表,耳濡目染,有自来也。

【笺证】

杨慎《词品》卷三载。按,况周颐《蕙风词话》卷四、梁启超《跋程正伯〈书舟词〉》(《国学论丛》1928 年第二卷第一号)、夏承焘《四库全书词籍提要校议》等均考证程垓乃南宋孝宗时人,与陆游同时,距东坡甚远,二人绝非中表之戚也。

集内《摊破江神子》"娟娟霜月又侵门"一阕,诸刻多作康与之《江城梅花引》,仅字句小有异同。此调相传为前半用《江城子》,后半用《梅花引》,故合云《江城梅花引》。至过变以下,并两调俱不合。考《词谱》载《江城子》亦名《江神子》,应以名《摊破江神子》为是。详其句格,亦属垓本色。其题为康作,当属传讹。

【笺证】

唐圭璋《宋词四考》:"案此首程垓词,见毛本《书舟词》。《类编草堂诗馀》以为康与之作,后之选本从之,并误。"

又卷末毛晋跋,《意难忘》《一剪梅》诸阕,俱定为苏作,悉行删正。今考《东坡词》内已增入《意难忘》一首,而《一剪梅》尚未载入。其词亦

仍载此集中，未尝刊削。然数词语意浅俚，在垓亦非佳制，可信其必非轼作。晋之所云，未详其何所据也。

【笺证】

梁启超《跋程正伯〈书舟词〉》："子晋跋谓：'其词多涉苏作，今悉删正。'今据钞本吴文恪《百家词》校之。阕数同毛刻，所谓删正者，又不知何指也。正伯不失为宋词一名家，其年代若错误，则尚论南北宋词风者滋迷惑，故不辞详辨之如右。"

小山词一卷江苏巡抚采进本

宋晏几道撰。几道字叔原，号小山。

【笺证】

《直斋书录解题》卷二一："晏几道叔原。"

佚名《氏族大全》卷十八："晏叔原，号小山。"

殊之幼子。

【笺证】

黄庭坚《小山词序》云"晏叔原，临淄公之暮子也"，非幼子。

按，晏殊凡生九子，晏几道为第八子。欧阳修《观文殿大学士行兵部尚书西京留守赠司空兼侍中晏公神道碑铭并序》云："子八人：长曰居厚，大理评事，早卒；次承裕，尚书屯田员外郎；宣礼，赞善大夫；崇让，著作佐郎；明远、祗德，皆大理评事；几道、传正，皆太常寺太祝。"云晏几道为晏殊第七子。《东南晏氏重修宗谱》则云："固公次子殊，生九子：居厚、成裕、全节、宣礼、崇让、铭远、祗德、几道、传正。"且于几道后注曰"殊公八子"。涂木水《关于晏几道的生卒年和排行》(《文学遗产》1997 年第 1 期)曰："晏几道的三哥全节从小过继给叔叔晏颖为子。如果不把全节算在内，晏几道就是晏殊的第七个儿子。"

监颍昌许田镇。

【笺证】

邵博《邵氏闻见后录》卷十九:"晏叔原,临淄公晚子,监颍昌府许田镇。"

按,夏承焘《二晏年谱》考证晏几道监颍昌许田镇约在元丰五年(1082)。

熙宁中郑侠上书下狱,悉治平时所往还厚善者,几道亦在其中。从侠家搜得其诗,裕陵称之,始得释。事见《侯鲭录》。

【笺证】

事载赵令畤《侯鲭录》卷四。郑侠上书请罢新法下狱,在熙宁七年三月,十一月窜侠汀州,究治其亲朋。司马光《涑水记闻》卷十六、《宋史》卷三二一《郑侠传》均载此事,可参。

黄庭坚《小山集序》曰:"其乐府可谓狭邪之大雅,豪士之鼓吹。其合者高唐、洛神之流,其下者岂减桃叶、团扇哉?"又《古今词话》载程叔微之言曰:"伊川闻人诵叔原词:'梦魂惯得无拘检,又踏杨花过谢桥。'曰:'鬼语也。'意颇赏之。"然则几道之词固甚为当时推挹矣。

【笺证】

程颐此语或非赞语,陈鹄《西塘集耆旧续闻》卷八即云:"前辈谓伊川尝见秦少游词'天还知道,和天也瘦'之句,乃曰:'高高在上,岂可以此渎上帝!'又见晏叔原词'梦魂惯得无拘束,义踏杨花过谢桥',乃曰:'此鬼语也。'盖少游乃本李长吉'天若有情天亦老'之意,过于媟渎。少游竟死于贬所,叔原寿亦不永,虽曰有数,亦口舌劝淫之过。"

马端临《文献通考》载《小山词》一卷,并录黄庭坚全序,此本佚去,惟

存无名氏跋后一篇。据其所云，似几道词本名《补亡》，以为补乐府之亡，单文孤证，未敢遽改，姑仍旧本题之。至旧本字句，往往讹异，如"泛清波摘遍"一阕，"暗惜光阴恨多少"句，此于"光"字上误增"花"字，衍作八字句，《词汇》遂改"阴"作"饮"，再误为"暗惜花光饮恨多少"，如斯之类，殊失其真，今并订正焉。

【笺证】

马端临《文献通考》卷二四六经籍考七三著录晏几道《小山集》一卷。

此所谓"无名氏跋"即晏几道《小山词自序》，其言有曰："《补亡》一编，补乐府之亡也。叔原往者浮沉酒中，病世之歌词不足以析酲解愠，试续南部诸贤绪馀，作五、七字语，期以自娱。不独叙其所怀，兼写一时杯酒间见闻、所同游者意中事。尝思感物之情，古今不易，窃以谓篇中之意。昔人所不遗，第于今无传尔。故今所制，通以'补亡'名之。"

按，宋人多有云其词集名为《乐府补亡》者，非单文孤证，如王灼《碧鸡漫志》卷二云："晏叔原歌词初号《乐府补亡》。"胡仔《苕溪渔隐丛话后集》卷三三亦云："元献词谓之《珠玉集》，叔原词谓之《乐府补亡集》。"余嘉锡《四库提要辨证》、胡玉缙《四库全书总目提要补正》均有考证。

晁无咎词六卷江苏巡抚采进本

宋晁补之撰。补之有《鸡肋集》，已著录。

【笺证】

《四库全书总目》卷一五四集部七别集类七著录《鸡肋集》七十卷，云其"古文波澜壮阔，与苏氏父子相驰骤。诸体诗俱风骨高骞，一往俊迈，并驾于张、秦之间，亦未知孰为先后"。

是集《书录解题》作一卷，但称晁无咎词。

【笺证】

《直斋书录解题》卷二一："《晁无咎词》一卷。晁补之撰。晁尝云今代词手，惟秦七、黄九，他人不能及也。然二公之词，亦自有不同者，若晁无咎佳者，固未多逊也。"

《柳塘词话》则称其词集亦名鸡肋，又称补之常自铭其墓，名《逃禅词》。考杨补之亦字无咎，其词集名曰《逃禅》，不应名、字相同，集名亦复蹈袭，或误合二人为一欤？

【笺证】

《古今词话》词评卷上："柳塘词话曰：巨野晁无咎，登元祐进士，通判扬州，名《鸡肋词》，又称济北词人。晁补之尝自铭其墓，名逃禅词，与鲁直、文潜、少游为苏门四学士。"

《善本书室藏书志》卷四十："《晁无咎词》六卷，旧钞本，宋晁补之撰。《柳塘词话》云无咎词亦名鸡肋，《书录解题》但称《晁无咎词》一卷，此即汲古阁刻之《琴趣外篇》六卷本，仍题曰晁无咎词。陈斋谓其佳处未尝多逊秦、黄，今读其词，清新婉约，陈氏之评为允。"

此本为毛晋所刊，题曰《琴趣外篇》。其跋语称诗馀不入集中，故名《外篇》。又分为六卷，与《书录解题》皆不合，未详其故。卷末《洞仙歌》一首，为补之大观四年之绝笔，则旧本不载，晋摭黄昇《花庵词选》补录于后者也。

【笺证】

《直斋书录解题》卷二一著录《晁无咎词》一卷，乃长沙书坊所刻《百家词》本，毛晋《宋名家词》收录晁氏《琴趣外篇》六卷，乃南宋福建书肆所刻，自属不同版本系统。吴昌绶、陶湘《景刊宋金元明本词》景宋本《晁氏琴趣外篇》六卷，无卷末《洞仙歌》。毛晋《琴趣外篇跋》云:"《琴趣外篇》六卷,宋左朝奉秘书省著作郎充秘阁校理国史编修官济北晁补之无咎长短句也。其所为诗文凡七十卷,自名《鸡肋集》。惟诗馀不入集中,故云《外篇》。昔年见吴门钞本,混入赵文宝诸词,亦名《琴趣外篇》。盖书贾射利,眩人耳目,最为可恨。余已厘正介庵词,辨之详矣。无咎虽游戏小词,不作绮艳语,殆因法秀禅师谆谆戒山谷老人,不敢以笔墨劝淫耶。大观四年卒于泗州官舍,自画山水留春堂大屏,上题云'胸中正可吞云梦,盏底何妨对圣贤。有意清秋入衡霍,为君无尽写江天'。又咏《洞仙歌》一阕,遂绝笔,不知何故逸去,今依花庵词客附诸末幅。"

补之为苏门四学士之一。

【笺证】

苏轼《答李昭玘书一首》云:"如黄庭坚鲁直、晁补之无咎、秦观太虚、张耒文潜之流,皆世未之知,而轼独先知之。"首将四人并称。黄𫗱《山谷年谱》所载宋人《豫章先生传》云:"公学问文章,天然成性,落笔妙天下。元祐中,眉山苏公号文章伯。当是时,公与高邮秦少游、宛丘张文潜、济源晁无咎皆游其门,以文相高,号'四学士'。"胡仔《苕溪渔隐丛话后集》卷三十引《复斋漫录》亦云:"子瞻、子由门下客最知名者,黄鲁直、张文潜、晁无咎、秦少游,世谓之'四学士'。"(按,吴曾《能改斋漫录》卷十一亦载此条)均为较早载"四学士"之称者。

按,由前引黄𫗱《山谷年谱》所载《豫章先生传》可知,四人齐名主要是因四人"以文相高",即四人以古文创作成就高而得名。至因何而以"四学士"称之,盖四人皆曾供职馆阁也。钱大昕《十驾斋养新录》卷七即云:"黄鲁直、秦少游、张文潜、晁无咎称'苏门四学士'。宋沿唐故事,馆职皆得称学士。鲁直官著作郎秘书丞,少游官秘书省正字,文潜官著作郎,无咎官著作郎,皆馆职(元丰改官制,以秘书省官为馆职),故有'学士'之称,不特非翰林学士,亦非殿阁诸学士也。唯学士为馆阁通称,故翰林学士特称内翰以别之。"

集中如《洞仙歌》第二首填卢仝诗之类,未免效苏轼隐括《归去来词》之颦。

【笺证】

隐括诗词历来评价不高,如王若虚《滹南诗话》卷二云:"东坡酷爱《归去来辞》,既次其韵,又衍为长短句,又裂为集字诗,破碎甚矣。陶文信美,亦何必尔,是亦未免近俗。"贺裳《皱水轩词筌》亦云:"东坡隐括《归去来兮》、山谷隐括《醉翁亭记》,皆堕恶趣。天下事为名人所坏者,正自不少。"

然其词神姿高秀,与轼实可肩随。

【笺证】

王灼《碧鸡漫志》卷二:"晁无咎、黄鲁直皆学东坡,韵制得七八。"

陈振孙于《淮海词》下记补之之言曰:"少游词如'斜阳外,寒鸦数点,流水绕孤村',虽不识字人,亦知是天生好言语。"观所品题,知补之于此事特深,不但诗文之擅长矣。刊本多讹,今随文校正。

【笺证】

晁补之评本朝乐章,最早见载于南宋初之《复斋漫录》。胡仔《苕溪渔隐丛话后集》卷三三引《复斋漫录》云:"无咎评本朝乐章,不见诸集,今录于此云:'世言柳耆卿曲俗,非也。如《八声甘州》云:"渐霜风凄惨,关河冷落,残照当楼",此唐人语,不减高处矣。欧阳永叔《浣溪沙》云:"堤上游人逐画船,拍堤春水四垂天,绿杨楼外出秋千。"要皆绝妙,然只一"出"字,自是后人道不到处。东坡词,人谓多不谐音律,然居士词横放杰出,自是曲中缚不住者。

黄鲁直间作小词,固高妙,然不是当家语,自是著腔子唱好诗。晏元献不蹈袭人语,而风调闲雅,如"舞低杨柳楼心月,歌尽桃花扇影风",知此人不住三家村也。张子野与柳耆卿齐名,而时以子野不及耆卿,然子野韵高,是耆卿所乏处。近世以来,作者皆不及秦少游,如"斜阳外,寒鸦万点,流水绕孤村",虽不识字,亦知是天生好言语。'"

按,胡仔《苕溪渔隐丛话后集》卷三三引《艺苑雌黄》云少游此数语实用隋炀帝诗"寒鸦千万点,流水绕孤村",然二者高下立判,贺贻孙《诗筏》即云:"秦少游'斜阳外,寒鸦万点,流水绕孤村',晁无咎云:'此语虽不识字者,亦知是天生好言语。'渔隐云:'无咎不见炀帝诗耳。'盖以隋炀帝有'寒鸦千万点,流水绕孤村'之句也。余谓此语在隋炀帝诗中,只属平常,入少游词特为妙绝。盖少游之妙,在'斜阳外'三字,见闻空幻。又'寒鸦''流水',炀帝以五言划为两景,少游用长短句错落,与'斜阳外'三景合为一景,遂如一幅佳图。此乃点化之神。必如此,乃可用古语耳。"

其《引驾行》一首,证以柳永《乐章集》及集内"春云轻锁"一首,实佚其后半,无从考补,今亦仍之。

【笺证】

夏承焘《四库全书词籍提要校议》:"《引驾行》下片,今宋本《晁氏琴趣外篇》不缺……可据之补毛本。"

胡玉缙《四库全书总目提要补正》卷六十:"《提要》云:'其《引驾行》一首',又云:'及集内"春云轻锁"一首',似此调有两首,俟考。(郑翼谨案:《提要》盖本《词律》,晁词另一首见《花草粹编》。)"

至《琴趣外篇》,宋人中如欧阳修、黄庭坚、晁端礼、叶梦得四家词皆有此名,并补之此集而五,殊为淆混。今仍题曰《晁无咎词》,庶相别焉。

《琴趣外篇》乃南宋福建书肆所刻词丛编。邓子勉《宋金元词籍文献研究》云："现知词集名曰《琴趣》的宋词作家有十：欧阳修、晏几道、黄庭坚、秦观、晁端礼、晁补之、叶梦得、真德秀、赵彦端、赵彦侯。"《直斋书录解题》卷二一所载之《晁无咎词》一卷与毛晋刻《琴趣外篇》六卷本，书名、卷数均异，为两种不同之版本。四库馆臣易《琴趣外篇》之名为《晁无咎词》，殊属无谓。

姑溪词一卷安徽巡抚采进本

宋李之仪撰。之仪有《姑溪集》，已著录。

【笺证】

　　《四库全书总目》卷一五五集部八别集类八著录《姑溪居士前集》五十卷《后集》二十卷，谓其"文章与张耒、秦观相上下"，诗歌则"大抵轩豁，实无郊、岛钩棘艰苦之状"，其他作品"亦皆神锋俊逸，往往具苏轼之一体"。

《书录解题》载《姑溪词》一卷。此本为毛晋刊，凡四十调，共八十有八阕。

【笺证】

　　《直斋书录解题》卷二一著录李之仪《姑溪集》一卷。毛晋《宋名家词》所刊《姑溪词》一卷，唐圭璋《宋词四考》云其"讹脱颇甚"。

之仪以尺牍擅名，而其词亦工，小令尤清婉峭蒨，殆不减秦观。晋跋谓《花庵词选》未经采入，有遗珠之叹"，其说良是。疑当时流传未广，黄昇偶未见之，未必有心于删汰。至所称"鸳衾半拥空床月""步懒怡寻床，卧看游丝到地长""时时浸手心头润，受尽无人知处凉"诸句，亦不足尽之仪所长，则之仪之佳处，晋亦未能深知之也。其和陈瓘、贺铸、黄庭坚诸词，皆列原作于前，而己词居后，唱和并载，盖即《谢朓集》中附载王融诗例。使赠答之情，彼此相应，足以见措词运意

之故,较他集体例为善。所载庭坚《好事近》后阕"负十分蕉叶"句,今本《山谷词》"蕉叶"误作"金叶",亦足以互资考证也。

【笺证】

王明清《挥麈后录》卷六:"李端叔之仪,赵郡人,以才学闻于世;弟之纯,亦以政事显名……兄弟颉颃于元祐间,端叔于尺牍尤工。"

毛晋《姑溪词跋》:"端叔,赵郡人。辟为中山幕府,因代范忠宣作遗表得罪,编置当涂,即家焉。自号姑溪居士。客春从玉峰得《姑溪词》一卷,凡四十调,共八十有八阕,惜卷尾《踏莎行》为鼠所损耳。中多次韵、小令,更长于淡语、景语、情语。如'鸳衾半拥空床月',又如'步懒怡寻床,卧看游丝到地长',又如'时时浸手心头熨,受尽无人知处凉',即置之《片玉》《漱玉集》中,莫能伯仲。至若'我住长江头,君住长江尾。日日思君不见君,共饮长江水',直是古乐府俊语矣。叔旸不列之南渡诸家,得无遗珠之恨耶?"

溪堂词一卷_{安徽巡抚采进本}

宋谢逸撰。《宋史·艺文志》载逸有集二十卷,《溪堂诗》五卷,岁久散佚,今已从《永乐大典》中搜辑成编,已著录。

【笺证】

《直斋书录解题》卷十七"别集类"著录《溪堂集》二十卷,同书卷二十"诗集类下"著录《溪堂集》五卷《补遗》二卷,二十卷本当为诗词文合集,五卷本为诗集。《宋史·艺文志》云:"谢逸集二十卷,又溪堂诗五卷。"或即《直斋书录解题》所著录之本。此两本均散佚,四库馆臣从《永乐大典》中辑得《溪堂集》十卷,"诗词约什之七八,文亦约什之四五",泰半尚存。

《书录解题》别载《溪堂词》一卷。

【笺证】

《直斋书录解题》卷二一:"《溪堂词》一卷。"

今刊本一卷,末有毛晋跋,称既得溪堂全集,末载乐府一卷,遂依其章次就梓。盖其集明末尚未佚,晋故得而见之也。

【笺证】

毛晋《溪堂词跋》云:"既获溪堂全集,末载乐府一卷,今依其章次就梓。"毛晋所见溪堂全集,当即《直斋书录解题》卷十七所著录之《溪堂集》二十卷,如前所云,为诗词文合集本。

逸以诗名宣、政间,然《复斋漫录》载其尝过黄州杏花村馆,题《江神子》一阕于驿壁,过者必索笔于驿卒。卒苦之,因以泥涂焉,其词亦见重一时矣。

【笺证】

惠洪《跋谢无逸诗》(《石门文字禅》卷二七):"临川谢无逸,布衣而名重搢绅,于书无所不读,于文无所不能,而尤工于诗。黄鲁直阅其与老仲元诗曰:'老凤垂头嚜不语,枯木查牙噪春鸟。'大惊曰:'张、晁流也。'陈莹中阅其赠普安禅师诗曰:'老师登堂挝大鼓,是中那容啬夫喋。'叹息曰:'计其魁杰,不减张、晁也。'二诗于无逸集中未为绝唱,而陈、黄已绝倒无馀,惜其未多见之耳。然无逸又喜论列而气长,诗尚造语而工,置于文潜、补之集中,东坡不能辩。"

《苕溪渔隐丛话后集》卷三三引《复斋漫录》:"无逸尝于黄州关山杏花村馆驿题《江神子》词:'杏花村馆酒旗风,水溶溶,飏残红。野渡舟横,杨柳绿阴浓。望断江南山色远。人不见,草连空。　　夕阳楼外晚烟笼,粉香融,淡眉峰。记得年时,相见画屏中。只有关山今夜月,千里外,素光同。'过者必索笔于馆卒,卒颇以为苦，因以泥涂之。"

是作今载集中，语意清丽，良非虚美。

【笺证】

　　吕本中《答谢无逸惠书》："乐章短句又清绝，陶写万象嘲江山。"

　　毛晋《溪堂词跋》："时本《溪堂词》，卷首《蝶恋花》以迄禈尾《望江南》，共六十有三阕，皆小令，轻倩可人。"

　　徐釚《词苑丛谈》卷三引《词统》："标致隽永，全无芎泽，可称逸调。"

　　冯煦《蒿庵论词》："溪堂温雅有致，于此事蕴酿甚深。子晋只称其轻倩，犹为未尽。樵隐胜处不减溪堂，惟情味差薄耳。"

其他作亦极煅炼之工。卷首有序，署漫叟而不名。其所称"黛浅眉痕沁""红添酒面潮"二句，乃《菩萨蛮》第一阕中句；"鱼跃冰池抛玉尺，云横石岭拂鲛绡"，乃《望江南》第二阕中句。然"红潮登颊醉槟榔"本苏轼语，"鱼跃练江抛玉尺"亦王令语，皆剽窃前辈旧文，不为佳句，乃独摘以为极工，可谓舍长而取短，殊非定论。

【笺证】

　　王灼《碧鸡漫志》卷二："谢无逸字字求工，不敢辄下一语。"

　　漫叟《题溪堂词》(《宋名家词》)："谢无逸，临川进士，自号溪堂，学古高杰，文辞煅炼，篇篇有古意，而尤工于诗词。黄山谷尝读其诗，云：'晁、张流也，恨未识面耳。'其诗曰：'山寒石发瘦，水落溪毛涸。'又曰：'老凤垂头噤不语，枯木槎牙噪春乌。'其词曰：'黛浅眉痕沁''红添酒面潮'。又曰：'鱼跃冰池飞玉尺，云横石岭拂鲛绡。'皆百炼乃出冶者，晁、张又将避三舍矣。"

晋跋语又载《花心动》一阕，谓出近来吴门抄本，疑是赝笔，乃沈天羽作《续词谱》，独收此词。朱彝尊《词综》选逸词，因亦首登是阕。考

宋人词集，如史达祖、周邦彦、张元幹、赵长卿、高观国诸人皆有此调，其音律平仄，如出一辙。独是词随意填凑，颇多失调，措语尤鄙俚不文，其为赝作，盖无疑义。晋刊此集，削而不载，特为有见。今亦不复补入，庶免鱼目之混焉。

【笺证】

据唐圭璋《宋词互见考》可知，《花心动》出于明传奇《觅莲记》，非谢逸作。

东堂词一卷江苏巡抚采进本

宋毛滂撰。滂有《东堂集》，已著录。

【笺证】

《四库全书总目》卷一五五集部八别集类八著录《永乐大典》本《东堂集》十卷，并云："其诗有风发泉涌之致，颇为豪放不羁；文亦大气盘礴，汪洋恣肆，与李廌足以对垒，在北宋之末，要足以自成一家，固未可竟置之不议也。"知其诗文成就甚高，颇有东坡气象。

此词一卷，载于马端临《经籍考》，与今本相合。

【笺证】

《直斋书录解题》卷二一、《文献通考》卷二四六经籍考七三均著录《东堂词》一卷。

盖其文集久佚，今乃裒录成帙。

【笺证】

《直斋书录解题》卷十七载毛滂有《东堂集》六卷诗四卷书简二卷乐府二卷，凡十四卷，久佚。四库馆臣自《永乐大典》裒集《东堂集》十卷。

其词集则别本孤行，幸而得存也。端临又引《百家诗序》，称其罢杭州

法曹时,以赠妓词"今夜山深处,断魂分付潮回去"句见赏于苏轼。其词为《惜分飞》,今载集中。

【笺证】

《文献通考》卷二四六经籍考七三:"《百家诗序》云:元祐中,东坡守杭,泽民为法曹掾,公以众人遇之,秩满辞去。是夕宴客,有籍妓歌赠别小词,卒章云:'今夜山深处,断魂分付潮回去。'坡问谁所作,妓以毛法曹对。公语坐客曰:'郡僚有词人不及知,某之罪也。'翼日折简追还,留连数月,泽民由此知名。"

按,毛滂与苏轼在元丰年间已相识,《百家诗序》所载不确。夏承焘《四库全书词籍提要校议》即云:"雪堂成,滂往见坡于东坡,苏集《和毛滂法曹诗》追叙其事,见王文诰《苏诗总案》(卷廿一页一)。是滂与坡为故人子,元丰间已谒坡于黄州矣。"

然集中有《太师生辰词》数首,实为蔡京而作。蔡絛《铁围山丛谈》载其父柄政时,滂献一词甚伟丽,骤得进用者,当即在此数首之中。则滂虽由轼得名,实附京以得官,徒擅才华,本非端士。

【笺证】

蔡絛《铁围山丛谈》卷二:"昔我先人鲁公遭逢圣主,立政建事以致康泰,每区区其间。有毛滂泽民者有时名,上一词甚伟丽,而骤得进用。"

按,毛滂有《清平乐·太师相公生辰》《绛都春·太师生辰》,皆为蔡京所作祝寿词。

又按,苏轼《荐毛滂状》(毛滂《东堂集》卷六《再答苏子瞻书》后附)云:"臣伏睹新授饶州司法参军毛滂,文词雅健,有超世之韵;气节端丽,无徇人之意。及臣尝见其所作文论骚词,与闻其议论,皆于时可用。今保举堪充文章典丽可备著述科。如蒙朝廷擢用后,不如所举,甘伏朝典,不辞。谨录奏。"对毛滂甚为推许。陈思

《两宋名贤小集》卷五十亦云毛滂"政和间守秀州,风雅和惠,吏民怀之"。知其为官有惠政,故不应以其曾附蔡京而苛责之。

方回《瀛奎律髓》乃以为守正之士,盖偶未及考。

【笺证】

　　《瀛奎律髓》卷二十"梅花类"只言其"所至庖馔奢侈,有王武子之风味",批其豪侈之风,而无守正一说。

其词则情韵特胜。陈振孙谓滂他词虽工,终无及苏轼所赏一首者,亦随人作计之见,非笃论也。其文集、词集并称"东堂"者,滂令武康时改尽心堂为东堂,集中《蓦山溪》一阕,自注其事甚悉云。

【笺证】

　　毛滂《蓦山溪序》:"东堂,武康县令舍尽心堂也,仆改名东堂。"

　　《直斋书录解题》卷十七:"《东堂集》六卷、诗四卷、书简二卷、乐府二卷。祠部郎江山毛滂泽民撰。滂为杭州法曹,以乐府词有佳句,受知于东坡,遂有名。尝知武康县,县有东堂,集所以名也。又尝知秀州,修月波楼,为之记。其诗文视乐府颇不逮。"

片玉词二卷补遗一卷浙江巡抚采进本

宋周邦彦撰。邦彦字美成,钱塘人。元丰中献《汴都赋》,召为太乐正。徽宗朝仕至徽猷阁待制,出知顺昌府,徙处州卒。自号清真居士。

【笺证】

　　王偁《东都事略》卷一一六:"周邦彦字美成,钱塘人也。性落魄不羁,涉猎书史。元丰中献《汴都赋》,神宗异之,自诸生命为太学正。绍圣中除秘书省正字。徽宗即位,为校书郎,迁考功员外郎、卫尉宗正少卿,又迁卫尉卿,出知隆德府,徙明州,召为秘书监,擢徽猷阁待制,提举大晟府。未几,知真定,改顺昌府,提举洞霄宫,卒,年六十六。"

吕陶《周居士墓志铭》:"字美成,自号清真居士,钱塘人。"

王应麟《玉海》卷五九:"元丰七年三月壬戌,以太学生周邦彦为太学正。邦彦献《汴都赋》,故擢之。"

《宋史·文苑传》称"邦彦疏隽少检,不为州里推重。好音乐,能自度曲,制乐府长短句,词韵清蔚"。

【笺证】

楼钥《清真先生文集序》(《攻媿集》卷五一):"公之殁,距今八十馀载,世之能诵公赋者盖寡,而乐府之词盛行于世,莫知公为何等人也。"

《艺文志》载《清真居士集》十一卷,盖其诗文全集久已散佚,其附载诗馀与否,不可复考。陈振孙《书录解题》载其词有《清真集》二卷,后集一卷。

【笺证】

周邦彦词集版本甚多,据吴则虞《清真词版本考辨》(《西南师范学院学报》1957年第3期)可知,周邦彦词集在宋高宗绍兴年间已有专集,宋刻本可考者即有十一种。

此篇名曰《片玉》,据毛晋跋,称为宋时刊本所题,原作二卷。其补遗一卷则晋采各选本成之。疑旧本二卷即所谓《清真集》,晋所掇拾乃其后集所载也。卷首有强焕序,与《书录解题》所传合。其词多用唐人诗句隐括入调,浑然天成。长篇尤富艳精工,善于铺叙。

《直斋书录解题》卷二一:"《清真词》二卷《后集》一卷,周邦彦美成撰。多用唐人诗语隐括入律,浑然天成,长调尤善铺叙,富艳精工,词人之甲乙也。"

毛晋《片玉词跋》："余家藏凡三本,一名《清真集》,一名《美成长短句》,皆不满百阕。最后得宋刻《片玉集》二卷,计调百八十有奇,晋阳强焕为叙。"

夏承焘《四库全书词籍提要校议》："洎朱孝臧见士礼居别藏本,卷首刘肃序末有'时嘉定辛未抄腊'数字,乃汲古阁藏本所无者;乃知元龙是宋人。是片玉之名,实起于南宋,毛跋所谓'最后得宋刊片玉集二卷',语未尝误。"

陈郁《藏一话腴》谓其以乐府独步,贵人、学士、市侩、妓女皆知其词为可爱,非溢美也。

【笺证】

陈郁《藏一话腴》乙集卷上:"周邦彦字美成,自号清真。二百年来以乐府独步,贵人、学士、市儇、妓女知美成词为可爱,而能知美成为何如人者,百无一二也。"

又邦彦本通音律,下字用韵,皆有法度,故方千里和词,一一案谱填腔,不敢稍失尺寸。

【笺证】

陈郁《藏一话腴》外编:"邦彦能文章,妙解音律,名其堂曰'顾曲',乐府盛行于世。"

楼钥《清真先生文集序》:"乐府播传,风流自命,又性好音律,如古之妙解,顾曲名堂,不能自已。"

张炎《词源》卷下:"古之乐章、乐府、乐歌、乐曲,皆出于雅正。……迄于崇宁,立大晟府,命周美成诸人讨论古音,审定古调,沦落之后,少得存者,由此八十四调之声稍传。而美成诸人又复增演慢曲、引、近,或移宫换羽为三犯四犯之曲,按月律为之,其曲遂繁。"

今以两集互校,如《隔浦莲近拍》"金丸惊落飞鸟"句,毛本注云"按

谱,此处宜三字二句"。然千里词作"夷犹终日鱼鸟",则周词本是
"金丸惊落飞鸟",非三字二句。

【笺证】

　　夏承焘《四库全书词籍提要校议》:"'金丸落惊飞鸟'句,毛刊
及陈注、元巾箱各本皆同,无作'金丸惊落飞鸟'者。吴文英作'汀
菰绿,蕙风晓',赵闻礼作'杨花扑,春云暖',皆三字二句,与周词
字声句法皆同。陈允平作'林幽乐多禽鸟',高观国作'凉生一天
风露',虽句法不同,而字声无异。惟方千里作'夷犹终日鱼鸟',
误'落惊'为'惊落',杨泽民作'绵蛮时嘀黄鸟',亦同方作,其后陆
游、赵彦端、史达祖诸家填此调者,皆从方体。疑句法之误,实起方
氏。《提要》反据方作改周词,大误。"

又《荔枝香近》"两两相依燕新乳"句,止七字。千里词作"深涧斗泻
飞泉洒甘乳"句,凡九字。观柳永、吴文英二集,此调亦俱作九字句,
不得谓千里为误,则此句尚脱二字。

【笺证】

　　夏承焘《四库全书词籍提要校议》:"'两两相依新燕乳'句,毛
刊上有'看'字,非七字句。巾箱本同。郑文焯校本,'看'字上又
空一格。盖据方、杨诸家和作作九字句也。"

　　按,戈载《宋七家词选》云所脱两字为"闲看":"《荔枝香近》
'闲看两两相依燕新乳','闲'字汲古落去,和词皆作九字。"《全宋
词》此句作"看两两相依燕新乳",脱一字。

又《玲珑四犯》"细念想梦魂飞乱"句七字,毛本因旧谱误脱"细"字,
遂注曰:"按谱,宜是六言。"不知千里词正作"顾鬓影翠云零乱"七
字,则此句"细"字非衍文。又《西平乐》"争知向此征途,区区伫立尘
沙"二句,共十二字,千里和云:"流年迅景霜风败苇惊沙。"止十字,
则此句实误衍二字。

【笺证】

夏承焘《四库全书词籍提要校议》：“《西平乐》‘争知向此，征途区区，伫立尘沙’句，‘区区’陈注本作‘迢递’，巾箱本同。郑文焯校本据吴文英此调‘当时燕子，无言对立斜晖’作二句十字，谓‘区区’、‘迢递’并为衍文。然此调各家字句不同，有作十二字三句者，如陈允平‘春潮带雨，鸥迎远溆，雁别平沙’，正同周词；亦有作十字二句者如上引吴文英句是。方千里作‘流年迅景，霜风败苇惊沙’，亦同。若杨泽民一首则分句大异周词，必不可从。‘区区’、‘迢递’不知孰是，要之，非衍文也。”

杨易霖《周词订律》卷二：“‘区区’二字，柳词习见，意为驰驱，盖宋人俗语。”

至于《兰陵王》尾句“似梦里泪暗滴”，六仄字成句。观史达祖此调，此句作“欲下处似认得”，亦止用六仄字，可以互证。毛本乃于“梦”字下增一“魂”字，作七字句，尤为舛误。今并厘正之。

【笺证】

戈载《宋七家词选》：“《兰陵王》‘似梦里’，汲古多一‘魂’字。”

据《书录解题》，有曹杓，字季中，号一壶居士者，曾注《清真词》二卷。今其书不传。

【笺证】

《直斋书录解题》卷二一：“《注清真词》二卷，曹杓季中注，自称一壶居士。”

初寮词一卷安徽巡抚采进本

宋王安中撰。安中有《初寮集》，已著录。

【笺证】

《四库全书总目》卷一五六集部九别集类九著录《初寮集》八卷，云"其诗文丰润凝重，颇不类其为人。四六诸作，尤为雅丽"。

其为人反复炎凉，虽不足道。

【笺证】

朱弁《曲洧旧闻》卷七："王安中履道，中山无极人也。元符间，晁以道为无极令，时安中已登进士第，修邑子礼，用长笺见以道。自言：'平生颇有意学古。以新学窃一第，固为亲荣，而非其志也。愿先生明以教我。'以道曰：'子之志美矣，然为学之道，当慎其初。能慎其初，何患不远到？'安中乃筑室屏绝人事，榜之曰初寮，又自号初寮居士。其议论渊源与所闻见，多得于以道，而作诗句法，颇似山谷。以道弟之道，后在北门与之同官，尤喜称誉之。然负才，自标置，为梁才甫所阻，不得志，乃游京师，密结梁师成，遂年馀两迁为正字，自是与晁氏兄弟绝矣。既长风宪，位丞辖，讳从晁学，王将明迫于公议，仅能用知成州。安中言出自己，始作简招以道相见，只呼'成州使君四丈'，无复曩时先生之号矣。平日交游，以此莫有称初寮者，但目为有初居士而已。"

《直斋书录解题》卷十八："安中筑室，榜曰'初寮'。其议论闻见，多得以道，既贵显，遂讳晁学，但称'成州使君四丈'，无复先生之号矣。甚哉，籍、湜不畔之难也！"

杨慎《词品》卷三："王初寮字安中，名履道，初为东坡门下士，诗文颇得膏腴……其后附蔡京，遂叛东坡，其人不足道也。"

按，王安中曾师从苏轼、晁说之。晁说之以为学当谨初，故榜其室为初寮。后以谄事宦官梁师成、交结蔡攸获进，遂叛苏轼、晁说之，故《提要》云其"反复炎凉"。

然才华富艳，亦不可掩。《花庵词选》载其词，如《小重山》之"椽烛垂

珠清漏长""庭留春笋缓飞觞",《蝶恋花》之"翠雾萦纤消篆印,笛声恰度秋鸿阵"等句,皆为当世所称。就文论文,亦南北宋间佳手也。

【笺证】

周必大《初寮先生前后集序》(《初寮集》卷首):"其诏制表章诗文,大率雅重温润,而时发秀杰之语。……黄、张、晁、秦既没,系文统,接坠绪,谁出公右?"

李邴《王初寮先生文集序》(《初寮集》卷首):"公天才英迈,学力有馀,于文于诗皆瑰奇高妙,无所不能,故出为世之贤如此。自徽宗皇帝即位以来,擅制诰之美者,公一人而已,得不谓一代之奇文欤?"

杨慎《词品》卷三:"其词有'橡烛垂珠清漏长,迟留春笋缓催觞'之句,又'天与麟符行乐分。缓带轻裘,雅宴催云鬓。翠雾萦纤销篆印。筝声恰度秋鸿阵。'为时所称。"

考集内《安阳好》九阕,吴曾《能改斋漫录》称"韩魏公皇祐初镇维扬,曾作《维扬好》词四章。其后熙宁中罢相镇安阳,复作《安阳好》十章,人多传之"云云。据曾所录之一首,即此集内"形胜魏西州"一首。安阳为魏郡地,安中未曾镇彼,似此词宜属韩琦,显然误入。殆又经后人裒辑,非陈氏所见原本矣。疑以传疑,姑存之以备考证焉。

【笺证】

饶宗颐《词集考》卷二:"细案此词,如云'王谢族'、'世多贤'、'相君园'等语,若谓魏公所作,岂不自夸;又如'两世风流今可见'、'曾映两貂蝉'、'簪绂看家传'、'乔木几春秋'等语,则直似徽宗初,韩忠彦拜尚书仆射后,他人献颂之词;又如'来劝学'、'泮水戏儒宫'等语,则作者似是相州学官。且此阕后之《小重山》题云'相州荣归池上作',又不能借口安中未到安阳也。"

圣求词一卷_{安徽巡抚采进本}

宋吕滨老撰。滨老字圣求，嘉兴人。陈振孙《书录解题》作吕渭老。考嘉定壬申赵师岌序，亦作滨老，二字形似，其取义亦同，未详孰是也。

【笺证】

《直斋书录解题》卷二一："《吕圣求词》一卷。檇李吕渭老圣求撰。宣和末人，尝为朝士。"

陈世隆《宋诗拾遗》卷十三："吕渭老，一作滨老，字圣求，嘉兴人，宣和末朝士。"

按，"檇李"在嘉兴西南。《春秋·定公十四年》："五月，于越败吴于檇李。"杜预注："檇李，吴郡嘉兴县南醉李城。"

滨老在北宋末颇以诗名，师岌称其《忧国诗》二联、《痛伤诗》二联、《释愤诗》二联皆为徽、钦北狩而作。《忧国诗》有"尚喜山河归帝子，可怜麋鹿入王宫"语，则南渡时尚存矣。其诗在师岌时已无完帙，词则至今犹传。《书录解题》作一卷，与此本相合。

【笺证】

赵师岌《吕圣求词序》："宣和末，有吕圣求者，以诗名，讽咏中率寓爱君忧国意，不但弄笔墨清新俊逸而已。其《忧国诗》云：'忧国忧身到白头，此生风雨一沙鸥。'又云：'尚喜山河归帝子，可怜麋鹿入王宫。'《痛伤诗》云：'尘断征车杳，云低毳帐深。古今那有此，天地亦何心。'《释愤诗》云：'未湔秬绍血，谁发谏臣章。'赤心皆□诗史气象，搢绅巨贤，多录稿家藏，但不窥全帙，未能为刊行也。一日，复得《圣求词集》一编，婉媚深窈，视美成、耆卿伯仲耳。余因念圣求诗词俱可以传后，惜不见他所著述，以是知世间奇才未乏也。士友辈将刻《圣求词》，求序于余，故余得言其大概。圣求居嘉兴，名滨老，尝位周行，归老于家云。嘉定壬申中秋，朝奉大夫、成都路转运判官赵师㤜序。"

冯煦《蒿庵论词》："赵师会序吕滨老圣求词，谓其婉媚深窈，视美成、耆卿伯仲。实只其《扑蝴蝶》近之。上半在周、柳之间，其下阕已不称。此外佳构，亦不过《小重山》《南歌子》数篇，殆又出千里下矣。"

杨慎《词品》称其《望海潮》《醉蓬莱》《扑蝴蝶近》《惜分钗》《薄幸》《选冠子》《百宜娇》等阕，佳处不减少游，《东风第一枝·咏梅》不减东坡之《绿毛幺凤》。今考《咏梅》词集中不载，仅附见毛晋跋中，晋跋亦不言所据，未详其故。

【笺证】

杨慎《词品》卷一："圣求在宋人不甚著名，而词甚工，如《醉蓬莱》《扑胡蝶近》《惜分钗》《薄幸》《选冠子》《百宜娇》《豆叶黄》《鼓笛慢》，佳处不减秦少游。"

杨慎《词品》卷二："吕圣求《东风第一枝》词云：'老树浑苔，横枝未叶，青春肯误芳约。背阴未返冰魂，阳梢已含红萼。佳人寒怯，谁惊起、晓来梳掠。是月斜窗外栖禽，霜冷竹间幽鹤。　　云淡澹，粉痕渐薄。风细细，冻香又落。叩门喜伴金樽，倚阑怕听画角。依稀梦里，半面浅窥珠箔。甚时重写鸾笺，去访旧游东阁。'古今梅词，以坡仙《绿毛幺凤》为第一，此亦在魁选矣。"

按，《词话丛编》本杨慎《词品》于此条后注曰："案此词乃张翥作，见《蜕岩词》。"

晋跋又称其《惜分钗》一阕尾句用二叠字，较陆游《钗头凤》用三叠字更有别情。不知滨老为徽宗时人，游乃宁宗时人，《钗头凤》词实因《惜分钗》旧调而变平仄相间为仄韵相间耳。晋似谓此调反出于《钗

头凤》，未免偶不检也。

【笺证】

毛晋《圣求词跋》："吕圣求名渭老，或云滨老，檇李人，有声宣和间。其咏梅词寄调《东风第一枝》，先辈与坡仙《西江月》并称，兹集中不载，不知何故。……又《惜分钗》其自制新谱也，尾句用二叠字云'重重'，又云'忡忡'，较之陆放翁《钗头凤》尾句云'错错错''莫莫莫'，更有别韵。"

友古词一卷安徽巡抚采进本

宋蔡伸撰。伸字伸道，莆田人。襄之孙，自号友古居士。宣和中官彭城倅，历官左中大夫。《书录解题》载伸《友古词》一卷，此本卷数相合。

【笺证】

蔡戡《大父行状》（《定斋集》卷十四）："公讳伸，字申道，兴化军仙游人。曾祖琇，赠刑部侍郎，隐德不耀。祖襄，端明殿学士……皇考旻，终宣义郎、开封府工曹，累赠少傅。……政和五年，公复以上舍及第。……公自释褐，为辟雍正，改太学，迁两学博士，凡四任，皆以例授。用举者改秩，复不堂白，径就吏铨，知潍州北海县。移京东学司属官。秩满，通判徐州。……是岁卒于毗陵，时绍兴丙子十月二十二日也，享年六十有九。"

《直斋书录解题》卷二一："《友古词》一卷，左中大夫莆田蔡伸伸道撰，自号友古居士，君谟之孙。"

伸尝与向子谝同官彭城漕属，故屡有赠子谝词。而子谝《酒边词》中所载倡酬人姓氏甚夥，独不及伸，未详其故。

【笺证】

蔡伸《南乡子序》："宣和壬寅，予与向伯恭俱为大漕属官，向有词云'凭书续断肠',因为此词。"

伸词固逊子諲,而才致笔力亦略相伯仲,即如《南乡子》一阕自注云:"因向词有'凭书续断肠'句而作。"今考向词,乃《南歌子》,以伸词相较,其婉约未遽相逊也。毛晋刊本,颇多疏舛,如《飞雪满群山》一调,晋注云:"又名《扁舟寻旧约》。"不知此乃后人从本词后阕起句改名,非有异体,亦不应即以名本词。《惜奴娇》一调,晋注云:"一作《粉蝶儿》。"不知《粉蝶儿》另有一调,与《惜奴娇》判然不同。至《青玉案》和贺方回韵,前阕"处"字韵讹作"地"字。贺此调南宋诸人和者不知凡几,晋不能互勘其误,益为失考矣。

【笺证】

毛晋《友古词跋》:"其和向伯恭《木犀》诸阕,亦逊《酒边词》三舍矣。"

冯煦《蒿庵论词》:"蔡伸道与向伯恭尝同官彭城漕属,故屡有酬赠之作。毛氏谓其逊《酒边》三舍,殊非笃论。考其所作,不独《菩萨蛮》(花冠鼓翼)一首,雅近南唐。即《蓦山溪》之'孤城莫角'、《点绛唇》之'水绕孤城'诸调,与《苏武慢》之前半,亦几几入清真之室。恐子諲且望而却步,岂惟伯仲间耶。至以厥祖忠惠谱荔支,而怪其集中无一语及玉堂红者,是犹责工部之不咏海棠也。"

和清真词一卷安徽巡抚采进本

宋方千里撰。千里,信安人,官舒州签判。李龏《宋艺圃集》尝录其《题真源宫》一诗,其事迹则未之详也。

【笺证】

嵇璜《续文献通考》卷一九八经籍考:"方千里《和清真词》一卷。千里,信安人,官舒州签判。"

李蒮《宋艺圃集》卷十二:"方千里一首《题真源宫》:'万岁丹霞府,千函蕊笈书。时时瞻绛节,往往下云车。近与刚风接,高连上帝居。登前望南岳,清跸彻空虚。'"

此集皆和周邦彦词。

【笺证】

黄昇《中兴以来绝妙词选》卷九:"方千里,三衢人,尽和美成词。"

饶宗颐《词集考》卷五:"词传九十三首。编次与陈注《片玉集》相同,自第一卷首篇《瑞龙吟》起,至第八卷末《满路花》止,逐阕和作。其第九、第十两卷,及第八卷之《归去难》《黄骊绕碧树》两阕,则付阙如。"

邦彦妙解声律,为词家之冠。所制诸调,不独音之平仄宜遵,即仄字中上、去、入三音亦不容相混。所谓分刌节度,深契微芒。故千里和词,字字奉为标准。今以两集相校,中有调名稍异者,如《浣溪沙》目录与周词相同,而题则误作《浣沙溪》。

【笺证】

沈义父《乐府指迷》:"凡作词,当以清真为主。盖清真最为知音,且无一点市井气。"

万树《词律·发凡》:"故不作词则已,既欲作词,必无杜撰之理,如美成造腔,其拗处乃其顺处,所用平仄,岂慢然为之耶?倘是慢然为之者,何其第二首亦复如前,岂亦皆慢然为之至再至三耶?方千里系美成同时,所和四声,无一字异者,岂方亦慢然为之耶?后复有吴梦窗所作,亦无一字异者,岂吴亦慢然为之耶?更历观诸名家,莫不绳尺森然者,其一二有所改变,或系另体,或系传讹,或系败笔,亦当取而折衷,归于至当。"

冯煦《蒿庵论词》:"千里和清真,亦趋亦步,可谓谨严。然貌合神离,且有袭迹,非真清真也。"

饶宗颐《词集考》卷五:"近人杨易(按,当为杨易霖)编《周词订律》,取方、杨、吴、陈诸同调词,汇校其四声,龃龉者盖甚少。"

《荔枝香》周词作《荔枝香近》,吴文英《梦窗稿》亦同,此集独少"近"字。《浪淘沙》周词作《浪淘沙慢》,盖《浪淘沙》制调之始,皇甫松惟七言绝句,李后主始用双调,亦止五十四字,周词至百三十三字之多,故加以"慢"字。此去"慢"字,即非此调。盖皆传刻之讹,非千里之旧。又其字句互异者,如《荔枝香》第二调前阕"是处池馆春遍",周词作"但怪灯偏帘卷"。不惟音异,平仄亦殊。《霜叶飞》前阕"自遍拂尘埃玉镜羞照"句,止九字,周词作"透入清辉半晌特地留残照",共十一字,则和词必上脱二字。《塞垣春》前阕结句"短长音如写"句,止五字,周词作"一怀幽恨如写",乃六字句,则和词亦脱一字。后阕"满堆襟袖",周词作"两袖珠泪",则第二字不用平声,和词当为"堆满襟袖"之误。《三部乐》前阕"天际留残月"句,止五字,周词作"何用交光明月",亦六字句,则和词又脱一字。若《六丑》之分段,以"人间春寂"句属前半阕之末,周词刊本亦同。然证以吴文英此调,当为过变之起句,则两集传刻俱讹也。

【笺证】

魏小虎《四库全书总目汇订》卷一九八:"据《钦定词谱》,方千里所和为《霜叶飞》另一体,杨泽民和词此句亦减二字。《塞垣春》前阕结句杨泽民和词亦作五字。《三部乐》杨泽民和词前段第五句'正是窥宾月',亦作五字。《六丑》之分段,杨泽民、陈允平和词亦同周词,吴文英所作乃另一体。"

据毛晋跋,乐安杨泽民亦有《和清真词》,或合为《三英集》刊行。然晋所刻六十一家之内无泽民词,又不知何以云然矣。

毛晋《和清真词跋》："美成当徽庙时提举大晟乐府，每制一调，名流辄依律赓唱，独东楚方千里、乐安杨泽民，有和清真全词各一卷，或合为《三英集》行世。花庵词客止选千里《过秦楼》《风流子》《诉衷情》三阕，而泽民不载，岂杨劣于方耶？"

饶宗颐《词集考》卷五："(杨泽民《和清真词》)词传九十二首，编次四声，悉同陈注《片玉集》及方千里词，但比方词少《垂丝钓》一首，易《过秦楼》调名为《选冠子》。泽民和词，较有个性表现，非如方词止是依样葫芦也。"

石林词一卷江苏巡抚采进本

宋叶梦得撰。梦得有《春秋传》，已著录。

【笺证】

《四库全书总目》卷二七经部二七春秋类二著录《春秋传》二十卷，并云："梦得以孙复《春秋尊王发微》主于废传以从经，苏辙《春秋集解》主于从左氏而废公羊、谷梁，皆不免有弊。故其书参考三传以求经，不得于事则考于义，不得于义则考于事，更相发明，颇为精核。开禧中，其孙筠刊于南剑州，真德秀跋之，称其辟邪说、黜异端，有补世教不浅。"

按，叶梦得酷好说《春秋》。王楙《野老纪闻》云："石林每夜必延诸子女儿妇列坐说《春秋》，听者不悦，曰：'翁又请说《春秋》邪？'"

是编陈振孙《书录解题》作一卷，与今本同。

【笺证】

《直斋书录解题》卷二一著录叶梦得《石林词》一卷，同卷还著录叶梦得撰、曹鸿注《注琴趣外篇》三卷。毛晋《宋名家词》本《石林词》一卷,九十九首,前有绍兴十七年关注序,词集名、卷数与《解题》所著录长沙书坊所刻《百家词》本同,或即沿于此书。

卷首有关注序,称其兄"圣功元符中为镇江掾,梦得为丹徒尉,得其小词为多。味其词婉丽有温、李之风,晚岁落其华而实之,能于简淡时出雄杰,合处不减靖节、东坡"云云。考倚声一道,去古诗颇远。集中亦惟《念奴娇·故山渐近》一首杂用陶潜之语,不得谓之似陶,注所拟殊为不类。至于"云峰横起"一首,全仿苏轼"大江东去",并即参用其韵。又《鹧鸪天·一曲青山》后阕,且直用轼诗语足成,是以旧刻颇有与东坡词彼此混人者。则注谓梦得近于苏轼,其说不诬。

【笺证】

关注《石林词序》:"右丞叶公以经术文章为世宗儒,翰墨之馀,作为歌调,亦妙天下。元符中,予兄圣功为镇江掾,公为丹徒尉,得其小词为多。是时妙龄气豪,未能忘怀也。味其词婉丽,绰有温、李之风。晚岁落其华而实之,能于简淡时出雄杰,合处不减靖节、东坡之妙,岂近世乐府之流哉!"

王灼《碧鸡漫志》卷二:"后来学东坡者,叶少蕴、蒲大受亦得六七,其才力比晁、黄差劣。"

梦得著《石林诗话》,主持王安石之学,而阴抑苏、黄,颇乖正论。乃其为词,则又挹苏氏之馀波,所谓是非之心有终不可澌灭者耶?

【笺证】

饶宗颐《词集考》卷三:"梦得为蔡京门客,章惇姻家,持论尊熙宁而抑元祐;然本晁无咎甥,犹及见张耒诸人,故文章高雅,有北宋遗风。"

按,《石林诗话》言及荆公与东坡者颇多,诚如《提要》所言,尊王抑苏之旨甚明,如赞荆公少年诗以意气自许,晚年诗则诗律精严,浑然天成,得深婉不迫之趣,记东坡则云其好以时事为讥诮,并借文同之口对东坡之好论天下事"极以为不然"。

卷首《贺新郎》一词,毛晋注或刻李玉。考王楙《野客丛书》曰:"章茂深尝得其妇翁所书《贺新郎》词,首曰'睡起啼莺语'。章疑其误,颇诘之。石林曰:'老夫常得之矣。流莺不解语,啼莺解语,见《禽经》'"云云,则确为梦得之作,晋盖未核。又《野客丛书》所记,正谓此句作"啼莺语",故章冲疑"啼"字"语"字相复。此本乃改为"流莺",与王楙所记全然抵牾,知毛晋疏于考证,妄改古书者多矣。

【笺证】

事载王楙《野客丛书》卷二八。

余嘉锡《四库提要辨证》卷二十四:"《花庵词选》后集卷一、《草堂诗馀》卷上均作'流莺'。《草堂》并有注云:'韦苏州诗"流莺日日啼花间"。'是宋人所见之本固有作'流莺'者,则非毛晋所妄改也。"

丹阳词一卷_{安徽巡抚采进本}

宋葛胜仲撰。胜仲有《丹阳集》,已著录。

【笺证】

《四库全书总目》卷一五六集部九别集类九著录《丹阳集》二十四卷,并云:"其宦绩亦足以自传,本不尽以文章重。即以文章论之,在南北宋间亦褒然一作者也。"

其词则《书录解题》别载一卷。此为毛晋所刻,盖其单行之本也。

【笺证】

《直斋书录解题》卷二一:"《丹阳词》一卷,葛胜仲撰。"

毛晋《丹阳词跋》:"鲁卿、常之,虽不逮李氏、晏氏父子,每填一词,辄流传丝竹。然绍兴、绍圣间,俱负海内重望,其词亦能入雅字。常之《归愚集》，余梓行既久，复订《丹阳词》一卷，以公同好。"

冯煦《蒿庵论词》："子晋欲以晏氏父子追配李氏父子，诚为知言。彼丹阳、归愚之相承，固琐琐不足数尔。"

胜仲与叶梦得酬唱颇多，而品格亦复相埒。惟叶词中有《鹧鸪天》"次鲁卿韵观太湖"一阕，此卷内未见原唱。

【笺证】

葛胜仲与叶梦得于绍圣四年（1097）同榜及第（参龚延明、祖慧《宋代登科总录》第 3 册）。葛胜仲在两知湖州及居于湖州期间与叶梦得交往密切，二人在宣和五年（1123）、宣和六年（1124）葛胜仲首知湖州任期间唱和最多，参柳絮《葛胜仲及其〈丹阳集〉研究》。

而此卷有《定风波·燕骆驼桥次少蕴韵》二阕，叶词内亦未见，非当时有所刊削，即传写佚脱。

【笺证】

《丹阳词》中有《定风波》"与叶少蕴、陈经仲、彦文燕骆驼桥，少蕴作，次韵二首"。叶梦得先赋《定风波·七月望，赵倅置酒，与鲁卿同泛舟骆驼桥待月》，葛氏和作二首，叶复有和词《定风波·鲁卿见和，答复之》。叶梦得于词后以小字注明"此鲁卿见和，复答之"，四库馆臣误以为叶词内亦未见。骆驼桥，乃湖州名胜。

至《浣溪沙》三首，在叶词以为次鲁卿韵，在此卷又以为和少蕴韵，则两者必有一讹，不可得而复考矣。其《江城子》后阕押"翁"字韵，益可证叶词复押"宫"字之误。《鹧鸪天》"生辰"一词独用仄韵，诸家皆无是体。据调当改《木兰花》。至于字句讹缺，凡《永乐大典》所载者，如《鹧鸪天》后阕"欢华"本作"欢娱"，第二首后阕"红襄"本作"红裳"。《西江月》第二首后阕"祭涂"本作"荣涂"。《临江仙》第三首后阕"擂鼓"本作"醽鼓"。《浣溪沙》第二首后阕"容貌"本作"容

见"。《蓦山溪》第一首前阕"裋服"本作"袨服","摸名"本作"摸石",第二首后阕"横石"亦本作"摸石",第三首前阕"使登荣"本作"便登荣","随柳岸"本作"隋岸柳"。《西江月》第三首后阕"鲈鱼"本作"鲈莼"。《瑞鹧鸪》后阕"还过"本作"还遇"。《江城子》第二首后阕"歌钟"下本有"卷帘风"三字。《蝶恋花》后阕今本作二方空者,本"黄纸"二字,"龙濩"本作"龙护"。《临江仙》前阕"儒似"本作"臞仙",第二首后阕今本阙十二字,本作"凭谁都卷入芳樽,赋归欢靖节"二句。《醉花阴》前阕"冻捹万林梅"句本作"冻柍万林梅"。《浪淘沙》第二首后阕"关宴"本作"开燕"。皆可证此本校雠之疏。又《永乐大典》本尚有《小饮·浣溪沙》一首,《九日·南乡子》一首,《题灵山广瑞禅院虞美人》一首,为是本所无,则讹脱又不止字句矣。

【笺证】

饶宗颐《词集考》卷三:"《提要》以《大典》本指证毛刻讹误多条,然《大典》本亦有未尽是者。汲古刻《六十一家》本《丹阳词》七十九首,讹脱颇多。有汪氏覆刊,《四部备要》排印。"

筠溪乐府一卷两淮盐政采进本

宋李弥逊撰。弥逊有《筠溪集》,已著录。

【笺证】

《四库全书总目》卷一五六集部九别集类九著录《筠溪集》二十四卷,并云:"其人其文,俱卓然足以自立者也。旧本原题《筠溪集》,筠溪者,其归连江时所居之地,弥逊以自号,因以名集。集中有《筠溪图跋》,叙其始末甚明。"

此编旧本附缀《筠溪集》末。考弥逊家传,称所撰奏议三卷,外制二卷,诗十卷,杂文六卷,与今本《筠溪集》合,而不及乐府,则此集本别

行也。

【笺证】

　　李珏《筠溪李公家传》（《筠溪集》附）：“公遗稿有奏议三卷，外制二卷，议古三卷，诗十卷，杂文六卷。”

凡长短调八十一首，其长调多学苏轼，与柳、周纤秾别为一派，而力稍不足以举之，不及苏之操纵自如，短调则不乏秀韵矣，中多与李纲、富知柔、叶梦得、张元幹唱和之作。又有《鹏举座上歌姬唱夏云峰》一首，考岳飞与汤邦彦皆字鹏举，皆弥逊同时，然飞于南渡初倥偬戈马，不应有声伎之事，或当为汤邦彦作欤？开卷寄张仲宗《沁园春》一首，注《芦川集》误刊字，然《蝶恋花》第五首今亦见《芦川集》中，又不知谁误刊也。自《虞美人》以下十二首，皆祝寿之词，颠顸通用，一无可取。宋人词集，往往不加刊削，未喻其故。今亦姑仍原本，以存其旧焉。

【笺证】

　　唐圭璋《读词札记》：“案四库馆臣知二人同字鹏举，故非岳飞，即为汤邦彦，不知宋宝文阁学士连南夫亦字鹏举。筠溪所谓鹏举，正连宝文也。原文明著‘连鹏举座上’，馆臣不察，妄截去‘连’字，而以意傅会，真可哂矣。”

　　饶宗颐《词集考》卷三：“集中屡见‘次尚书兄韵’，指李弥大也，《宋史》误兄为弟。又《提要》所疑之‘连鹏举’，乃忤和议而落宝文阁学士之连南夫，绍兴十三年卒于福州寓舍，韩元吉集有《连公墓碑》。”

　　按，《连公墓碑》（韩元吉《南涧甲乙稿》卷十九）云：“绍兴十三年正月二十六日，终于福州寓舍，春秋五十有八。……公字鹏举，年二十四进士上舍释褐，授颍州司理参军，移鼎州教授。省罢，调澧阳尉。丁内艰，调襄邑主簿、虔州教授。未赴，除辟雍正、礼制局检讨。补校御前文籍,遂为校书郎。徽宗一见奇之,仅逾年,擢之侍从。"知其生于宋哲宗元祐元年(1086),卒于绍兴十三年(1143)。

李弥逊《筠溪集》卷二十有《宝学连公挽诗二首》,其二有云:"弱冠论交老更坚,平生风义想前贤。银峰告政一千里,雁塔联名四十年。"知其与连南夫论交甚早,且为同榜进士。

李弥逊与李纲、富知柔、叶梦得、张元幹等人多唱和之作,可参仇玲玲《李弥逊词研究》。

坦庵词一卷安徽巡抚采进本

宋赵师使撰。师使字介之,燕王德昭七世孙。集中有和叶梦得、徐俯二词,盖南宋初人也。

【笺证】

沈辰垣《历代诗馀》卷一百三:"赵师侠字介之,燕王德昭七世孙,举进士,有《坦庵长短句》一卷。"

沈雄《古今词话》词话卷上:"岳倦翁云:赵师侠,燕王德昭七世孙,举进士,有《坦庵乐府》。其为文如泉出不择地,词之摹写风景,体状物情,俱极精巧,初不知其得之之易。"

按,《坦庵词》有《水调歌头·和石林韵》《卜算子·和徐师川韵赠歌者》,叶梦得(1077—1148)、徐俯(1075—1141)皆为南渡词人,知赵师使为南北宋之交人。

案陈振孙《书录解题》载《坦庵长短句》一卷,称赵师侠撰。陈景沂《全芳备祖》载《梅花》五言一绝,亦称师侠,与此本互异,未详孰是。盖二字点画相近,犹田肯、田宵,史传亦姑两存耳。毛晋刊本谓师使一名师侠,则似其人本有两名,非事实也。

【笺证】

李裕民《四库提要订误》:"《提要》所称《全芳备祖》载其《梅

花》五言一绝,见该书前集卷一,诗下署名为'赵介庵',《四库全书》及1982年农业出版社影印抄本并同,《宋诗纪事》卷八五误以为师侠诗。赵介庵名彦端(1121—1175),廷美七世孙,著有《介庵集》及词。《提要》径抄《宋诗纪事》,不查原书,致沿其误。今《全宋诗》册五零页三一零五二赵师侠下收此诗,复承《宋诗纪事》之误。"

按,宋代文献如陈振孙《直斋书录解题》、晁公武《郡斋读书志》、徐光溥《自号录》等均作赵师侠介之,未有云赵师使介之者,或"侠""使"字形相近而致误。

是集前有其门人尹觉序,据云坦庵为文,如泉出不择地,词章乃其馀事。其模写体状,虽极精巧,皆本情性之自然。今观其集,萧疏淡远,不肯为剪红刻翠之文,洵词中之高格。但微伤率易,是其所偏。

【笺证】

尹觉《题坦庵词》:"坦庵先生,金闺之彦,性天夷旷,吐而为文,如泉出不择地。连收两科,如俯拾芥,词章乃其馀事。人见其模写风景、体状物态,俱极精巧,初不知得之之易,以至得趣忘忧,乐天知命,兹又情性之自然也。因为编次,俾锓诸木,观者当自识其胸次云。"

毛晋《坦庵词跋》:"介之,汴人,一名师侠。生于金闺,捷于科第,故其词亦多富贵气。或病其能作浅淡语,不能作绮艳语,余正谓诸家颂酒赓色,已极滥觞,存一淡妆以愧浓抹,亦初集中放翁一流也。"

师使尝举进士,其宦游所及,系以甲子,见于各词注中者,尚可指数,大约始于丁亥而终于丁巳。其地为益阳、豫章、柳州、宜春、信丰、潇湘、衡阳、莆中、长沙,其资阶则不可详考矣。

陆心源《宋诗纪事补遗》卷九二云赵师使孝宗淳熙二年
（1175）进士。

饶宗颐《词集考》卷四："其跋孟元老《梦华录》云：'余侍先大
父，亲承謦咳，校之此录，多有合者，今甲子一周，故老沦没，因镌木
以广之。淳熙丁未（一一八七）十月浚仪赵师侠介之书于坦庵。'
似师侠生于建炎元年丁未（一一二七）以前。集中有重明节词，则
当光宗以九月四日为重明节之世。所署最后年干为丁巳，则宁宗
庆元三年（一一九七）也。门人尹觉序其词，谓'连收两科，如俯拾
芥'，盖尝登进士第。其宦游之地，则往返于湘、赣、桂、闽间。"

酒边词二卷江西巡抚采进本

宋向子諲撰。子諲字伯恭，临江人。钦圣宪肃皇后再从侄。元符初，
以恩补官。南渡初，历徽猷阁直学士，知平江府。事迹具《宋史》
本传。

【笺证】

《宋史》卷三七七《向子諲传》："向子諲，字伯恭，临江人，敏中
玄孙，钦圣宪肃皇后再从侄也。元符三年，以后复辟恩，补假承奉
郎，三迁知开封府咸平县。……子諲以徽猷阁直学士知平江府。
金使议和将入境，子諲不肯拜金诏，乃上章言：'自古人主屈己和
戎，未闻甚于此时，宜却勿受。'忤秦桧意，乃致仕。……退闲十五
年，号所居曰芗林。卒，年六十八。"

子諲晚年以忤秦桧致仕，卜筑于清江五柳坊杨遵道光禄之别墅，号所
居曰芗林，既作七言绝句以纪其事，而复广其声为《鹧鸪天》一阕，楼
钥《攻媿集》尝纪其事。然钥仅述其诗而不及其词。又子諲之号芗林

居士,据《西江月》"五柳坊中烟绿"一阕注,是已在政和年间,钥亦考之未审也。

【笺证】

楼钥《芗林居士文集序》(《攻媿集》卷五二):"上眷愈渥,擢之户籍,入从出藩,竭其忠力,几至大用。媢嫉者众,而公雅志退休,抗疏面陈,不一而足。卜居临江,古木无艺,多植岩桂。又素慕香山,自号曰芗林。"

向子諲《鹧鸪天并序》:"旧史载白乐天归洛阳,得杨常侍旧第,有林泉之致,占一都之胜。芗林居士卜筑清江,乃杨遵道光禄故居也。昔文安先生之所可,而竹木池馆,亦甚似之。其子孙与两苏、山谷并从游。所谓百花洲者,因东坡而得名,尝为绝句以纪其事。复戏广其声,为是词云:'莫问清江与洛阳。山林总是一般香。两家地占西南胜,可是前人例姓杨。　　石作枕,醉为乡。藕花菱角满池塘。虽无中岛霓裳奏,独鹤随人意自长。'"

向子諲《西江月并序》:"政和间,余卜筑宛丘,手植众芗,自号芗林居士。建炎初,解六路漕事,中原俶扰,故庐不得返,卜居清江之五柳坊。绍兴癸丑,罢帅南海,即弃官不仕。乙卯起,以九江郡复转漕江东,入为户部侍郎。辞荣避谤,出守姑苏。到郡少日,请又力焉,诏可,且赐舟曰泛宅,送之以归。己未暮春,复还旧隐。时仲舅李公休亦辞春陵郡守致仕,喜赋是词。'五柳坊中烟绿,百花洲上云红。萧萧白发两衰翁,不与时人同梦。　　抛掷麟符虎节,徜徉江月林风。世间万事转头空,个里如如不动。'"

《书录解题》载子諲词有《酒边集》一卷,《乐府纪闻》则称四卷。

【笺证】

《直斋书录解题》卷二一:"《酒边集》一卷,户部侍郎向子諲伯恭撰,自号芗林。"

沈雄《古今词话》词评卷上："《乐府纪闻》曰：临江向伯恭，宋之外戚也。立朝忠节，胡安国、张九成辈极嘉与之。忤桧相意，致仕家居，自号芗林居士。……《酒边词》四卷。"

此本毛晋所刊，分为二卷，上卷曰《江南新词》，下卷曰《江北旧词》，题下多自注甲子。新词所注皆绍兴中作，旧词所注则政和、宣和中作也。

【笺证】

毛晋《宋名家词》本《酒边词》卷上为《江南新词》，收词一一四首，卷下为《江北旧词》，收词六十四首。毛晋《酒边词跋》云："晚忤秦桧意，乃致仕，卜筑清江杨遵道故第，竹木池馆，占一都之胜，又绕屋手植岩桂，颜其堂曰芗林。"

卷首有胡寅序，称退江北所作于后，而进江南所作于前，以枯木之心，幻出葩华；酌元酒之尊，弃置醇味。玩其词意，此集似子諲所自定。

【笺证】

胡寅《向芗林酒边集后序》："及眉山苏氏，一洗绮罗香泽之态，摆脱绸缪宛转之度，使人登高望远，举首高歌，而逸怀浩气，超然乎尘垢之外，于是《花间》为皂隶，而柳氏为舆台矣！芗林居士步趋苏堂而哜其胾者也。观其退江北所作于后，而进江南所作于前，以枯木之心，幻出葩华；酌元酒之尊，弃置醇味，非染而不色，安能及此。"

然《减字木兰花》"斜江叠翠"一阕注，兼纪绝笔云云，已属后人缀入。而此词以后所载甚多，年月先后，又不以甲子为次，殆后人又有所窜乱，非原本耶？其《浣溪沙》"咏岩桂"第二阕"别样清芬扑鼻来"一首，据注云端伯和，盖以端伯和词附录集内，而目录乃并作子諲之词，题为《浣溪沙》十二首，则非其旧次明矣。

此词《全宋词》题序作："绍兴壬申春，芎林瑞香盛开，赋此词。是年三月十有六日辛亥，公下世。此词，公之绝笔也。""是年"句以后数语，为后人补注，非芎林自注。

无住词一卷_{安徽巡抚采进本}

宋陈与义撰。与义有《简斋集》，已著录。

【笺证】

《四库全书总目》卷一五六集部九别集类九著录《简斋集》十六卷，并云："其诗虽源出豫章，而天分绝高，工于变化。风格遒上，思力沈挚，能卓然自辟蹊径。《瀛奎律髓》以杜甫为一祖，以黄庭坚、陈师道及与义为三宗，是固一家门户之论。然就江西派中言之，则庭坚之下，师道之上，实高置一席无愧也。"

陈振孙《书录解题》载其《无住词》一卷，以所居有无住庵，故以名之。

【笺证】

《直斋书录解题》卷二一著录陈与义《简斋词》一卷，书名非《无住词》。

胡稚《无住词注叙》："无住者，湖州青墩镇僧舍之名也。公绍兴间奉祠，寓居焉。卷中诗词皆可考，而词亦多其时所作，故以题集。《金刚经》：'应无所住而生其心。'庵名本此。"

与义诗师杜甫，当时称陈、黄之后无逾之者。

【笺证】

方回《瀛奎律髓》卷三："老杜为唐诗之冠，黄、陈为宋诗之冠，黄、陈学老杜者也。嗣黄、陈而恢张悲壮者，陈简斋也；流动圆活者，吕居仁也；清劲雅洁者，曾茶山。"

胡应麟《诗薮》外编卷五："宋之学杜者,无出二陈。师道得杜骨,与义得杜肉;无己瘦而劲,去非赡而雄;后山多用杜虚字,简斋多用杜实字。"

其词不多,且无长调,而语意超绝,黄昇《花庵词选》称其可摩坡仙之垒。

【笺证】

黄昇《中兴以来绝妙词选》卷一："有《无住词》一卷,词虽不多,语意超绝,识者谓其可摩坡仙之垒也。"

元好问《新轩乐府引》(《遗山先生文集》卷三六):"东坡圣处,非有意于文字之为工,不得不然之为工也。坡以来,山谷、晁无咎、陈去非、辛幼安诸公,俱以歌词取称。吟咏情性,留连光景,清壮顿挫,能起人妙思。亦有语意拙直,不自缘饰,因病成妍者,皆自坡发之。"

至于《虞美人》之"及至桃花开后却匆匆",《临江仙》之"杏花疏影里,吹笛到天明"等句,胡仔《渔隐丛话》亦称其清婉奇丽,盖当时绝重其词也。

【笺证】

胡仔《苕溪渔隐丛话后集》卷三四:"又忆洛中旧游词云:'忆昔午桥桥上饮,坐中多是豪英。长沟流月去无声。杏花疏影里,吹笛至天明。'此数语奇丽。《简斋集》后载数词,惟此词为优。"

此本为毛晋所刊,仅十八阕,而吐言天拔,不作柳弹莺娇之态,亦无蔬笋之气,殆于首首可传,不能以篇帙之少而废之。

【笺证】

毛晋《无住词跋》:"陈与义字去非,其先蜀人……以诗名世,刘后村轩轾元祐后诗人,不出苏、黄二体,惟陈简斋以老杜为师。建炎以后,避地湖峤,行路万里,诗益奇壮。或问刘须溪:'宋诗,简斋至矣,毕竟比坡公何如?'须溪曰:'诗论如花,论高品,则色不如香;论逼真,则香不如色。'雌黄具在,予于其词亦云。"

沈际飞《草堂诗馀正集》:"意思超越,腕力排奡,可摩坡仙之垒。又:'流月无声',巧语也;'吹笛天明',爽语也;'渔唱三更',冷语也。功业则歉,文章自优。"

彭孙遹《金粟词话》:"词以自然为宗,但自然不从追琢中来,亦率然无味。如所云绚烂之极,仍归平淡。若使语意淡远者稍加刻划,镂金错彩者渐近天然,则骎骎乎绝唱矣。若《无住词》之'杏花疏影里,吹笛到天明',《石林词》之'美人不用敛蛾眉,我亦多情无奈酒阑时',自然而然者也。"

方回《瀛奎律髓》称杜甫为一祖,而以黄庭坚、陈师道及与义为三宗。如以词论,则师道为勉强学步,庭坚为利钝互陈,皆迥非与义之敌矣。

【笺证】

方回《瀛奎律髓》卷二七:"呜呼!古今诗人,当以老杜、山谷、后山、简斋四家为一祖三宗,馀可预配飨者有数焉。"

杨慎《词品》卷四:"陈去非,蜀之青神人,陈季常之孙也。徙居河南,宋南渡后,又居建业。诗为高宗所眷注,而词亦佳,语意超绝,笔力排奡,识者谓其可摩坡仙之垒。"

开卷《法驾导引》三阕,与义已自注其词为拟作,而诸家选本尚有称为赤城韩夫人所制,列之仙鬼类中者,证以本集,亦足订小说之诬焉。

【笺证】

陈与义《法驾导引》:"世传顷年都下市肆中,有道人携乌衣椎髻女子,买斗酒独饮。女子歌词以侑,凡九阕,皆非人世语。或记之,以问一道士,道士惊曰:'此赤城韩夫人所制《水府蔡真君法驾导引》也'。乌衣女子疑龙云。得其三而亡其六,拟作三阕。"

漱玉词一卷江苏周厚堉家藏本

宋李清照撰。清照号易安居士,济南人。礼部郎提点京东刑狱格非之女,湖州守赵明诚之妻也。清照工诗文,尤以词擅名。

【笺证】

《郡斋读书志》卷四下:"《李易安集》十二卷。右皇朝李格非之女。幼有才藻名,先嫁赵诚之。"

《宋史》卷四四四《李格非传》:"李格非,字文叔,济南人。……女清照,诗文尤有称于时,嫁赵挺之之子明诚。自号易安居士。"

胡仔《苕溪渔隐丛话》称其再适张汝舟,未几反目。有启事上綦处厚云:"猥以桑榆之晚景,配兹驵侩之下材。"传者无不笑之。今其启具载赵彦卫《云麓漫抄》中,李心传《建炎以来系年要录》载其与后夫构讼事尤详。此本为毛晋《汲古阁》所刊,卷末备载其轶事逸文,而不录此篇,盖讳之也。

【笺证】

胡仔《苕溪渔隐丛话前集》卷六十载李清照再适张汝舟事,赵彦卫《云麓漫钞》卷十四载其事及启。李心传《建炎以来系年要录》卷五八云:"右承奉郎监诸军审计司张汝舟属吏,以汝舟妻李氏讼其妄增举数入官也。其后有司当汝舟私罪徒,诏除名,柳州编管(十月己酉行遣)。李氏,格非女,能为歌词。自号易安居士。"

按,宋人言其再嫁,明清人则极力辨其诬,如徐燉《笔精》卷八云李清照作《金石录后序》在绍兴二年,时五十有二,"老矣,清献公之妇,郡守之妻,必无更嫁之理"。卢见曾《雅雨堂集》文集卷一《重刊金石录序》亦云:"观其洊经丧乱,犹复爱惜一二不全卷轴,如护头目,如见故人,其惓惓德夫不忘若是,安有一旦忍相背负之理?"俞正燮《癸巳类稿》卷十五"易安居士事辑"辨之尤详。陆心源《仪顾堂题跋》卷十三"癸巳类稿易安事辑书后"认为《建炎以来系年要录》中"妻"字上当脱"赵明诚"三字,"其启即汝舟所改,非别有怨家"。胡玉缙《四库全书总目提要补正》卷六十则云:"毛晋备载其轶事逸文而不及更嫁事,盖已知其诬,《提要》乃以为讳之,谬矣。"

案陈振孙《书录解题》载清照《漱玉词》一卷,又云别本作五卷。黄昇《花庵词选》则称《漱玉词》三卷,今皆不传。此本仅词十七阕,附以《金石录序》一篇,盖后人裒辑为之,已非其旧。其《金石录后序》与刻本所载,详略迥殊,盖从《容斋随笔》中抄出,亦非完篇也。

【笺证】

《直斋书录解题》卷二一:"《漱玉集》一卷,易安居士李氏清照撰。元祐名士格非文叔之女,嫁东武赵明诚德甫。晚岁颇失节。别本分五卷。"

《唐宋诸贤绝妙词选》卷十:"赵明诚之妻,善为词,有《漱玉集》三卷。"

《宋史·艺文志》:《易安居士文集》七卷,宋李格非女撰。又《易安词》六卷。

毛晋《跋漱玉词》(《诗词杂俎》之《漱玉词》):"黄叔阳(当作旸)云:《漱玉集》三卷。马端临云:别本分五卷,今一卷。考诸宋、元杂记,大率合诗词杂著为《漱玉集》,则厘全集为三卷无疑矣。第国朝博雅如用修先生,尚慨未见其全,湮没不几久耶?庚午仲秋,余从选卿觅得宋词廿馀种,乃洪武三年钞本,订正,已阅数名家中,有《漱玉》《断肠》二册,虽卷帙无多,参诸《花庵》《草堂》《彤管》诸书,已浮其半,真鸿宝也。急合梓之,以公同好。末载《金石录后序》，略见易安居士文妙，非止雄于一代才媛，直洗南渡后诸儒腐气，上返魏、晋矣。尾附遗事数则，亦罕传者。"

清照以一妇人，而词格乃抗轶周、柳。

【笺证】

杨慎《词品》卷二："宋人中填词，李易安亦称冠绝，使在衣冠，当与秦七、黄九争雄，不独雄于闺阁也。"

沈谦《填词杂说》："男中李后主，女中李易安，极是当行本色。"

王士禛《花草蒙拾》："张南湖论词派有二，一曰婉约，一曰豪放。仆谓婉约以易安为宗，豪放惟幼安称首，皆吾济南人，难乎为继矣。"

王士禛《倚声集序》："诗之为功既穷，而声音之秘，势不能无所寄，于是温、韦生而《花间》作，李、晏出而《草堂》兴，此诗之馀，而乐府之变也。语其正，则南唐二主为之祖，至漱玉、淮海而极盛，高、史其嗣响也。语其变，则眉山导其源，至稼轩、放翁而尽变，陈、刘其馀波也。"

王士禛《分甘馀话》卷二："凡为诗文，贵有节制，即词曲亦然。正调至秦少游、李易安为极致，若柳耆卿则靡矣。变调至东坡为极致，辛稼轩豪于东坡而不免稍过，若刘改之则恶道矣，学者不可以不辨。"

张端义《贵耳集》极推其元宵词《永遇乐》、秋词《声声慢》，以为闺阁有此文笔，殆为间气，良非虚美。虽篇帙无多，固不能不宝而存之，为词家一大宗矣。

【笺证】

张端义《贵耳集》卷上："易安居士李氏，赵明诚之妻，《金石录》亦笔削其间，南渡以来，常怀京洛旧事。晚年赋元宵《永遇乐》

词云：'落日镕金，暮云合璧。'已自工致。至于'染柳烟轻，吹梅笛怨，春意知几许。'气象更好。后叠云：'于今憔悴，风鬟霜鬓，怕见夜间出去。'皆以寻常语度入音律。炼句精巧则易，平淡入调者难。且秋词《声声慢》：'寻寻觅觅，冷冷清清，凄凄惨惨戚戚。'此乃公孙大娘舞剑手。本朝非无能词之士，未曾有一下十四叠字者，用《文选》诸赋格。后叠又云：'梧桐更兼细雨，到黄昏、点点滴滴。'又使叠字，俱无斧凿痕。更有一奇字云：'守定窗儿，独自怎生得黑。''黑'字不许第二人押。妇人中有此文笔，殆间气也。"

毛先舒《毛稚黄词论》："晚唐诗人好用叠字语，义山尤甚，殊不见佳。……又如《菊诗》'暗暗淡淡紫，融融冶冶黄'，亦不佳。李清照《声声慢·秋情》起法似本于此，乃有出蓝之奇。盖此等语，自宜于填词家耳。"

竹坡词三卷 安徽巡抚采进本

宋周紫芝撰。紫芝有《太仓稊米集》，已著录。

【笺证】

《四库全书总目》卷一五八集部一一别集类一一著录《太仓稊米集》七十卷，云其诗在南宋之初，特为杰出。无豫章生硬之弊，亦无江湖末派酸馅之习。

《书录解题》载《竹坡词》一卷，此本作三卷。考卷首高邮孙兢序，称离为三卷，则通考一卷乃三卷之误。兢序称其词一百四十八阕，此本乃一百五十阕。

【笺证】

孙兢《竹坡词序》："至其嬉笑之馀，溢为乐章，则清丽宛曲……凡一百四十八词，离为三卷。乾道二年上元日，高邮孙競序。"

按,《直斋书录解题》卷二一著录《竹坡词》一卷,《文献通考》卷二四六经籍考七三承其说。孙競序本成于乾道二年(1166),虽去陈振孙(1179—1261)未远,然《解题》《文献通考》所著录之一卷本是否如《提要》所云为三卷之误,未可遽下断语。

据其子刊乾道九年重刊跋,则《忆王孙》为绝笔,初刻止于是篇。其《减字木兰花》《采桑子》二篇乃刊续得佚稿,别附于末,故与原本数异也。

【笺证】

周刊《竹坡词跋》:"先父长短句一百四十八阕。先是,浔阳书肆开行,讹舛甚多,未及修正。适乡人经由渭宣城搜寻,此未得其半,遂以金受板东下。未几,好事者辐凑访求,鬻书者利其得,又复开成,然比宣城本为善,盖刊亲校雠也。去岁武林复得二章,今继于《忆王孙》之后。先父一时交游如李端叔、翟公巽、吕居仁、汪彦章、元不伐莫不推重。平生著述缀集成七十卷,槧板襄阳、黄州。"

按,据前引孙競《竹坡词序》可知,《竹坡词》初刻于乾道二年,凡三卷一四八首。乾道九年,其子周刊汇校宣城本和浔阳本,复又增入《减字木兰花》《采桑子》二词,共一百五十首。

集中《鹧鸪天》凡十三阕,后三阕自注云:"予少时酷喜小晏词,故其所作,时有似其体制者。此三篇是晚年歌之,不甚如人意,聊载乎此"云云,则紫芝填词,本从晏几道入,晚乃刊除秾丽,自为一格。競序称其少师张耒,稍长师李之仪者,乃是诗文之渊源,非词之渊源也。

【笺证】

孙競《竹坡词序》:"竹坡先生少慕张右史而师之,稍长,从李姑溪游,与之上下其议论。由是尽得前辈作文关纽,其大者固已掀揭汉唐,凌厉骚雅,烨然名一世矣。"

冯煦《蒿庵论词》："周少隐自言少喜小晏，时有似其体制者，晚年歌之，不甚如人意。今观其所指之三篇，在《竹坡集》中，诚非极诣，若以为有类小山，则殊未尽然。盖少隐误认几道为清倩一派，比其晚作，自觉未逮。不知北宋大家，每从空际盘旋，故无椎凿之迹。至竹坡、无住诸君子出，渐于字句间凝炼求工，而昔贤疏宕之致微矣。此亦南北宋之关键也。"

刊跋称是集先刻于浔阳，讹舛甚多，乃亲自校雠。然集中《潇湘夜雨》一调，实为《满庭芳》，两调相似，而实不同。其《潇湘夜雨》本调，有赵彦端一词可证。自是集误以《满庭芳》当之，《词汇》遂混为一调。至《选声集》列《潇湘夜雨调》，反不收赵词，而止收周词，是愈转愈讹，其失实由于此。

【笺证】

魏小虎《四库全书总目汇订》："赵彦端《介庵词》无《潇湘夜雨》调，唯见于赵长卿《惜香乐府》卷六。"

又第三卷《定风波》，今实为《琴调相思引》，亦有赵彦端词可证。其《定风波》另有正体，与此不同，皆为疏舛。殆后人又有所窜乱，非刊手勘之旧矣。

【笺证】

毛晋《竹坡词跋》："兹集长短句凡三卷，末有子刊跋，缀二阕于绝笔之后。但《减字木兰花》一调误作《木兰花令》，今厘正。"

芦川词一卷<small>安徽巡抚采进本</small>

宋张元幹撰。元幹有《芦川归来集》，已著录。

【笺证】

《四库全书总目》卷一五八集部——别集类——著录《芦川归

来集》十卷附录一卷,并云:"其学尊元祐而诋熙宁,诗文亦皆有渊源。……元幹诗格颇遒,杂文多禅家疏文、道家青词,今从芟削。然其题跋诸篇,则具有苏、黄遗意,盖耳目渐染之故也。"

《宋史·艺文志》载其词二卷,陈振孙《书录解题》则作一卷,与此本合。

【笺证】

《直斋书录解题》卷二一著录《芦川词》一卷,《宋史·艺文志》著录《芦川词》二卷。瞿镛《铁琴铜剑楼藏书目录》卷二四集部六"词曲类"著录宋刊本《芦川词》二卷,吴昌绶《景刊宋金元明本词》景宋本二卷,当即《宋史》所著录之二卷本。

案绍兴八年十一月,待制胡铨谪新州,元幹作《贺新郎》词以送,坐是除名。考《宋史·胡铨传》,其上书乞斩秦桧在戊午十一月,则元幹除名自属此时,毛晋跋以为辛酉,殊为未审,谨附订于此。

【笺证】

余嘉锡《四库提要辨证》卷二十四《芦川词》一卷:"《挥麈后录》卷十云……夫以人子叙其父之事,并及其同时知己之共患难者,则其年月出处,必无舛误,然则胡铨之谪新州,乃其上书后之第四年;及铨再移吉阳军,又经数年,元幹始被除名,皆非绍兴戊午一年间之事也。今考《宋史·高宗纪》云:'绍兴八年(是年为戊午)十一月辛亥,以枢密院编修官胡铨上书直谏斥和议除名,昭州编管,壬子改差监广州都盐仓。十二年(壬戌)秋七月壬辰,朔,福州签判胡铨除名,新洲编管。十八年(戊辰)十一月己亥,胡铨移吉阳军编管。'铨本传(卷三百七十四)与纪并同,但有年而无日月耳。至其事之曲折,则《建炎以来系年要录》叙之为详。(上书事见卷一百二十三,谪新洲事见卷一百四十六,移吉阳军事见卷一百五十八。)以《挥麈录》所记合《宋史》推之,则元幹之被除名,似当在绍兴二十年以后，毛晋以为绍兴辛酉者，既不知其所据，《提要》引《胡铨传》谓在戊午十一月者，尤无稽之言也。《芦川归来集》条下，《提要》谓铨贬于绍兴戊午，误与此同。"

又李纲《疏谏和议》，亦在是年十一月，纲斯时已提举洞霄宫，元幹又有寄词一阕。

【笺证】

张元幹寄词乃《贺新郎·寄李伯纪丞相》。绍兴八年（1138），李纲上书反对宋金议和，罢居福建长乐，张元幹在福州作此词以寄。

张广《芦川居士词序》："叔祖芦川老人张公仲宗……方少壮时，挂冠谢世。靖康之元，上却敌书，见了翁，谈世事于庐山之上。了翁曰：'犹有李伯纪在，子择而交之。'公敬受教，从之游，激昂奋发，作为歌词，有'人间鼻息鸣鼍鼓，遗恨琵琶旧语'之句。"

杨慎《词品》卷三："张仲宗，三山人，以送胡澹庵及寄李纲词得罪，忠义流也。"

今观此集，即以此二阕压卷，盖有深意。

【笺证】

周必大《跋张仲宗送胡邦衡词》："长乐张元幹，字仲宗，在政和、宣和间已有能乐府声。今传于世，号《芦川集》，凡百六十篇，以《贺新郎》二篇为首，其前遗李伯纪丞相，其后即此词。送客贬新洲而以《贺新郎》为题，其意若曰：'失位不足吊，得名为可贺也。'"

毛晋《芦川词跋》："仲宗，别号芦川居士，三山人。平生忠义自矢，不屑与奸佞同朝，飘然挂冠。绍兴辛酉，胡澹庵上书乞斩秦桧被谪，作《贺新郎》一阕送之，坐是与作诗王民瞻同除名。兹集以此词压卷，其旨微矣。"

其词慷慨悲凉，数百年后，尚想其抑塞磊落之气。然其他作，则多清

丽婉转，与秦观、周邦彦可以肩随。毛晋跋曰："人称其长于悲愤，及读《花庵》《草堂》所选，又极妩秀之致。"可谓知言。

【笺证】

蔡戡《芦川居士词序》（《定斋集》卷十三）："公博览群书，尤好韩集、杜诗，手之不释，故文词雄健，气格豪迈，有唐人风。"

毛晋《芦川词跋》："人称其长于悲愤，及读《花庵》《草堂》所选，又极妩秀之致，真堪与片玉、白石并垂不朽。"

至称其"洒窗间惟稷雪"句，引《毛诗疏》为证，谓用字多有出处，则其说似是而实非。词曲以本色为最难，不尚新僻之字，亦不尚典重之字。"稷雪"二字，拈以入词，究为别格，未可以之立制也。

【笺证】

毛晋《芦川词跋》："仲宗……凡用字多有出处，如'洒窗间，惟稷雪'云云，见《毛诗疏》：'稷雪，霰也，形如米粒，能穿窗透瓦。'今本改作'霰雪'。又如'薄劣东风，夭斜飞絮'云云，见白香山诗'钱塘苏小小，人道最夭斜'。自注：'夭，音歪。'时刻改作'颠斜'，便无韵味，姑记之以为妄改古人字句之戒云。"

按，以《毛诗疏》解张元幹此词者始于杨慎《词品》卷三："张仲宗《夜游宫》词云：（略。）双鱼洗，盥手之器，见《博古图》。稷雪，霰也，形如米粒，能穿瓦透牖，见《毛诗疏》。"毛晋承其说而已。

胡玉缙《四库全书总目提要补正》卷六十《芦川词》一卷："近吴氏《双照楼》景宋本二卷，与瞿本悉合，至'洒窗间惟稷雪'，乃第二卷《夜游宫》上阕结语，作'洒窗闻霰雪'，只五字非六字，与丁本微异。后有壬子缪荃孙跋云：'《读书敏求记》旧钞足本词曲类末条云：张元幹《芦川词》二卷，匏庵先生手书，词中多呼"不"字为"府"字，与"府"同押，盖闽音也'，然则此书为吴文定公手书，拈出，愈为是书增重。宋本仍在瞿氏，此书亦从瞿氏流出，书后有恬裕斋印。首阕《贺新郎》"过苕溪尚许垂纶否？风浩荡，影飞举"，上阕末三字"醉中舞"，即《敏求记》所谓闽音也。宋人汇刻，如江西诗派之《节操集》署"倚松"，《三公类稿》之署"南塘、梅亭"，皆口上特标两字，又何疑乎功甫。'"

又卷内《鹤冲天》调本当作《喜迁莺》，晋乃注云"向作《喜迁莺》，误，今改作《鹤冲天》"，不知《喜迁莺》之亦称《鹤冲天》，乃后人因韦庄《喜迁莺》词有"争看鹤冲天"句而名，调止四十七字，元幹正用其体。晋乃执后起之新名，反以原名为误，尤疏于考证矣。

【笺证】

此调有小令、长调两体。小令起于唐人，《太和正音谱》注"黄钟宫"。因韦庄词有"鹤冲天"句，更名《鹤冲天》。和凝词有"飞上万年枝"句，名《万年枝》。冯延巳词有"拂面春风长好"句，名《春光好》。宋夏竦词名《喜迁莺令》，晏几道词名《燕归来》。李德载词有"残腊里、早梅芳"句，名《早梅芳》。长调起于宋人，《梅溪集》注"黄钟宫"。《白石集》注"太簇宫，俗名中管高宫"。江汉词一名《烘春桃李》。参《钦定词谱》。

东浦词一卷江苏巡抚采进本

宋韩玉撰。案是时有二韩玉。刘祁《归潜志》曰："韩府判玉，字温甫，燕人。少读书，尚气节。擢第入翰林，为应奉文字，后为凤翔府判官。大安中，陕西帅府檄授都统，或诬以有异志，收鞫死狱中。"《金史》《大金国志》并同，此一韩玉也，其人终于金。

【笺证】

此韩玉传，刘祁《归潜志》卷五、脱脱《金史》卷一一〇《韩玉传》、宇文懋昭《大金国志》卷二八《文学翰苑》上《韩玉传》均有载。

叶绍翁《四朝闻见录》曰："司马文季使北不屈，生子名通国，盖本苏武之意。通国有大志，尝结北方之豪韩玉举事，未得要领。绍兴初，玉挈家而南，授江淮都督府计议军事。其兄璘在北，亦与通国善。癸未九月，以扇寄玉诗。都督张魏公见诗，甲申春，遗信往大梁，讽璘、通国等。至亳州，为逻者所获，通国、璘等三百馀口同日遇害。"此又一韩玉也，其人由金而入宋。

【笺证】

事载叶绍翁《四朝闻见录》卷三丙集。

朱彝尊《词综》卷二六："韩玉，字温甫，北平人。擢第，入翰林为应奉文字，后为凤翔府判官。有《东浦词》一卷。"

冯煦《蒿庵论词》："《提要》辨韩玉有二，一终于金，字温甫，为凤翔府判官。一为北方之豪，由金入宋，而历引集中在南诸题以为证，分析颇详。乃毛识《东浦词》，直称韩温甫。竹垞《词综》，归之金人，其所叙爵里，亦与终金者合。盖皆误并二人为一，当据《提要》以正之。"

杨泉武《四库全书总目辨误》："司马文季名朴，《宋史》有传。然《四朝闻见录》卷三'司马武子忠节'条谓朴字文秀，秀、朴为对义，以字文秀为确。司马朴于靖康二年被扣(见《三朝北盟会编》卷七四)，后留金生子名通国。通国在绍兴初，年仅数岁，岂能'结北方之豪韩玉'图举事？癸未挈家投南，当在此前不久，即绍兴末。《四朝闻见录》传本已误'末'为'初'。"

饶宗颐《词集考》卷四："《四库提要》谓是时有二韩玉，一为《闻见录》所记，即撰《东浦词》者；其一引刘祁《归潜志》云：韩府判玉，字温甫，燕人。为凤翔府判官。大安中(大安三年当宋宁宗嘉定四年)被诬死狱中。朱竹垞《词综》以入宋与康伯可和词者，为仕金诬死之韩玉，似沿《千顷堂书目》之误，前人尝略辨之，然亦有谓赠康词之韩玉再仕金者，盖未细审其时代也。(诬死之韩玉，诗与传并见《中州集》九。《金史》一一〇《韩玉传》，即据《中州集》文。)"

考集中有张魏公生旦、上辛幼安生日、自广中出过庐陵赠歌姬段云卿《水调歌头》三首，广东与康伯可《感皇恩》一首，则是集为归宋后所编，故陈振孙《书录解题》有《东浦词》一卷著于录也。

【笺证】

《直斋书录解题》卷二一:"《东浦词》一卷，韩玉温甫撰。"《文献通考》卷二四六承其说。

毛晋刻其词入宋六十家词，又诋其虽与康与之、辛弃疾唱和，相去不止苎萝、无盐。今观其词，虽庆贺诸篇不免俗滥，晋所摘《且坐令》中二句亦体近北曲，诚非佳制。然宋人词内此类至多，何独刻责于玉。

【笺证】

毛晋《东浦词跋》:"韩温甫家于东浦，因以名其词。虽与康顺庵、辛稼轩诸家酬唱，其妍嫭相去非宣苎萝、无盐也。余去冬日事畚锸，研田久芜，托友人较雠诸词集以行世，入年读之，如兹集开卷《水调歌头》为之掩鼻。又《且坐令》，其自度曲也，押韵颇峭，但'冤家何处贪欢乐，引得我心儿恶'等语，又未免俳笑矣。"

且集中如《感皇恩》《减字木兰花》《贺新郎》诸作，未尝不凄清宛转，何独摈置不道，而独纠其"冤家何处"二语。盖明人一代之积习，无不重南而轻北，内宋而外金。

【笺证】

徐渭《南词叙录》:"有人酷信北曲，至以伎女南歌为犯禁，愚哉是子! 北曲岂诚唐、宋名家之遗? 不过出于边鄙裔夷之伪造耳! 夷、狄之音可唱，中国村坊之音独不可唱? 原其意，欲强与知音之列，而不探其本，故大言以欺人也。"

饶宗颐《词集考》卷四:"《东浦词》传者二十八首，毛晋颇加嗤诋,《提要》又称其凄清宛转,义各有当。但《提要》讥及明人重南轻北,内宋而外金,则涉及题外而不中理。"

晋直以畛域之见,曲相排诋,非真出于公论也。又鄙薄既深,校雠弥略,如《水调歌头》第二首前阕"容饰尚中州"句,"饰"字讹为"饬"字。《曲江秋》前阕"凄凉扬舟"句本无遗脱,乃于"扬"字下加一方空;后阕"萧然伤"句,"伤"字下当脱一字,乃反不以方空记之。《一翦梅》前阕"只怨闲纵绣鞍尘"句,"怨"字据谱不宜仄。《上西平调》即"金人捧露盘",前阕"暗惜双雪"句,"惜"字据谱亦不宜仄;后阕"不知早"句,"早"字下据谱尚脱一字。《贺新郎》第三首后阕"冷"字韵复,当属讹字。

【笺证】

冯煦《蒿庵论词》:"篇中疑字有无可勘正者,间亦标注。又或本词之内,一韵重押,若周紫芝《天仙子》,再出暝字,韩玉《贺新郎》,再出冷字之类,偶尔失检,不必为作者曲讳,而两词声情婉约,亦未可以一眚掩也。"

夏承焘《四库全书词籍提要校议》:"宋词中有叶复韵者,如黄庭坚《拨棹子》用二'夹'韵,吕渭老《扑蝴蝶》用二'斗'韵,吴文英《采桑子》用二'时'韵,蒋捷《梅花引》用二'舟'韵,程垓《四代好》用二'好'韵,戴复古《贺新郎·寄丰宅》之用二'旧'韵,张继先《苏幕遮》用二'走'韵:此等复韵有分在两片者,有在一片中者,未必尽属误刻。又,提要于《丹阳词》,据其和叶梦得《江城子》上片用'宫'韵,下片用'翁'韵,证梦得原唱用二'宫'字为误复,然否亦待再考。"

《一翦梅》一名《行香子》,乃误作《竹香子》,不知《竹香子》别有一调,与此迥异。

【笺证】

《行香子》，又名《爇心香》。双调小令，六十六字。有前段八句四平韵，后段八句三平韵；前段八句五平韵，后段八句三平韵；前段八句五平韵，后段八句四平韵三种。《竹香子》，调见刘过《龙洲集》。双调五十字，前后段各四句，三仄韵。参《钦定词谱》。

上辛幼安《水调歌头》误脱一"头"字，遂不与《水调歌头》并载，而别立一《水调歌》之名，排比参错，备极讹舛。晋刻宋词，独此集称托友人校雠，殆亦自知其疏漏欤。至《贺新郎·咏水仙》以"玉""曲"与"注""女"并叶，《卜算子》以"夜""谢"与"食""月"互叶，则由玉参用土音，如林外以"扫"叶"锁"，黄庭坚之以"笛"叶"竹"，非校雠之过矣。

【笺证】

楼俨《洗砚斋集·书韩玉〈卜算子〉词后》："韩玉《卜算子》'杨柳绿成阴'词，'节''月''夜''谢'四韵同押，盖以入声之六月、九屑与去声二十二祃通用，古韵无此例也。按入声韵原有转去声韵者，西河毛氏《古今通韵》、关中李氏《古今韵通》、吴门顾氏《古音表》，均以入声之月、屑转去声之寘、未、霁、泰、卦、队，不闻其二十二祃也。惟周德藻《中原音韵》车遮部，去声有'夜''谢'字，而以'节'字附于上声，'月'字附于去声。此是元人北曲韵，不知东浦于南渡年间，何以即如此押？岂元以后人所作词嫁名于韩耶？殊不可解，录出以候再考。"

楼俨《再书韩玉〈卜算子〉词后》："按《古今韵通》论例，真、文、元、寒、删、先，与支、微、齐、佳、灰叶，间及歌、麻，注'回互'。惟质、物六部间及个、祃。故《中原音韵》以质、物、月、曷、黠、屑为歌、戈之入。及观十三元部叶韵，有'鼋'字，引证马融《广成颂》'左挈夔龙，右提蛟鼋''春献王鼋，夏荐鳖鼋'。有'婆'字，引证《诗·宛丘》'谷旦于差，南方之原，不绩其麻，市也婆娑。'注：'歌、麻与真、文六韵为回互。'此正歌与元之回互也。去入为个、祸、质、物、月、曷、黠、屑，在平为歌、麻、真、文、元、寒、删、先也。然则韩玉《卜算子》词月、屑、祸韵同押，亦是元、先、麻叶韵。洵乎，元人曲韵无不自前人开之矣。"

吴衡照《莲子居词话》卷二："以方言合韵，不独林外词。韩玉《贺新郎》《卜算子》……借叶泸邛间音均，词家用韵变例。"

王国维《人间词话删稿》："稼轩《贺新郎》词'柳暗凌波路。送春归冷风暴雨，一番新绿'，又《定风波》词'从此酒酣明月夜，耳热'，'绿''热'二字，皆作上去用。与韩玉《东浦词·贺新郎》以'玉'、'曲'叶'注'、'女'，《卜算子》以'夜'、'谢'叶'食'、'月'，以开北曲四声通押之祖。"

嬾窟词一卷江苏巡抚采进本

宋侯寘撰。案陈振孙《书录解题》，寘字彦周，东武人。绍兴中以直学士知建康。

【笺证】

《直斋书录解题》卷二一云："《嬾窟词》一卷，东武侯寘彦周撰。其母舅晁留守者，谦之也，绍兴间以直学士知建康。"陈振孙所云乃晁谦之而非侯寘知建康，然后世如沈辰垣《历代诗馀》卷一四〇、《四库全书总目》却误侯寘知建康。饶宗颐《词集考》卷三云："《直斋书录》云：'其曰母舅晁留守者，谦之也，绍兴中以直学士知建康。'按谦之，即绍兴十八年刊《花间集》于建康者，直斋'知建康'句，自属谦之；四库馆臣乃误会以属侯寘。审《嬾窟词》作于建康数首，并有颂府主意，如'甘棠'、'归觐'之句，不应自誉自祷也。……馆臣称侯寘知建康，似误从《千顷堂书目》。"方建新、潘淑琼《〈四库总目提要〉补正拾遗》(《浙江学刊》1993 年第 2 期)对此亦有辨正,可参。

今考集中有戏用贺方回韵饯别朱少章词,则其人当在南宋之初。

【笺证】

　　侯寘有《青玉案》(戏用贺方回韵饯别朱少章)。陈思《两宋名贤小集》卷九一云:"朱弁,字少章,徽州婺源人。建炎初,授修武郎,借吉州团练使,副王伦使金通问,被拘,凡十九年。绍兴十三年始与洪皓、张邵南归,易宣教郎直秘阁,主管佑神观,卒。"

　　饶宗颐《词集考》卷三:"集中有饯朱少章词,少章为晁说之兄女婿,建炎初使金,绍兴十三年始归,次年卒。词云:'三年牢落荒江路',当是建炎二年春间饯其奉使之作。集中题年干者最后为'壬午元宵',则绍兴三十二年也。"

而《眼儿媚》词题下注曰:"效易安体。"易安为李清照之号,亦绍兴初人。寘已称效,殆犹杜牧、李商隐集中效沈下贤体之例耶?

【笺证】

　　胡震亨《唐音癸签》卷七云:"沈亚之意尚新奇,风骨未就,以当时有学其体者,故论之。"杜牧有《沈下贤》:"斯人清唱何人和,草径苔芜不可寻。一夕小敷山下梦,水如环佩月如襟。"李商隐有《拟沈下贤》:"千二百轻鸾,春衫瘦着宽。倚风行稍急,含雪语应寒。带火遗金斗,兼珠碎玉盘。河阳看花过,曾不问潘安。"

又有《为张敬夫直阁寿》词、《中秋上刘共甫舍人》词,皆孝宗时人。

【笺证】

　　陈思《两宋名贤小集》卷二一一:"张栻字敬夫,广汉人,浚子。以荫补官,孝宗朝历左司员外郎,除秘阁修撰,历知江陵府、荆湖北路安抚使。卒嘉定中,谥曰宣,从祀大成殿。有《南轩集》。"

　　朱熹《观文殿学士刘公神道碑》云:"淳熙五年夏,观文殿学士、太中大夫、知建康府事、江南东路安抚使、行宫留守彭城刘公寝疾府舍……秋七月甲子，公召门下生，口授千馀言，使具为奏，极言时弊根本，且荐群臣之可用者，毕封上之，有顷而薨。……公薨时年五十有七。"知刘珙生于宋徽宗宣和四年(1122)，卒于宋孝宗淳熙五年(1178)。

而《壬午元旦》一词，实为孝宗改元之前一年，则乾道、淳熙间其人尚存。振孙特举其为官之岁耳。

【笺证】

杨万里《怡斋记》(《诚斋集》卷七三)云："乾道丙戌之冬，予自庐陵抵长沙，谒乐斋先生、侍讲张公……既而吴伯承闻予至，夜与邢鲁仲来见，诘朝侯彦周又与予里之士刘炳先兄弟来见，自是人事始扰扰矣……后九年，炳先试南宫，过庐陵，炳先不知予在，予亦不知炳先过也。又二年，友人周直夫归自长沙，炳先遗予书曰：'顷失一见，甚恨。'且促迫《怡斋记》。予得书喜甚，问讯长沙故人，则彦周、鲁仲、伯承皆死久矣……淳熙三年月日记。"文中记杨万里于乾道丙戌(1166)之冬在长沙与侯寘相会，则乾道二年(1166)侯寘尚在世无疑；又，此文既作于淳熙三年(1176)，文中且曰"彦周、鲁仲、伯承皆死久矣"，则侯寘卒年定在淳熙三年(1176)之前。综合上述考辨，侯寘卒年当在乾道二年(1166)至淳熙三年(1176)间。(参常德荣《侯寘及其〈嬾窟词〉研究》)

寘为晁氏之甥，犹有元祐旧家流风馀韵，故交游皆胜流。

【笺证】

据前引《直斋书录解题》卷二一可知，侯寘母舅晁留守乃晁谦之，然朱彝尊《词综》卷十二、沈辰垣《历代诗馀》卷一百四十均误为晁说之。侯寘有《玉楼春·次中秋闰月表舅晁仲如韵》《青玉案·东园钱母舅晁阁学镇临川》《朝中措·建康大雪戏呈表舅晁留守》《瑞鹧鸪·送晁伯如舅席上作》等。《景定建康志》卷十四云："(绍兴十五年)四月十一日，敷文阁直学士、右朝奉大夫晁谦之知府事。"则词题中所说"母舅"指晁谦之。又，历代文献中并未有晁说之作建康留守的记载，且晁说之于建炎三年(1129)即已辞世。

其词亦婉约娴雅，无酒楼歌馆簪舄狼籍之态。虽名不甚著，而在南宋诸家之中，要不能不推为作者。

【笺证】

毛晋《蠙窟词跋》："(侯寘)渭阳之谊甚笃，如《玉楼春》《青玉案》《朝中措》《瑞鹧鸪》诸调，情见乎辞矣。其席上送行云：'后夜萧萧葭苇岸，一樽独酌见离情。'不让徐勉送客曲。弇州先生病美成不能作情语，彦周殆能作情语耶！"

《书录解题》著录一卷，与今本同。

【笺证】

《直斋书录解题》卷二一："《蠙窟词》一卷，东武侯寘彦周撰。"

毛晋尝刻之六十家词中，校雠颇为疏漏，其最甚者，如《秦楼月》即《忆秦娥》，因李白词中有"秦娥梦断秦楼月"句，后人因改此名，本属双调，晋所刻于前阕之末脱去一字，与后阕联属为一，遂似此调别有此体，殊为舛误。他如《水调歌头》之"欢倾拥旌旄"，"倾"字不应作平。《青玉案》之"咫尺清明三月暮"，"暮"字与前阕韵复。又"冉冉年元真暗度"句，"元"字文义不可解，当是"光"字。其"遥天奉翠华引"一首，尤讹误几不可读。今无别本可校，其可改正者改正之，不可考者亦姑仍其旧云。

【笺证】

毛晋刊刻时疏于校对，其中诸多错讹处可参常德荣《侯寘及其〈蠙窟词〉研究》。

逃禅词一卷_{安徽巡抚采进本}

宋扬无咎撰。无咎字补之，自号逃禅老人，清江人。诸书"扬"或作"杨"。按《图绘宝鉴》称无咎祖汉子云，其书从扌，不从木，则作杨误也。

【笺证】

陶宗仪《书史会要》卷六："杨无咎，字补之，号逃禅老人，又号清夷长者，清江人。后寓豫章，高宗朝以不直秦桧，累征不起。书多率更，小变其体。江西碑碣多无咎书。小字尤清劲可喜。"

按，宋元文献多作"杨无咎"，如周必大《跋杨无咎画秋兰》、陈振孙《直斋书录解题》卷二一、董更《书录》下篇、陶宗仪《书史会要》卷六等均是。至元末明初，夏文彦《图绘宝鉴》卷四始云："扬补之，字无咎，号逃禅老人，南昌人也。祖汉子云，其书从扌，不从木，则作'杨'误也。"

高宗时秦桧擅权，无咎耻于依附，遂屡征不起。其人品甚高。所画墨梅，历代宝重，遂以技艺掩其文章。

【笺证】

赵希鹄《洞天清录》："补之尝游临江城中一倡馆，作折枝梅于梁上矮屋，至今往来士夫多往观之，倡藉以壮门户。端平间，为偷儿窃去其壁，车马顿稀。今江西人得补之一幅梅，价不下百千匹。又诗笔清新，无一点俗气。惜其生不遇苏、黄诸公，今人止以作梅目之，竟无品题之者。"

刘克庄《跋杨补之词画》："艺之至者不两能，善画者不必妙词翰，有词翰者类不工画。前代惟王维、郑虔兼之。维以词客画师自命，虔有'三绝'之名。本朝文湖州、李龙眠亦然。过江后称杨补之，其墨梅擅天下，身后寸纸千金。所制梅词《柳梢青》十阕，不减《花间》《香奁》及小晏、秦郎得意之作。词画既妙，而行书姿媚精绝，可与陈简斋相伯仲。顷见碑本已堪宝玩，况真迹乎？孟芳此卷宜题曰'逃禅三绝'。"

然词格殊工，在南宋之初，不忝作者。

【笺证】

周密《柳梢青序》："余生平爱梅，仅一再见逃禅真迹。癸酉冬，会疏清翁孤山下，出所藏《双清图》，奇悟入神，绝去笔墨畦径。卷尾补之自书《柳梢青》四词，辞语清丽，翰札遒劲，欣然有契于心。"

吴师道《跋东坡枯木竹石杨补之墨梅》（《礼部集》卷十八）："补之为人有高节，文词字画皆清雅遒丽。"

虞集《柳梢青序》："至顺癸酉立春，客有持逃禅翁此卷相示，清润蕴藉，使人意消，因所题《柳梢青》调，亦赋一首云。"

柯九思《柳梢青·和杨无咎梅词四首》自注："补之词翰，称妙一代，此卷尤佳。其《柳梢青》四词，可以想象当年风致。"

陈振孙《书录解题》载无咎《逃禅词》一卷，与今本合。

【笺证】

《直斋书录解题》卷二一："《逃禅集》一卷。清江杨无咎补之撰，世所传江西墨梅，即其人也。"

毛晋跋称或误以为晁补之词。

【笺证】

毛晋《逃禅词跋》："补之，清江人，世所传江西墨梅，即其人也。其诗文亦不多见。向有《补之词》行世，或谓是晁补之，谬矣。无论字句之舛讹，章次之颠倒，即调名如《一斛珠》误作《品令》，《相见欢》误作《乌夜啼》之类，亦不可条举。今悉一一厘正。但散花庵词客一无选录，岂谓其多献寿之章，无丽情之句耶？《草堂集》

止载'痴牛駇女'一调，又逸其名。后人妄注毛东堂，可恨。坊本无据，反令人疑《香奁》之或凝或偓云。"

则晁无咎亦字补之，二人名字俱同，故传写误也。

【笺证】

> 王偁《东都事略》卷一一六："晁补之，字无咎，宗悫之曾孙也。"

> 《宋史》卷四四四《晁补之传》："晁补之，字无咎，济州巨野人。"

集中《明月棹孤舟》四首，晋注云："向误作《夜行船》，今按谱正之。"案此调即是《夜行船》，亦即是《雨中花》。诸家词虽有小异，按其音律，要非二调。无咎此词，实与赵长卿、吴文英词中所载之《夜行船》无一字不同。晋第见《词谱》收黄在轩词名《明月棹孤舟》，不知"明月"即"夜"，"棹"即"行"，"孤舟"即"船"。近时万树《词律》始辨之，晋盖未及察也。

【笺证】

> 万树《词律》卷七赵长卿《雨中花·绿锁窗纱梧叶底》后注云："按黄在轩有《明月棹孤舟》词，逃禅亦有四首，俱与此赵词一字无异。汲古注云：向误作《夜行船》，今按谱正之，改为《明月棹孤舟》。盖逃禅四词载于《雨中花》之后《夜行船》之前，故毛氏以为订正如此也。不知此调即是《夜行船》，试将四词与他处《夜行船》对校，无不相同，必因'夜行船'三字，而以'明月'代'夜'字，'棹'代'行'字，'孤舟'代'船'字也，是则《夜行船》与《明月棹孤舟》为一调无疑矣。而观此赵词，则《夜行船》亦即《雨中花令》，今恐人致疑，将《夜行船》长短数调俱列于后。"

又《相见欢》本唐腔正名，宋人则名为《乌夜啼》，与《锦堂春》之亦名《乌夜啼》名同实异。晋注向作《乌夜啼》，误，尤考之未详。

【笺证】

《相见欢》，唐教坊曲名。南唐李煜词有"无言独上西楼，月如钩"句，更名《秋夜月》，又名《上西楼》，又名《西楼子》。康与之词名《忆真妃》。张辑词有"唯有渔竿明月上瓜州"句，因名《月上瓜州》。或名《乌夜啼》。三十六字，上片平韵，下片两仄韵两平韵。参见《钦订词谱》。

至《点绛唇》原注用苏轼韵，其后阕尾韵，旧本作"裹"字，晋因改作"堁"字，并详载"堁"字义训于下。实则苏词末句乃破字韵，此"裹"字且误，而"堁"字尤为臆改。明人刊书，好以意窜乱，往往如此。今姑仍晋本录之，而附纠其谬如右。

【笺证】

夏承焘《四库全书词籍提要校议》："案：苏轼此词结句云：'还知么，自从添个，风月平分破。'毛本《逃禅词》结云：'伊知么，暂听些个，已觉丝成堁。'注云：'堁者尘起貌，言其声之绕梁也，一作裹字者误。'《提要》谓毛易'裹'作'堁'为臆改，是也。惟逃禅此句依字义当作裹，'丝成裹'谓白发成束，不得依苏词改作'破'字。案宋人和词有偶改原唱一二韵者，如：方千里和周邦彦《侧犯》，改'静'为'迥'；葛胜仲和叶梦得《江城子》改'宫'韵为'翁'。逃禅此词，殆同此例，否则所见苏词与今本不同也。"

邓子勉《宋金元词籍文献研究》："此句毛晋注云：'堁者，尘起貌，言其声之绕梁也。一作裹字者，误。'既云'　作裹字者'，似有校本，不像是毛氏径改。"

于湖词三卷 安徽巡抚采进本

宋张孝祥撰。孝祥有《于湖集》，已著录。

【笺证】

《四库全书总目》卷一五八集部一一别集类一一著录《于湖集》四十卷，并云："集中诸作，大抵规摹苏诗，颇具一体，而根柢稍薄，时露竭蹶之状，尧仁所谓读书不十年者，隐寓微词，实定论也。然其纵横兀傲，亦自不凡，故《桯史》载王阮之语，称其平日气吐虹霓，陈振孙亦称其天才超逸云。"

《宋史·艺文志》载其词一卷，陈振孙《书录解题》亦载《于湖词》一卷。

【笺证】

《直斋书录解题》卷二一："《于湖词》一卷，张孝祥安国撰。"

《宋史·艺文志》："《张孝祥文集》四十卷又《词》一卷。"

黄昇《中兴词选》则称紫微雅词，以孝祥曾官中书舍人故也。

【笺证】

《郡斋读书志》卷五下："安国，历阳人。绍兴甲戌大魁多士，明年入馆，浸登清华，至中书舍人。"

《中兴以来绝妙词选》卷二："张安国，名孝祥，以妙年射策魁天下。不数载，入直中书。有《紫薇雅词》，汤衡为序，称其平昔为词，未尝著稿，笔酣兴健，顷刻即成，无一字无来处，如《歌头》《凯歌》诸曲，骏发蹈厉，寓以诗人句法者也。"

按，张孝祥官中书舍人约在绍兴二十九年（1159）其二十八岁时，参宛敏灏《张孝祥年谱》（《安徽史学通讯》1959 年 10 月 28 日）。

此本为毛晋所刊，第一卷末即系以跋，称恨全集未见，盖只就词选所载二十四阕，更摭四首益之，以备一家，后二卷则无目录，亦无跋语。盖其后已见全集，删其重复，另编为两卷以续之，而首卷则未重刊，故体例特异耳。

【笺证】

　　毛晋《于湖词跋》："字安国，号于湖，蜀之简州人也，后卜居历阳，故陈氏称为历阳人。甲戌状元及第，出自思陵亲擢，故秦相孙埙居其下。桧忌恶之，以事召致于狱。桧亡，上眷益隆，不数载，入直中书。惜其不年，上尝有用不尽之叹。玉林集中兴词家，选二十有四阕，评云：'旧有《紫薇雅词》，汤衡为序，称其平昔为词，未尝著稿，笔酣兴健，顷刻即成，无一字无来处。如《歌头》《凯歌》诸曲，骏发蹈厉，寓以诗人句法者也。'恨全集未见耳。"

　　张金吾《爱日精庐藏书志》卷三六集部著录影写宋刊本《于湖先生长短句》五卷《拾遗》一卷："状元张孝祥安国撰，是书毛氏初刊一卷，继得全集，续刊两卷，篇次均经移易，并删去目录内所注宫调，此则犹是宋时原本。"瞿镛《铁琴铜剑楼藏书目录》卷二十四集部六亦著录影钞宋本《于湖先生长短句》五卷《拾遗》一卷，并云："宋张孝祥撰。《宋史·艺文志》《直斋书录》俱作一卷，此出乾道间刻本，有陈应行、汤衡序。毛氏《六十家词》本先刻一卷，续刻二卷，章次俱不合。"

卷首载陈应行、汤衡两序，皆称其词寓诗人句法，继轨东坡。

【笺证】

　　陈应行《于湖先生雅词序》："至于托物寄情，弄翰戏墨，融取乐府之遗意，铸为毫端之妙词，前无古人，后无来者，散落人间，今不知其几也。比游荆湖间，得公《于湖集》，所作长短句凡数百篇，读之泠然洒然，真非烟火食人辞语，予虽不及识荆，然其潇散出尘之姿，自在如神之笔，迈往凌云之气，犹可以想见也。"

　　汤衡《张紫薇雅词序》："夫镂玉雕琼，裁花剪叶，唐末词人非不美也。然粉泽之工，反累正气。东坡虑其不幸而溺乎彼，故援而止之，惟恐不及。其后元祐诸公，嬉弄乐府，寓以诗人句法，无一豪浮靡之气，实自东坡发之也。于湖紫薇张公之词，同一关键。……"

衡尝从公游,见公平昔为词,未尝著稿,笔酣兴健,顷刻即成,初若不经意,反复究观,未有一字无来处,如《歌头》《凯歌》《登无尽藏》《岳阳楼》诸曲,所谓骏发踔厉,寓以诗人句法者也。自仇池仙去,能继其轨者,非公其谁与哉?"

观其所作,气概亦几几近之。

【笺证】

魏了翁《跋张于湖〈念奴娇〉词真迹》:"张于湖有英姿奇气,著之湖湘间,未为不遇。洞庭所赋在集中最为杰特,方其吸江酌斗,宾客万象时,讵知世间有紫微青琐哉!"

滕仲因《笑笑词后记》:"昔闻张于湖一传而得吴敬斋,再传而得郭遁斋,源深流长,故其词或如惊涛出壑,或如绉縠纹江,或如静练赴海,可谓冰生于水而寒于水矣。"

杨慎《词品》卷四:"张孝祥,字安国,蜀之简州人,四状元之一也。后卜居历阳。平昔为词,未尝著稿,笔酣兴健,顷刻即成,无一字无来处。"

《朝野遗记》称其在建康留守席上赋《六州歌头》一阕,感愤淋漓,主人为之罢席。则其忠愤慷慨,有足动人者矣。

【笺证】

《御选历代诗馀》卷一一七"词话"录《朝野遗记》云:"张孝祥《紫微雅词》。汤衡称其平昔未尝著稿,笔酣兴健,顷刻即成,却无一字无来处。一日在建康留守席上,作《六州歌头》,张魏公读之,罢席而入。"

又《耆旧续闻》载孝祥十八岁时,即有《点绛唇·流水泠泠》一词,为朱希真所惊赏。或刻孙和仲,或即以为希真作,皆误。

【笺证】

陈鹄《耆旧续闻》卷一:"待制公十八岁时,尝作乐府云:'流水泠泠,断桥斜路横枝亚。雪花飞下,全胜江南画。　　白璧青钱,欲买春无价。归来也,风吹平野,一点香随马。'朱希真访司农公不值,于几案间阅见此词,惊赏不已,遂书于扇而去,初不知何人作也。一日,洪觉范见之,叩其所从来,朱具以告。二人因同往谒司农公问之,公亦愕然。客退,从容询及待制公,公始不敢对,既而以实告。司农公责之曰:'儿曹读书,正当留意经史间,何用作此等语耶!'然其心实喜之,以为此儿他日必以文名于世。今诸家词集及《渔隐丛话》,皆以为孙和仲或朱希真所作,非也。"

今集不载是篇,或以少作而佚之欤?陈应行序称《于湖集》长短句凡数百篇,今本乃仅一百八十馀首,则原稿散亡,仅存其半,已非当日之旧矣。

【笺证】

陈应行《于湖先生雅词序》(《于湖长短句》卷首):"比游荆湖间,得公《于湖集》,所作长短句凡数百篇,读之泠然洒然,真非烟火食人辞语。……于湖者,公之别号也。……乾道辛卯仲冬朔日,建安陈应行季陆序。"

《四库全书》著录浙江采进本《于湖集》四十卷,前有谢尧仁、张孝伯序,当亦出于宋本。张孝祥集版本,参祝尚书《宋人别集叙录》卷二十一。

海野词一卷 安徽巡抚采进本

宋曾觌撰。觌有《海野集》,已著录。

【笺证】

《四库全书总目》并未著录《海野集》,祝尚书《宋人别集叙录》亦未有叙录。沈雄《古今词话》词评卷上云曾觌有《海野集》,此外未见他书著录，亦未见他书征引。《海野集》或即《海野词》。

初孝宗在潜邸时，觌为建王内知客，常与觞咏唱酬。

【笺证】

《建炎以来系年要录》卷一八六：“（绍兴三十年九月）庚子，敦武郎权阁门看班祗候曾觌为建王府内知客。”

《宋史》卷四七〇《佞幸》：“曾觌，字纯甫，其先汴人也。用父任补官。绍兴三十年，以寄班祗候与龙大渊同为建王内知客。”

卷首《水龙吟》后阕有云：“携手西园宴罢，下瑶台、醉魂初醒。”即纪承宠游宴之事，故用飞盖西园故实。以后常侍宴应制，如《阮郎归》赋燕、《柳梢青》赋柳诸词，亦皆其时所作。

【笺证】

张端义《贵耳集》卷下：“孝宗朝幸臣虽多，其读书作文不减儒生，应制燕闲，未可轻视。当仓卒汗墨之奉，岂容宿撰？曾觌、龙大渊（本名斋，孝宗写开二字）、张抡、徐本中、王抃、赵弗、刘弼，中贵则有甘昺、张去非、弟去为，外戚则有张说、吴琚，北人则有辛弃疾、王佐，伶人则有王喜，棋国手则有赵鄂，当时士大夫，少有不游曾、龙、张、徐之门者。”

周密《武林旧事》卷七：“乾道三年三月初十日，南内遣阁长至德寿宫奏知：‘连日天气甚好，欲一二日间，恭邀车驾幸聚景园看花，取自圣意，选定一日。’太上云：‘传语官家，备见圣孝。但频频出去，不惟费用，又且劳动多少人。本宫后园亦有几株好花，不若来日请官家过来闲看。’遂遣提举官同到南内奏过，遵依讫。次日进早膳后，车驾与皇后、太子过宫，起居二殿讫，先至灿锦亭，进茶，宣召吴郡王、曾两府以下六员侍宴，同至后苑看花。两廊并是小内侍及幕士，效学西湖，铺放珠翠、花朵、玩具、匹帛及花篮、闹竿、市食等，许从内人关扑。次至球场，看小内侍抛彩球、蹴秋千。又至射厅,看百戏,依例宣赐。回至清妍亭,看荼䕷,就登御舟,绕堤闲游,亦有小舟数十只,供应杂艺、嘌唱、鼓板、蔬果,与湖中一般。太上倚阑闲看,适有双燕掠水飞过,得旨,令曾觌赋之,遂进《阮郎归》云:'柳阴庭院占风光。呢喃春昼长。碧波新涨小池塘。双双蹴水忙。　　萍散漫,絮飘扬。轻盈体态狂。为怜流水落花香。衔将归画梁。'既登州,知阁张抡进《柳梢青》云:'柳色初浓,馀寒似水,纤雨如尘。一阵东风,縠纹微皱,碧沼鳞鳞。　　仙娥花月精神。奏凤管、鸾弦斗新。万岁声中,九霞杯内,长醉芳春。'曾觌和进云:'桃脸红匀,梨腮粉薄,鸳径无尘。凤阁凌虚,龙池澄碧,芳意鳞鳞。　　清时酒圣花神。看内苑、风光又新。一部仙韶,九重鸾仗,天上长春。'各有宣赐。"

觌又尝见东都之盛,故奉使过京作《金人捧露盘》,邯郸道上作《忆秦娥》,重到临安作《感皇恩》等曲。黄昇《花庵词选》谓其语多感慨,凄然有黍离之悲。

【笺证】

　　黄昇《中兴以来绝妙词选》卷一:"曾纯甫,名觌,号海野。东都故老,及见中兴者。词多感慨,如《金人捧露盘》《忆秦娥》等曲,凄然有黍离之悲。"

　　杨慎《词品》卷三:"曾觌字纯甫,号海野,东都故老,见汴都之盛,故词多感慨,《金人捧露盘》是也。"

　　徐釚《词苑丛谈》卷四:"华亭宋尚木征璧曰:'吾于宋词得七人焉……其外则谢无逸之能写景,僧仲殊之能言情,程正伯之能壮采,张安国之能用意,万俟雅言之能协律,刘改之之能使气,曾纯甫之能书怀,吴梦窗之能叠字,姜白石之能琢句,蒋竹山之能作态,史邦卿之能刷色,黄花庵之能选格,亦其选也。'"

　　沈雄《古今词话》词品上卷:"其奉使旧京作《上西平》,重到临安作《感皇恩》,感慨淋漓,甚得大体,人所不及也。"

按,《金人捧玉盘序》云:"庚寅岁春,奉使过京师,感怀作。"庚寅岁即孝宗乾道六年、金世宗大定十年(1170)。是年正月,曾觌与汪大猷一起出使金国贺正旦,过汴京而做此词。《金史》卷六一"交聘表中":"(大定十年)正月壬子朔,宋试吏部尚书汪大猷、宁国军承宣使曾觌贺正旦。"

虽与龙大渊朋比作奸,名列《宋史・佞幸传》中,为谈艺者所不齿。

【笺证】

《文献通考》卷五九《职官考》十三:"惟绍兴中曹勋、韩公裔,乾道中曾觌,嘉泰中姜持立、谯令雍,皆以攀附恩泽,亦累官至焉,非常制也。"

《宋史》卷四七〇《佞幸》:"觌始与龙大渊相朋,及大渊死,则与王抃、甘昪相蟠结,文武要职多出三人之门……用事二十年,权震中外,至于潜逐大臣,贬死岭外。"

而才华富艳,实有可观,过而存之,亦选六朝诗者不遗江总,选唐诗者不遗崔湜、宗楚客例也。

【笺证】

王世贞《艺苑卮言》附录卷九:"词至辛稼轩而变,其源实自苏长公,至刘改之诸公极矣。南宋如曾觌、张抡辈应制之作,志在铺张,故多雄丽。"

毛晋《海野词跋》:"纯甫与龙大渊同为建王内知客,孝宗以二人皆潜邸旧人,殇咏唱酬,字而不名。怙宠恃势,纯甫尤甚,故陈俊卿、虞允文辈交章逐之。然文藻颇有可观,如《过京师》《望丛台》诸作,语多感忧,令人有麦秀黍离之悲。与张抡不时赋词进御,赏赉甚渥。至进月词,一夕西兴共闻天乐,岂天神亦不以人废言耶?"

按,江总乃陈代亡国宰相,后宫狎客,宫体艳诗代表诗人之一。

姚思廉《陈书》卷二七《江总传》云："后主之世，总当权宰，不持政务，但日与后主游宴后庭，共陈暄、孔范、王瑳瑳等十馀人，当时谓之狎客。由是国政日颓，纲纪不立，有言之者辄以罪斥之。君臣昏乱，以至于灭。有文集三十卷并行于世焉。"崔湜、宗楚客皆为唐代宰相，依附韦皇后、太平公主等，乃外饰忠鲠、内藏谄媚之徒，后均伏诛。

审斋词一卷_{安徽巡抚采进本}

宋王千秋撰。千秋字锡老，审斋其号也，东平人。

【笺证】

  周煇《清波杂志》卷七："绍兴九年，虏归我河南地。商贾往来，携长安秦汉间碑刻求售，于士大夫多得善价。故人王锡老，东平人，贫甚，节口腹之奉而事此。"

  朱彝尊《词综》卷十四："王千秋，字锡老，东平人。有《审斋词》一卷。"

陈振孙《书录解题》载《审斋词》一卷，而不详其始末。

【笺证】

  《直斋书录解题》卷二一："《审斋词》一卷，东平王千秋锡老撰。"

据卷内有《寿韩南涧生日》及《席上赠梁次张》二词。

【笺证】

  此二词调寄《瑞鹤仙》《水调歌头》。

南涧名元吉，隆兴中为吏部尚书。

【笺证】

  韩元吉《辞吏部尚书状》云："右某准尚书省札子，十一月二日，三省同奉圣旨，韩某可除吏部尚书，日下供职。"周必大《文忠集》卷一百七收有《赐朝散大夫权吏部尚书韩元吉辞免除吏部尚书恩命不允诏》,后注:"十一月。"《文忠集》此卷所收皆为淳熙三年周必大所拟诏书。故知韩元吉为吏部尚书在淳熙三年十一月,非《提要》所谓隆兴中为吏部尚书。

陈思《两宋名贤小集》卷一六〇《南涧小集》:"韩元吉,字无咎,开封人。维之子。仕至吏部尚书龙图阁学士,封颍川公。尝师尹焞,与朱熹友善,又得吕祖谦为婿,师傅渊源,儒林推重。徙居上饶,居前有涧水,号南涧。涉涧而南,有园筑亭,竹间号苍筤。与兄元隆俱登甲科,所著有《愚戆录》《周易系辞》。卒,葬城东,子孙遂为上饶人。"

次张名安世,淳熙中为桂林转运使,是千秋为孝宗时人矣。

【笺证】

厉鹗《宋诗纪事》卷五一:"(梁)安世字次张,括苍人。绍兴二十四年进士。淳熙中桂林转运使。有《远堂集》。"

惟安世诗称千秋为金陵耆旧,与陈振孙所称为东平人不合,或流寓于金陵耶?

【笺证】

毛晋《审斋词跋》:"衡山县令梁文恭读而赠诗云:'审斋先生世稀有,曾是金陵一耆旧。'"

按,梁文恭与梁安世实为二人。梁文恭,上元人,宋孝宗淳熙五年(1178)进士(据《景定建康志》卷三二),曾知衡山县(据毛晋跋)。梁安世,字次张,括苍人。高宗绍兴二十四年(1154)进士(雍正《浙江通志》卷一二五),淳熙六年(1179)为广南西路转运判官(《宋会要辑稿》职官七二之二四),改提点刑狱(雍正《广西通志》卷五一)。王千秋分别在潭州和桂林居住,与二梁均有交往,且互有赠诗。王千秋作《水调歌头·席上赠梁次张》,梁文恭作诗赠王千秋。四库馆臣误梁安世为梁文恭，故《提要》云"安世诗称千秋为金陵耆旧"应为"文恭诗称千秋为金陵耆旧"。

又按：《清波杂志》卷十《梅苑》条云："绍兴庚辰，在江东得蜀人黄大舆《梅苑》四百馀阕……谋于东州王锡老。"绍兴庚辰为绍兴三十年，可知绍兴末王尚在金陵。又据梁文恭赠诗有"曾是金陵一耆旧"，"忘忧夜醉长沙酒"，知王千秋始流寓于金陵，后赴潭州。（参王建平《是"去为潭州之土"吗？》，《北京大学学报》2005年第3期。）

毛晋跋称其词多酬贺之作。

【笺证】

毛晋《审斋词跋》："东平王千秋，字锡老。尝见自制启联云：'少时羁孤，百口星分于异县；长年忧患，一身蓬转于四方。'其遭逢概可想已。乐府凡六十馀调，多酬贺篇，绝少绮艳之态。"

然生日嘏词，南宋人集中皆有，何独刻责于千秋。

【笺证】

嘏词即祝词。《全宋词》中南宋寿词约为二千三百四十七首，占宋词总数十分之一。涉及有姓名可考之词人约四百，其中魏了翁以百首寿词位居众家之首。一些词人别集中列有《贺生辰》《寿词》之类目，张炎《词源·杂论》及沈义父《乐府指迷·寿曲》中特别评论寿词之创作，可见南宋寿词创作之盛。（参李红霞《论南宋寿词的兴盛及其文化成因》，《陕西师范大学学报》2002年第4期。）

按，王千秋六十八首词中，有六首寿词，四首和作。毛晋《审斋词跋》云王千秋"乐府凡六十馀调，多酬贺篇，绝少绮艳之态"，实含赞誉之意，未见有苛责之心。

况其体本花间，而出入于东坡门径。风格秀拔，要自不杂俚音。南渡

之后,亦卓然为一作手。黄昇《中兴词选》不见采录,或偶未见其本耳。晋跋遽以绝少绮艳评之,亦殊未允。

【笺证】

　　梁文恭《读审斋先生乐府》:"审斋先生世稀有,曾是金陵一耆旧。万卷胸中星斗文,百篇笔下龙蛇走。渊源更擅麟史长,碑版肯居鳄文后。倚马常催鏖战场,脱腕难供扫愁帚。中州文献儒一门,异县萍逢家百口。(审斋《谢解启》云:"少时孤羁,百口星分于异县;长年忧患,一身蓬转于四方。")恨极黄杨厄闰年,闲却玉堂挥翰手。夜光干没世称屈,远枳卑栖价低售。漂摇何地著此翁,忘忧夜醉长沙酒。岂无厚禄故人来,为办草堂留野叟。嗟余亦是可怜人,惭愧阿戎惊白首。一灯续得审斋光,多少达人为裔胄。眷予憔悴五峰下,频寄篇来复相寿。年来事事淋过灰,尚有诗情闲情窦。有时信笔不自置,忆起居家吕寔曰。审斋乐府似《花间》,何必老夫弮篇右。"

集中如《忆秦娥》《清平乐》《好事近》《虞美人》《点绛唇》以及咏花诸作,短歌微吟,兴复不浅,何必屯田乐章始为情语也。

【笺证】

　　冯煦《蒿庵论词》:"后山、蠙窟、审斋、石屏诸家,并娴雅有馀,绵丽不足,与卢叔阳、黄叔旸之专尚细腻者,互有短长。《提要》之论后山、石屏,皆谓其以诗为词,然后山笔力甚健,要非式之所可望也。"

介庵词一卷<small>安徽巡抚采进本</small>

宋赵彦端撰。彦端字德庄,号介庵。魏王廷美七世孙。乾道、淳熙间以直宝文阁知建宁府,终左司郎官。

【笺证】

　　韩元吉《直宝文阁赵公墓志铭》(《南涧甲乙稿》卷二一)："德庄讳彦端,德庄其字也。于宣祖皇帝为八世孙。……德庄年十七应进士举,南城亦锁其厅试进士,父子俱为国子监第一,遂同登绍兴八年礼部第,主临安府钱塘县簿。……迁太常少卿,复丐外,除直宝文阁、知建宁府。……官至朝奉大夫,享五十有五岁,卒以淳熙二年七月四日,葬以是年某月某甲子。……其所为文,类之为十卷,自号《介庵居士集》。"

　　李裕民《四库提要订误》："赵彦端于乾道六年知建康府,九年提点浙东路刑狱,淳熙元年奉祠(《南涧甲乙稿》卷二一《直宝文阁赵公墓志铭》),次年卒。"

《宋史・艺文志》载彦端有《介庵集》十卷,《外集》三卷,又有《介庵词》四卷。《书录解题》则仅称《介庵词》一卷。

　　【笺证】

　　《直斋书录解题》卷二一云："《介庵词》一卷,赵彦端撰。"《宋史・艺文志》云："赵彦端,《介庵集》十卷,又《外集》三卷,《介庵词》四卷。"知赵彦端词集版本在宋元间至少有二,一为《介庵词》一卷本,一为《介庵词》四卷本。

此本为毛晋所刊,亦止一卷。然据其卷后跋语,似又旧刻散佚,仅存此一卷者,未之详也。

　　【笺证】

　　毛晋《介庵词跋》云："余家旧藏《介庵词》一卷,板甚精良,惜未得其全集。又有《文宝雅词》四卷,中误入孙夫人《咏雪》词。又曾见《琴趣外篇》六卷,章次颠倒,赝作颇多,不能悉举。至如席上赠人《清平乐》,昔人称为集中之冠,反逸去,可恨坊本之乱真也。"知毛晋家藏赵彦端词三个版本:《介庵词》一卷本、《文宝雅词》四卷本、《琴趣外篇》六卷本。其中一卷本精良，四卷本与六卷本则赝作多，故毛晋所刻当为一卷本《介庵词》。此本书名、卷数均与《直斋书录解题》所载无异，或即源于《介庵词》一卷本。

张端义《贵耳集》载彦端尝赋西湖《谒金门》词，有"波底斜阳红湿"之句，为高宗所喜，有"我家里人也会作此等语"之称。

【笺证】

张端义《贵耳集》卷上："赵介庵，名彦端，字德庄，宗室之秀，能作文，赋西湖《谒金门》'波底夕阳红湿'，阜陵问谁词，答云彦端所作。上云：'我家里人，也会作此等语。'喜甚。"

杨武泉《四库全书总目辨误》云："阜陵乃孝宗，而高宗称思陵。"

其他篇亦多婉约纤秾，不愧作者。集末《鹧鸪天》十阕，乃为京口角妓萧秀、萧莹、欧懿、刘雅、欧倩、文秀、王婉、杨兰、吴玉九人而作。词格凡猥，皆无可取，且连名人之集中，殆于北里之志，殊乖雅音。自唐、宋以来士大夫不禁狭邪之游。彦端是作，盖亦移于习俗，存而不论可矣。

【笺证】

赵彦端《鹧鸪天序》："羊城旧名京口，天下最号都会，风轩月馆，艳姬角妓，倍于他所，人以群仙目之，因列十名于后，各赋一阕。"

按，以歌妓名入词，早有先例，如柳永词中之秀香、英英、瑶卿、心娘、虫娘、酥娘、佳娘，晏几道词中之莲、鸿、苹、云等皆是，不宜独责介庵。

归愚词一卷_{安徽巡抚采进本}

宋葛立方撰。立方有《归愚集》，已著录。

【笺证】

《四库全书总目》未见有著录《归愚集》。《归愚集》收录在《四库全书》本《宋百家诗存》卷十九中，其言有曰："葛立方，字常之，江阴人，谥文康胜仲之子，谥文定邲之父也。天资高迈，博览诸子百家言，诗文信笔申写，不加持择，与弟立象、妹婿章道祖，同登绍兴戊午进士。累官吏部侍郎，因迕时相罢去，自号归愚居士。筑堂三楹，扁曰馀庆，优游以终老焉。'《经籍志》载《归愚集》二十卷，今所存诗文共十卷，仅得其半耳，又著有《韵语阳秋》二十卷传于世。"

宋人之中，父子以填词名家者，为晏殊、晏几道，后则立方与其父胜仲为最著。

【笺证】

毛晋《丹阳词跋》："鲁卿、常之，虽不逮李氏、晏氏父子，每填一词，辄流传丝竹。绍兴、绍圣间，俱负海内重望，其词亦能入雅字。"

其词多平实铺叙，少清新宛转之思，然大致不失宋人规格。流传既久，存之亦可备一家。卷末毛晋跋称集内《雨中花》《眼儿媚》两调俱不合谱，未敢妄为更定。

【笺证】

毛晋《归愚词跋》："其自题草庐曰：'归愚识夷涂，游宦泯捷径。'故文集与诗馀俱名《归愚》。第其中如《雨中花》《眼儿媚》诸调，俱不合谱，未敢妄为更定云。"

今参考诸家词集，其《眼儿媚》乃《朝中措》之讹，欧阳修"平山栏槛倚晴空"一阕可以互证。

【笺证】

据《钦订词谱》卷七可知，《眼儿媚》因左誉词有"斜月小阑干"

句,名《小阑干》;韩淲词有"东风拂槛露犹寒"句,名《东风寒》;陆游词名《秋波媚》。《朝中措》据《宋史·乐志》载,属黄钟宫。李祁词有"初见照江梅"句,名《照江梅》;韩淲词名《芙蓉曲》,又有"香动梅梢圆月"句,名《梅月圆》。龙榆生《唐宋词格律》亦云:"《朝中措》:《宋史·乐志》入黄钟宫。四十八字,前片三平韵,后片两平韵。"二者本属不同词调,当是葛立方误用。

至《雨中花》调,立方两词叠韵,初无舛误。以音律反复勘之,实题中脱一"慢"字。京镗、辛弃疾皆有此调。立方词起三句可依辛词读,第四、第五句京、辛两作皆作上五下四,立方则作上六下三。虽微有不同,而同是九字。其馀则不独字数相符,平仄亦毫无相戾。其为《雨中花慢》,亦可无疑,晋盖考之未审。他如《满庭芳》一调连城十阕,凡后半换头二字有用韵者,亦有不用韵而直作五字句者,考宋人此调此二字本无定式,山谷词用韵,书舟词不用韵,立方两存其体,亦非传写有讹也。

【笺证】

《钦定词谱》列《雨中花慢》凡十三体,京镗、葛立方和辛弃疾之词各为一体:京镗《雨中花慢》双调九十六字,前后段各十句、四平韵;葛立方《雨中花》双调九十七字,前后段各十句、四平韵;吴礼之《雨中花慢》双调九十七字,前后段各十句、四平韵。(辛弃疾此词与吴词格律相同。)《提要》云三人此词字数相同,有误,实则辛词比京词多一字,葛立方词与辛词字数相同。

克斋词一卷安徽巡抚采进本

宋沈端节撰。端节字约之,吴兴人。

【笺证】

张侃《张氏拙轩集》卷五:"沈端节,字约之。"

沈辰垣《历代诗馀》卷一〇七："沈端节,字约之,吴兴人,有《克斋词》一卷。"

是集见陈振孙《书录解题》,然振孙亦不详其始末。

【笺证】

《直斋书录解题》卷二一："《克斋词》一卷,苕溪沈端节约之撰。"

毛晋跋语疑其即咏贾耘老苕上水阁沈会宗之同族,亦无确证。

【笺证】

毛晋《克斋词跋》:"案《花庵》《草堂》二集俱不载沈端节,故其品行亦无从考。惟马端临云:'字约之,家于苕溪。'岂即沈会宗同族耶?今会宗词亦不多见,其脍炙人口者,惟咏贾耘老苕上水阁一阕。"

惟《湖州府志》及《溧阳县志》,均载端节寓居溧阳,尝令芜湖,知衡州,提举江东茶盐,淳熙间,官至朝散大夫,其说必有所据。独载其词名《充斋集》,则"充""克"二字形近致讹耳。

【笺证】

栗祁《(万历)湖州府志》卷二:"武康有馀英溪。县西一十三里,即前溪,上流山墟名云。每春夹岸花开,落英满地,通夏不歇,故名。沈约之后多居溪旁。"

按,据王可喜、王兆鹏《南宋词人沈端节、吕胜己、赵磻老生平考略》(《中国文化研究》2006 年)考证,沈端节知芜湖在乾道三年丁亥(1167),主管官告院在乾道八年(1172),淳熙三年(1176)知衡州。

其词仅四十馀阕,多有词而无题。

【笺证】

《宋名家词》本《克斋词》一卷,存词四十四首,《全宋词》录四十五首。

考《花间》诸集，往往调即是题，如《女冠子》则咏女道士，《河渎神》则为送迎神曲，《虞美人》则咏虞姬之类。

【笺证】

> 朱彝尊、汪森《词综·发凡》：“《花间》体制，调即是题，如《女冠子》则咏女道士，《河渎神》则为送迎神曲，《虞美人》则咏虞姬是也。”

后人题咏渐繁，题与调两不相涉。若非存其本事，则词意俱不可详。集中如《念奴娇》二阕之称“太守”，《青玉案》第一阕之称“使君”，第三阕之称“贤侯”，竟不知所赠何人。至《念奴娇》“寻幽览胜”一阕，似属端节自道，据词中“自笑飘零惊岁晚，欲挂衣冠神武”，及“群玉图书，广寒宫殿，一一经行处”云云，则端节固当曾官京职，以其题已佚，遂无可援据。宋人词集似此者颇少，疑原本必属调与题全。辗转传写，苟趋简易，遂遭删削耳。今无可考补，姑仍其旧。

【笺证】

> 陆心源《仪顾堂续跋》：“端节乾道三年任芜湖县丞，加意民瘼，时大旱，祷雨有感，建志喜斋于神山，后升芜湖知县，见《太平府志》《芜湖县志》，盖克斋亦当时循吏，非仅以词见长者。”

> 方建新、潘淑琼《〈四库总目提要〉补正拾遗》：“《宋会要辑稿》职官一一之七四：‘（乾道八年）十二月二十九日，主管官告院沈端节言。’则端节确曾官京职。”

至其吐属婉约，颇具风致，固不以《花庵》《草堂》诸选不见采录减价矣。

【笺证】

> 冯煦《蒿庵论词》：“《提要》谓沈端节吐属婉约，颇具风致，似尚未尽克斋之妙。周氏济论词之言曰：‘初学词求空，空则灵气往

来，既成格调求实，实则精力弥满。'克斋所造，已臻实地。而《南歌子》(远树昏鸦闹)一阕，尤为字字沈响，匪仅以婉约擅长也。"

龙川词一卷补遗一卷_{安徽巡抚采进本}

宋陈亮撰。亮有《三国纪年》，已著录。

【笺证】

《四库全书总目》卷八九史部四五史评类存目一著录《三国纪年》一卷，并云："是书大旨主于右蜀而贬魏、吴。名为纪年，实史家论断之体。"

《宋史·艺文志》载其词四卷，今不传。

【笺证】

《直斋书录解题》卷十八云："《龙川集》四十卷《外集》四卷，永康陈亮同父撰。……平生不能诗，《外集》皆长短句，极不工而自负，以为经纶之意具在是，尤不可晓也。叶适未遇时，亮独先识之，后为集序及跋，皆含讥诮，识者以为议。"《宋史·艺文志》云："《陈亮集》四十卷，又《外集词》四卷。"二书所载当为同一版本。

此集凡词三十首，已具载本集，然前后不甚铨次。此本为毛晋所刻，分调类编，复有晋跋，称据家藏旧刻，盖摘出别行之本。

【笺证】

毛晋《龙川词跋》："同甫一名同，永康人。光宗策进士，群臣奏其卷第三，御笔擢第一，既知为同甫，大喜。又有天留遗朕之诏，其恩遇如此。据叶水心序其集云四十卷，今行本止三十卷，想尚多侠遗。其最著者莫如《上皇帝四书》及《酌古论》，自赞云'人中之龙，文中之虎'，真无忝矣。第本集载词选三十阕，无甚诠次，如寄辛幼安《贺新郎》三首，错见前后，予家藏《龙川词》一卷，又每调类分，未知孰是，读至卷终，不作一妖语、媚语，殆所称不受人怜者欤。"

又《补遗》七首，则从黄昇《花庵词选》采入者。词多纤丽，与本集迥殊，或疑赝作。毛晋跋称"黄昇与亮俱南渡后人，何至谬误若此？或昇惟选绮艳一种，而亮子沈所编本集，特表其父磊落骨干，故若出二手"云云。

【笺证】

毛晋《龙川词补遗跋》："余正喜同甫不作妖语、媚语，偶阅《中兴词选》，得《水龙吟》以后七阕，亦未能超然，但无一调合本集者，或云赝作，盖花庵与同甫俱南渡后人，何至误谬若此？或花庵专选绮艳一种，而同甫子沈所编本集特表阿翁磊落骨干，故若出二手。况本集云词选则知同甫之词不止于三十阕，即补此花庵所选，亦安得云全豹耶？姑梓之以俟博雅君子。"

沈雄《古今词话》词评卷上："陈同甫擅文名，负气节，寻擢光宗朝第一，未遇时遂与辛幼安交，每好谈天下事，龙川词疏宕可喜。"

考亮虽与朱子讲学，而不废北里之游。其与唐仲友相忤，谗构于朱子，朱子为其所卖，误兴大狱，即由亮狎台州官妓，嘱仲友为脱籍，仲友沮之之故，事载《齐东野语》第十七卷中。则其词体杂香奁，不足为异，晋之所跋，可谓得其实矣。

【笺证】

事载周密《齐东野语》卷十八。按，陈亮本集所收三十首词多慷慨激昂，七首收录于黄昇《花庵词选》卷四中的词则婉约绮媚。夏承焘《论陈亮的〈龙川词〉》云陈亮本集所收多为交游赠答词，非此则不入选。

稼轩词四卷 江苏巡抚采进本

宋辛弃疾撰。弃疾有《南烬纪闻》，已著录。

【笺证】

《四库全书总目》并未著录《南烬纪闻》，卷五二史部八著录其《南渡录》二卷《窃愤录》一卷。按，《南烬纪闻》《南渡录》《窃愤录》三书皆为伪书，参邓瑞全、王冠英《中国伪书综考》、张蓉《〈南烬纪闻〉版本与作者问题续说》（《河北科技大学学报》2002 年第 4 期）。

其词慷慨纵横，有不可一世之概，于倚声家为变调。而异军特起，能于翦红刻翠之外，屹然别立一宗，迄今不废。

【笺证】

刘克庄《辛稼轩集序》：“公所作大声镗鞳，小声铿鍧，横绝六合，扫空万古，自有苍生所未见。”

王士禛《花草蒙拾》：“张南湖论词派有二，一曰婉约，一曰豪放。仆谓婉约以易安为宗，豪放惟幼安称首，皆吾济南人，难乎为继矣。”

彭孙遹《金粟词话》：“稼轩之词，胸有万卷，笔无点尘，激昂排宕，不可一世。”

冯班《叙词源》：“辛稼轩当宋之南，抱英雄之态，有席卷中原之略，厄于时运，势不得展，长短句□涛涌雷发，坡公以后，一人而已。”

观其才气俊迈，虽似乎奋笔而成。然岳珂《桯史》记“弃疾自诵《贺新凉》《永遇乐》二词，使座客指摘其失。珂谓《贺新凉》词首尾二腔语句相似，《永遇乐》词用事太多。弃疾乃自改其语，日数十易，累月犹未竟。其刻意如此”云云，则未始不由苦思得矣。

【笺证】

事载岳珂《桯史》卷四。

刘克庄《刘叔安感秋八词》：“近岁放翁、稼轩，一扫纤艳，不事斧凿，高则高矣，但时时掉书袋，要是一癖。"

陈霆《渚山堂词话》卷二："辛稼轩词，或议其多用事而欠流便。予览其《琵琶》一词，则此论未足凭也。……此篇用事最多，然圆转流丽，不为事所使，称是妙手。"

《书录解题》载《稼轩词》四卷，又云信州本十二卷，视长沙本为多。此本为毛晋所刻，亦为四卷，而其总目又注原本十二卷，殆即就信州本而合并之欤？

【笺证】

《直斋书录解题》卷二一："《稼轩词》四卷，宝谟阁待制济南辛弃疾幼安撰，信州本十二卷，视长沙为多。"

毛晋《稼轩词跋》："蔡元工于词，靖康中陷虏庭，稼轩以诗词谒见，蔡曰：'子之诗则未也，他日当以词名家。'故稼轩晚年来卜筑奇狮，专工长短句，累五百首有奇。但词家争斗秾纤，而稼轩率多抚时感事之作，磊落英多，绝不作妮子态。宋人以东坡为词诗，稼轩为词论，善评也。"

王鹏运《校刻稼轩词记》："光绪丁亥九月，从杨凤阿同年假元大德信州书院十二卷本，校毛刻一过。按毛本实出元刻，特体例既别，又并十二卷为四，为不同耳。"

梁启超《跋四卷本稼轩词》(《国学论丛》第二卷第一号)："《文献通考》著录《稼轩词》四卷(《宋史·艺文志》同)，而引《直斋书录解题》注其下云：'信州本十二卷，视长沙为多。'或误以为此四卷者即长沙本，实则直斋所著录乃长沙本，只一卷耳，十二卷之信州本，宋刻无传，黄荛夫旧藏之元大德间广信书院本，今归聊城杨氏，而王半塘四印斋据以翻雕者，即彼本也。可见《稼轩词》在宋有三刻：一为长沙一卷本，二为信州十二卷本，三即四卷本。明清以来传世者惟信州本，毛刻六十一家词亦四卷，实乃割裂信州本以求合《通考》之卷数，毛氏常态如此，不足深怪。而使读者或疑毛王二刻不同源、而毛刻即《通考》与《宋志》之旧，则大不可也。"

　　按，《直斋书录解题》所著录《稼轩词》四卷为长沙书坊所刻《百家词》第四十五种，梁启超云"直斋所著录乃长沙本，只一卷耳"，并云"《稼轩词》在宋有三刻：一为长沙一卷本，二为信州十二卷本，三即四卷本"，当误，《直斋书录解题》所载长沙本乃四卷本，非一卷本。

其集旧多讹异，如二卷内《丑奴儿近》一阕，前半是本调，残阙不全。自"飞流万壑"以下，则全首系《洞仙歌》，盖因《洞仙歌》五阕即在此调之后，旧本遂误割第一首以补前词之阙，而五阕之《洞仙歌》遂止存其四，近万树《词律》中辨之甚明。此本尚未及订正，其中"叹轻衫帽几许红尘"句，据其文义，"帽"字上尚有一脱字，树亦未经勘及，斯足证扫叶之喻矣。今并详为勘定，其必不可通而无别本可证者，则姑从阙疑之义焉。

　　【笺证】

　　万树《词律》卷四："《啸馀》及《图谱》又收《丑奴儿近》一调，今查系全误。特照旧刻录之，并驳正于后，览者当为一噱焉。"又载辛弃疾《丑奴儿近》，并云："此词自来分作三段，其字一百四十六，从稼轩旧集，汲古阁板皆同。其后《啸馀谱》及《填词图谱》等书，因从而分其字句，论其平仄，为图为注于其下，盖欲以此谱诏天下后世之学词者，故学者亦从而信之、守之，俱谓《丑奴儿近》有此一格，相与模仿填之矣。稍有识者起而驳之曰：洒字是韵，手字是借韵，何以不注叶？酒字即叶上秀手旧等韵，何以注更韵？且所注八字、九字亦皆不确。又有识高者起而辨之曰：谱于秀字注更仄韵，大非。此词到底本是一韵，因稼轩用韵常有出入，如《六幺令》以'觉''学'叶'折''鸭'之类，乃此老误处。……此词自稼轩迄今五百七十餘年，至今日始得洗出一副干净面孔，真大快事，因呼童子酌西国葡萄酿，相与大醉。"

王鹏运《稼轩长短句跋》(《四印斋所刻词》本《稼轩长短句》)："元本所缺三叶，毛皆漏刻，又无端夺去《新荷叶》《朝中措》各一阕。尤可笑者，元本第六卷缺处，《丑奴儿近》后半适与《洞仙歌》飞流万壑一首相接，毛遂牵连书之，几似《丑奴儿近》有三叠，令人无从句读。又《鹊桥仙》寿词'长贴在儿儿额上'句，校者妄书'下儿字当作孙'，为顾涧薲、黄荛圃所嗤，毛刻于此正改作'儿孙'，是以确知其出于此也。中间讹夺，触处皆是。然亦有元本讹夺而毛刻是正之处。顾跋谓元本夺叶用汲古阁抄本校补，何以此本缺处又适与元刻相符，殊不可解。"

西樵语业一卷江苏巡抚采进本

宋杨炎正撰。炎正字济翁，庐陵人。

【笺证】

杨万里《诚斋集》卷一一四《诗话》："予族弟炎正，字济翁……济翁年五十二乃登第，初任宁远簿，甚为京丞相所知。有启上丞相云：'秋惊一叶，感蒲柳之先知；春到千花，叹桑麻之后长。'丞相遂厚待，除掌故之令也。"

《直斋书录解题》卷二一云："《西樵语业》一卷，庐陵杨炎止济翁撰。"

陈振孙《书录解题》载《西樵语业》一卷，杨炎正济翁撰。马端临《文献通考》引之，误以"正"字为"止"字。

【笺证】

按，据前引可知，《直斋书录解题》卷二一即误"杨炎正"为"杨炎止"，《文献通考》卷二四六沿其误。

毛晋刻六十家词，遂误以杨炎为姓名，以止济翁为别号。近时所印，始改刊杨炎正姓名。跋中止济翁字，亦追改为杨济翁。然旧印之本，与新印之本并行，名字两岐，颇滋疑惑，故厉鹗《宋诗纪事》辨之曰："尝见《西樵语业》旧抄本作杨炎正济翁，后考《武林旧事》载杨炎正《钱塘迎酒歌》一首，《全芳备祖》亦载此诗，称杨济翁，是炎正其名，济翁其字可见"云云。

【笺证】

毛晋《西樵语业跋》："杨济翁，庐陵人也。西樵乃清海府城西山名，相去数百里，或曰曾流寓于此，因以名集，今亦无传。但其《语业》一卷，俊逸可喜，不作妖艳情态，虽非词家能品，其品之闲闲，可想见云。"

厉鹗《宋诗纪事》卷五七："炎正字济翁，庐陵人。鹗按，炎正工词，有《西樵语业》一卷。毛氏汲古阁刊本误作杨炎，号止济翁。予见旧钞本，作杨炎正济翁，是炎正其名，济翁其字也。今考《武林旧事》，有杨炎正诗，《全芳备祖》有杨济翁诗，即是一人，毛氏之误可见矣。"

按，沈雄《古今词话》词辨卷下云："每阅张于湖观雨、辛稼轩观雪、杨止济登楼、无名氏望月，固不如东坡之作，陈西麓所以品其为万古一清风也。"沈雄此亦沿毛氏之误，称其为"杨止济"。

今观辛弃疾《稼轩词》中屡有与杨济翁赠答之作。又杨万里《诚斋诗话》曰："余族弟炎正，字济翁，年五十二乃登第。初为宁远簿，甚为京丞相所知。有启上丞相云：'秋惊一叶，感蒲柳之先知；春到千花，叹桑麻之后长。'丞相遂厚待，除掌故之令。"其始末甚明，足证厉鹗所辨为不误，而毛氏旧印之本为不足凭矣。

【笺证】

辛弃疾《稼轩词》与杨炎正酬唱词有四：《蝶恋花》（继杨济翁韵钱范南伯知县归京口）、《满江红》（江行和杨济翁韵）、《蝶恋花》（和杨济翁韵，首句用丘宗卿书中语）、《蝶恋花》（席上赠杨济翁侍儿）。

是集词仅三十七首，而因辛弃疾作者凡六首。其纵横排奡之气，虽不足敌弃疾，而屏绝纤秾，自抒清俊，要非俗艳所可拟。一时投契，盖亦有由云。

【笺证】

杨炎正词与稼轩相关者有六：《水调歌头·呈辛隆兴》《满江红·寿稼轩》《洞仙歌·寿稼轩》《鹊桥仙·寿稼轩》《蝶恋花·稼轩坐间作，首句用丘六书中语》《贺新郎·寄辛潭州》。

樵隐词一卷 安徽巡抚采进本

宋毛开撰。开字平仲，信安人。旧刻题曰三衢，盖偶从古名也。尝为宛陵、东阳二州倅。

【笺证】

韩淲《涧泉日记》卷中："毛开字平仲，柯山人，尚书友龙之子也。负气不群，诗文清快，与尤袤延之相厚。自宛陵罢官归，号樵隐居士，有集。临死作手书抵延之，语如神仙。先公在婺，平仲以诗文一帙来赠，虽数数通问，亦一再赓和，竟与先公不相识。"（案，《合璧事类》："毛友初名友龙，字达可，官礼部尚书，三衢人。"柯山在今衢州西安县，亦名烂柯山，相传王质遇仙处。）

厉鹗《宋诗纪事》卷四九："开字平仲，三衢人，友之子，仕至宛陵、东阳二州倅，有《樵隐集》。"

沈雄《古今词话》词评卷上："毛开《樵隐词》。毛开，字平仲，三衢人，尚书毛友之子，有《樵隐词》一卷，杨慎曰：'毛开小词，惟《满江红》一首为佳。'"

杨武泉《四库全书总目辨误》："信安，本常山县，咸淳三年改，见《宋史·地理志》。于毛开之世，尚称常山。《明史·地理志》云：'常山有三衢山，东有常山，即信安岭也。'可知三衢乃所居之山名，非信安古称。"

所著有《樵隐集》十五卷，尤袤为之序，今已不传。陈振孙《书录解题》载《樵隐词》一卷。此刻计四十二首，据毛晋跋，谓得自杨梦羽家秘藏抄本，不知即振孙所见否也。

【笺证】

《直斋书录解题》卷二一："《樵隐词》一卷，毛开平仲撰。"

毛晋《樵隐词跋》："平仲，三衢人，仕止州倅。礼部尚书友之子。负才玩世，颇有毛伯成之风。撰《樵隐集》十五卷，尤延之为序。惜乎不传，杨用修云：'毛开小词一卷，惟余家有之。'极赏其'泼火初收'一阕，今亦不多见。余近得杨梦羽先生秘藏《宋元名家词》抄本二十七种，内有《樵隐诗馀》一卷，共四十二首，调名二十有三，亟梓而行之，庶不与集俱湮耳。"

开他作不甚著，而小词最工。卷首王木叔题词，有"或病其诗文视乐府颇不逮"之语，盖当时已有定论矣。集中《满江红》"泼火初收"一阕，尤为清丽芊眠，故杨慎《词品》特为激赏。

【笺证】

陆心源《皕宋楼藏书志》卷一一九著录《樵隐诗馀》一卷，附有王木叔题词："信安毛平仲所作也。平仲为人，傲世自高，与时多忤，独与锡山尤遂初厚善，临终以书别之，嘱以志墓。遂初既为墓志铭，又序其集。或病其诗文视乐府颇不逮，其然，岂其然乎？乾道柔兆阉茂阳月永嘉王木叔题。"

杨慎《词品》卷五:"毛开小词一卷,惟予家有之。其《满江红》云:'泼火初收,秋千外、轻烟漠漠。春渐远、绿杨芳草,燕飞池阁。已著单衣寒食后,夜来还是东风恶。对空山、寂寂杜鹃啼,梨花落。　　伤别恨,闲情作。十载事,惊如昨。向花前月下,共谁行乐。飞盖低迷南苑路,溅裙怅望东城约。但老来、憔悴惜春心,年年觉。'此作亦佳,聊记于此。"

冯煦《蒿庵论词》:"樵隐胜处不减溪堂,惟情味差薄耳。"

其《江城子》一阕注"次叶石林韵",后半"争劝紫髯翁"句,实押"翁"字。而今本《石林词》此句乃押"宫"字,于本词为复用,可订《石林词》刊本之讹。

【笺证】

毛开《江城子》(和德初灯夕词次叶石林韵):"神仙楼观梵王宫。月当中。望难穷。坐听三通,谯鼓报筭铜。还忆当年京辇旧,车马会,五门东。　　华堂歌舞间笙钟。夕香蒙。度花风。翠袖传杯,争劝紫髯翁。归去不堪春梦断,烟雨晓,乱山重。"

叶梦得《江城子》其五(次韵葛鲁卿上元):"甘泉祠殿汉离宫。五云中。渺难穷。永漏通宵,壶矢转金铜。曾从钧天知帝所,孤鹤老,寄辽东。　　强扶衰病步龙钟。雪花蒙。打窗风。一点青灯,惆怅伴南宫。唯有使君同此恨,丹凤□,水云重。"

至于《瑞鹤仙》一调,宋人诸本并同。此本乃题与目录俱讹作《瑞仙鹤》。又《燕山亭》前阕"密映窥亭亭万枝开遍"句,止九字。考曾觌此调作"寒垒宣威紫绶几垂金印",共十字,则"窥"字上下必尚脱一字。尾句"愁酒醒绯千片",止六字。曾觌此调作"长占取朱颜绿鬓",共七字,则"绯"字上下又必尚脱一字。其馀如《满庭芳》第一首注中"东阳"之讹"东易",第三首注中"西安"之讹"四安",《好事近》

注中"陈天予"之讹"陈天子",鲁鱼纠纷,则毛本校雠之疏矣。

【笺证】

万树《词律》卷十七:"《瑞鹤仙》一百二字,毛开:'柳风清昼溽。山樱晚,一树高红争熟。轻纱睡初足。悄无人、欹枕虚檐鸣玉。南园秉烛。叹流光、容易过目。送春归去,有无数弄禽,满径新竹。　　闲记追欢寻胜,杏栋西厢,粉墙南曲。别长会促。成何计,奈幽独。纵湘弦难寄,韩香终在,屏山蝶梦断续。对沿阶、细草萋萋,为谁自绿。'汲古刻《樵隐词》,题作《瑞仙鹤》,误。"

万树《词律》卷十五:"《燕山亭》九十九字,曾觌:'玉立明光,才业冠伦,汉历方承休运。江左奏功,塞垒宣威,紫绶几垂金印。岁晚归来,望丹极、新清氛祲。忠愤。著挠节朋俦,便成嘉遁。　　千载云海茫茫,记举目新亭,壮怀难尽。蝴蝶梦惊,化鹤飞还,荣华等闲一瞬。七十尊前,算畴昔、都无可恨。休问。长占取、朱颜绿鬓。''冠''奏''梦'三字俱宜用仄声,且以去为妙,是此调定格。观徽宗用'数''靓''地',樵隐用'夜''锦''共',海野别作用'夜''乍''竞',张伯雨用'翠''素''可'……汲古刻《樵隐词》,'塞垒'下二句云'密映窥亭亭万枝开遍',乃'窥'字下脱一字,尾句云'愁酒醒绯千片',亦于'绯'字上下落一字,无此九十七字体也。"

丁丙《善本书室藏书志》卷四十:"《樵隐诗馀》一卷,明钞本,三衢毛开平仲。开尝倅宛陵、东阳二州,有《樵隐集》十五卷,尤袤为序,今久失传。《书录解题》载其《樵隐词》一卷,毛尝刻入《六十家词》,凡词四十二阕,与此钞本相符。开为礼部尚书友之子,本信安人,题'三衢'者,偶从古名也。《瑞鹤仙》不讹《瑞仙鹤》,《满庭芳》词注'自宛陵易倅东阳',不讹'东易',足订毛刻之疏。"

陈正敏《遁斋闲览》载开为郡,因陈牒妇人立雨中,作《清平调》一词。

事既媟亵，且开亦未尝为郡，此宋人小说之诬。晋不收其词，特为有识。今附辨于此，亦不复补入云。

【笺证】

　　杨武泉《四库全书总目辨误》："《遁斋闲览》作者为陈正敏，见《容斋四笔》卷一四'梁状元八十二岁'条、赵与峕《宾退录》卷八及《宋史·艺文志》子部小说类。此书久佚，馆臣所见，必系转引。衢本《郡斋读书志》卷一三谓'崇（宁、大）观间撰'，即徽宗初年。而毛开为尤袤之友，已入南宋多年，不可能在徽宗朝以前即已'为郡'。《总目》所引书不可信。"

放翁词一卷江苏巡抚采进本

宋陆游撰。 游有《入蜀记》，已著录。

【笺证】

　　《四库全书总目》卷五八史部一四传记类二著录《入蜀记》六卷，并云："游以乾道五年授夔州通判，以次年闰六月十八日自山阴启行，十月二十七日抵夔州，因述其道路所经，以为是记。游本工文，故于山川风土，叙述颇为雅洁，而于考订古迹，尤所留意。……足广见闻。其他搜寻金石，引据诗文以参证地理者，尤不可殚数。非他家行记徒流连风景，记载琐屑者比也。"

《书录解题》载《放翁词》一卷，毛晋所刊《放翁全集》内附长短句二卷。此本亦晋所刊，又并为一卷，乃集外别行之本。据卷末有晋跋云："余家刻《放翁全集》，已载长短句二卷，尚逸一二调。章次亦错见，因载订入《名家》"云云，则较集本为精密也。

【笺证】

　　《直斋书录解题》卷二一："《放翁词》一卷，陆游撰。"

毛晋《放翁词跋》：“余家刻放翁全集，已载长短句二卷，尚逸一二调，章次亦错见，因载订入《名家》。杨用修云：‘纤丽处似淮海，雄慨处似东坡。’予谓超爽处更似稼轩耳。”

游生平精力尽于为诗，填词乃其馀力，故今所传者仅乃诗集百分之一。

【笺证】

陆游《长短句序》(《渭南文集》卷十四)：“雅正之乐微，乃有郑卫之音。郑卫虽变，然琴、瑟、笙、磬犹在也。及变而为燕之筑、秦之缶、胡部之琵琶、箜篌，则又郑卫之变矣。风、雅、颂之后为骚、为赋、为曲、为引、为行、为谣、为歌。千馀年后，乃有倚声制辞起于唐之季世。则其变愈薄，可胜叹哉！予少时汨于世俗，颇有所为，晚而悔之。然渔歌菱唱犹不能止。今绝笔已数年，念旧作终不可掩。因书其首，以识吾过。淳熙己酉炊熟日，放翁自序。”

刘克庄《后村诗话》谓其时掉书袋，要是一病。

【笺证】

刘克庄《刘叔安感秋八词》：“近岁，放翁、稼轩一扫纤艳，不事斧凿，高则高矣，但时时掉书袋，要是一癖。”

杨慎《词品》则谓其纤丽处似淮海，雄快处似东坡。平心而论，游之本意，盖欲驿骑于二家之间，故奄有其胜，而皆不能造其极。要之，诗人之言，终为近雅，与词人之冶荡有殊，其短其长，故具在是也。

【笺证】

叶绍翁《四朝闻见录》卷二乙集：“陆游字务观，名游，山阴人。盖母氏梦秦少游而生公，故以秦名为字而字其名，或曰公慕少游者也。”

刘克庄《后村大全集》卷一八〇《诗话续集》：“放翁长短句……其激昂感慨者，稼轩不能过；飘逸高妙者，与陈简斋、朱希真相颉颃；流丽绵密者，欲出晏叔原、贺方回之上，而世歌之者绝少。”

杨慎《词品》卷五:"放翁词纤丽处似淮海,雄慨处似东坡。"

叶绍翁《四朝闻见录》载韩侂胄喜游附己,至出所爱四夫人号满头花者索词,有"飞上锦裀红皱"之句,今集内不载。盖游老而堕节,失身侂胄,为一时清议所讥。游亦自知其误,弃其稿而不存。《南园》《阅古泉记》不编于《渭南集》中,亦此意也。而终不能禁当代之传述,是亦可谓炯戒者矣。

【笺证】

事载叶绍翁《四朝闻见录》卷二乙集。

《宋史》卷三九五《陆游传》:"晚年再出,为韩侂胄撰《南园》《阅古泉记》,见讥清议。"

白敦仁《关于陆游的所谓"晚节"问题下》(《成都大学学报》1987年第4期):"《渭南文集》乃其幼子遹作宰溧阳时所刻,时在嘉定十三年十一月。而其长子虞知江州已请致仕,于同年十二月所刻《剑南诗稿》中并未删除《韩太傅生日》诗。《南园记》《阅古泉记》当系遹擅自删去,非游之本志。"

知稼翁词一卷安徽巡抚采进本

宋黄公度撰。公度有《知稼翁集》,已著录。

【笺证】

《四库全书总目》卷一五八集部一一别集类一一著录《知稼翁集》二卷,并云:"其诗文皆平易浅显,在南宋之初未能凌跞诸家。然词气恬静而轩爽,无一切洟涩龌龊之态,是则所养为之矣。"

所作词一卷,已见集中。此则毛晋所刊别行本也,词仅十三调,共十四阕。

【笺证】

　　毛晋《知稼翁词跋》："知稼翁字师宪,世居莆田,代多闻人,唐御史滔即其先也……有文集十一卷,子沃编以行世,丐序于莆田陈俊卿、鄱阳洪迈。"

据卷末其子沃跋语,乃收拾未得其半,录而藏之以传后裔者。

【笺证】

　　黄沃《知稼翁词跋》："公得疾,卒于位,享年四十八。吁,可痛哉! 在时号知稼翁,因以名集,凡十一卷。先已命工锓木,而此词近方搜拾,未得其半,姑录而藏之,以传后裔,谨毋逸坠云。淳熙十六年重五日,男朝散郎、权通判抚州兼管内劝农营田事、赐绯鱼袋沃,谨泽手识于卷末。"

每词之下,系以本事,并详及同时倡酬诗文。公度之生平本末,可以见其大概,较他家词集特为详备。

【笺证】

　　如《卜算子》："寒透小窗纱,漏断人初醒。翡翠屏间拾落钗,背立残釭影。　　欲去更踟蹰,离恨终难整。陇首流泉不忍闻,月落双溪冷。"黄沃注云："公赴召命,道过延平,郡谦有歌妓,追诵旧事,即席赋此。"

至汪藻《点绛唇》词"乱鸦啼后,归思浓于酒"句,吴曾《能改斋漫录》改窜作"晓鸦啼后,归梦浓于酒",兼凭虚撰一事实,殊乖本义。沃因其父有和词,辨正其讹,自属确凿可据。乃朱彝尊选《词综》,犹信吴曾曲说,改藻原词,且坐《草堂》以擅改之罪,不知《草堂》惟以"归思"作"归兴",其馀实未尝改,彝尊殆偶误记欤?

【笺证】

　　黄公度《点绛唇》："嫩绿娇红,砌成别恨千千斗。短亭回首。不是缘春瘦。　　一曲阳关,杯送纤纤手。还知否。凤池归后,无路陪尊酒。"黄沃注云:"汪藻彦章出守泉南,移知宣城,内不自得,乃赋词云:'新月娟娟,夜寒江净山衔斗。起来搔首。梅影横窗瘦。　　好个霜天,闲却传杯手。君知否。乱鸦啼后。归兴浓如酒。'公时在泉南签幕,依韵作此送之。又有送汪内翰移镇宣城长篇,见集中。比有《能改斋漫录》载汪在翰苑,屡致言者,尝作《点绛唇》云云。最末句,'晓鸦啼后,归梦浓如酒。'或问曰:'归梦浓如酒,何以在晓鸦啼后?'汪曰:'无奈这一队畜生何。'不惟事失其实,而改窜二字,殊乖本义。"

蒲江词一卷江苏巡抚采进本

宋卢祖皋撰。祖皋字申之,又字次夔,号蒲江,永嘉人。登庆元五年进士,嘉定中为军器少监,权直学士院。祖皋为楼钥之甥,学有渊源,尝与永嘉四灵以诗相倡和,然诗集不传。

【笺证】

杨慎《词品》卷四:"卢申之名祖皋,邛州人,有《蒲江词》一卷。乐章甚工,字字可入律吕。彭传师于吴江作钓雪亭,擅渔人之窟宅,以供诗境也,约赵子野、翁灵舒诸人赋之,惟申之擅场。"

毛晋《蒲江词跋》:"卢祖皋,字申之,自号蒲江居士,永嘉人。楼大防之甥也。一时永嘉诗人争学晚唐体,徐照字道晖,徐玑字文渊,翁卷字灵舒,赵师秀字紫芝,称为'四灵',与申之倡和,莫能伯仲,惜其诗集不传。黄叔阳(当作旸)谓其乐府甚工,字字可入律吕,浙人皆唱之,《中兴集》中几尽采录。"

厉鹗《宋诗纪事》卷五八:"祖皋字申之,又字次夔,号蒲江,永嘉人。楼攻媿甥,庆元五年进士。嘉定中为军器少监,权直学士院。《贵耳集》:'蒲江貌宇修整,作小词纤雅。'……黄玉林云:'蒲江乃赵紫芝、翁灵舒诸贤之诗友,其词甚工,字字可入律吕,浙东西皆歌之。'"

惟《贵耳集》载其《玉堂有感》《松江别友》二绝句,"舟中独酌"一联。

【笺证】

张端义《贵耳集》卷上:"蒲江卢申之祖皋,貌宇修整,作小词纤雅,曰《蒲江集》。曾为《玉堂有感》诗:'两山风雨故留寒,九陌香泥苦未干。开到海棠春烂漫,担头时得数枝看。'有《舟中独酌》诗:'山川似旧客怀老,天地何言春事深。'《松江别诗》:'明月垂虹几度秋,短篷长是系人愁。暮烟疏雨分携地,更上松江百尺楼。'余领先生词外之旨。"

《梅磵诗话》载其《庙山道中》一绝句。

【笺证】

韦居安《梅磵诗话》卷中:"蒲江卢祖皋申之《庙山道中》诗云:'粉黄蛱蝶绕疏篱,山崦人家挂酒旗。细雨嫩寒衫袖薄,客中知是菊花时。'语意清新,颇能模写村居景趣。"

《全芳备祖》载其《酴醾》一绝句,僧《北磵集》附载其《读书》《种橘》二绝句,《东瓯诗集》载其《雨后得月小饮怀赵天乐》五言一律而已。

【笺证】

陈景沂《全芳备祖》前集卷一五花部载《酴醾》:"雪颗云条一架春,酒中风度梦中闻。东风不是无颜色,过了梅花便到君。"

《贵耳集》又称其小词纤雅,曰《蒲江集》,然不言卷数。陈振孙《书录解题》著录一卷,其篇数多寡亦不可考。

【笺证】

《直斋书录解题》卷二一:"《蒲江集》一卷,永嘉卢祖皋申之撰。"

此本为明毛晋所刻,凡二十五阕。

【笺证】

毛晋《蒲江词跋》:"惜乎《蒲江词》一卷,仅仅二十有五阕耳。"

今以黄昇《花庵词选》相校,则前二十四阕悉《词选》之所录,惟最后《好事近》一阕为晋所增入。疑原集散佚,晋特抄撮黄昇所录,以备一家耳。

【笺证】

孙诒让《温州经籍志》卷三三:"《蒲江词》毛刻本仅二十五阕,《四库提要》疑其从黄氏《花庵词选》钞出。今考周密《绝妙好词》一所录蒲江词,凡十阕,而《江城子》《清平乐》(二阕毛本存一),《谒金门》(凡二阕,毛本别有一阕,与此并异),《乌夜啼》二阕(毛本存一,别有二阕亦与此异),五阕毛本并未载。又赵闻礼《阳春白雪》所选蒲江词凡十一阕,而《江神子》(即《绝妙好词》所选《江城子》,右卷一),《夜行船》《西江月》(凡二阕毛本存一,右二),《丑奴儿慢》(右三),《谒金门》(即《绝妙好词》所选第二阕,右四)《秋霁》(右五)六阕毛刻亦并未载,则《蒲江词》之佚者不少。《提要》所疑或不误也。"

其中字句与《词选》颇有异同,如开卷《贺新郎》"荒词谁继风流后"句,《词选》作"荒祠"。《水龙吟》"带酒离恨"句,"带酒"《词选》作"带将"。《乌夜啼》第三首后阕"昨日几秋风"句,"昨日"《词选》作"昨夜",并应以《词选》为长,晋盖未及详校。惟《贺新郎》序首沈传师字,晋注《词选》作"傅师",然今《词选》实作"传师",则不知晋所据者何本矣。至《鹧鸪天》后阕"丁宁须满玉西东"句,据文应作"玉东西",而此词实用东韵,则由祖皋偶然误用,如黄庭坚之押"秦西巴"为"巴西",非校者之误也。

【笺证】

岳珂《桯史》卷十五:"传师,豪士,以恩科得官,依钱东岩之门。不仁心顾宦,督府尝欲举以使虏,而不克,遂终老于选调云。"

孙诒让《温州经籍志》卷三三:"至《贺新郎》序首彭传师,毛校中与《词选》作傅师。《提要》谓今词选实作传师。考岳珂《桯史》十五载彭法传师为泗州法曹,即其人也。则词本与今本《词选》并不误。毛氏所校《词选》殆偶据讹本耳。"

杨武泉《四库全书总目辨误》:"卢祖皋《贺新郎》词之序文作'彭传师',宋黄昇《花庵词选》卷八、清朱彝尊《词综》卷七、张宗橚《词林纪事》卷一二所载皆同。沈传师乃唐人,两《唐书》有传。"

平斋词一卷安徽巡抚采进本

宋洪咨夔撰。咨夔有《春秋说》,已著录。

【笺证】

《四库全书总目》卷二七经部二七春秋类二著录洪咨夔《春秋说》三十卷,并云其议论明凿,而考据事势、推勘情伪,尤多前人所未发。

是编为毛晋所刊。晋跋称未见其集,盖汲古阁偶无其本,仅见其词也。

【笺证】

毛晋《平斋词跋》:"舜俞,于潜人,其功烈载在史册,如毁邓艾祠、更祠诸葛武侯。告其民曰'毋事仇雠而忘父母',尤为当时称叹。逮卒时,御笔批其'鲠亮忠悫',令抄所著《两汉诏》暨诗文行世。楼大防又极赏《大冶赋》一篇,予恨未见全集。其诗馀四十有奇,多送行献寿之作,无判花嗜酒之篇,昔人谓王岐公文多富贵气,余于舜俞之词亦云。"

咨夔以才艺自负,新第后上书卫王,自宰相至州县,无不拊摭其短,遂

为时相所忌，十年不调。

【笺证】

潜说友《咸淳临安志》卷六七：“咨夔风骨颀秀，为文典丽该洽。登嘉泰二年进士第，继中教官，调饶州教授，应博学宏词科。有司奇其文，时相恶人以科目自致，报罢。……御笔‘咨夔鲠亮忠悫，有助亲政，特与执政恩例，又赠两官’，谥忠文。咨夔研穷经史，驰骛艺文，蔚为近世词宗。自号平斋。有《两汉诏令》三十卷、《揽抄》一百卷、《春秋说》三卷、外内制及赋诗文三十二卷、奏议三卷。”

《宋史》卷四〇六《洪咨夔传》：“洪咨夔，字舜俞，于潜人。嘉定二年进士，授如皋主簿，寻试为饶州教授。作《大冶赋》，楼钥赏识之。授南外宗学教授，以言去。丁母忧，服除，应博学宏词科，直院庄夏举自代。”

厉鹗《宋诗纪事》卷六一引仇远《稗史》：“洪平斋新第后，上卫王书，自宰相至州县，无不捃摭其短。大概云昔之宰相，端委庙堂，进退百官；今之宰相，招权纳贿，倚势作威而已。凡及一职，比如上式，俱用‘而已’二字。时相怒，十年不调。洪有《桃符》云：‘未得之乎一字力，只因而已十年闲。’”

故其词淋漓激壮，多抑塞磊落之感，颇有似稼轩、龙洲者。晋跋乃徒以王岐公文多富贵气拟之，殊为未允。

【笺证】

况周颐《历代词人考略》：“按《四库全书提要》云：‘平斋词，颇有似稼轩、龙洲者。’今阅洪词，细审之，其中怀所蕴蓄，郁勃不能自已，及至放笔为词，慷慨淋漓，自然与辛、刘契合，非刻意模仿辛、刘也。”

咨夔父名铖，号谷隐，有诗名。

【笺证】

咨夔父名铖，非铖。四库馆臣因二字形近而致误。潜说友《咸淳临安志》卷六七："洪咨夔,字舜俞,于潜人。父钺,号谷隐,有诗名。"

咨夔出蜀时,得书数千卷,藏萧寺。父子考论讽诵,学益宏肆。词注内所称老人,即其父也。其子勋、焘、熹,亦皆能绍其家学。

【笺证】

　　潜说友《咸淳临安志》卷六七："子勋、焘、熹,皆能绍其家学。勋字伯鲁,以锁厅登淳祐四年进士第。少为崔与之、魏了翁所知,仕至兵部尚书。尝为词臣,发明先皇与子之意,人称其有父气骨,赠端明殿学士,谥文靖。"

《鹧鸪天·为老人寿》后阕云："诸孙认取翁翁意,插架诗书不负人。"可想见其世业之盛。

【笺证】

　　《鹧鸪天·为老人寿》："天理从来屈有信。东风到处物皆春。门前骢马权奇种,台上慈乌反哺心。　　花岛屧,柳湖尊。好将长健傲长贫。诸孙认取翁翁意,插架诗书不负人。"

又《汉宫春》一阕,乃庆其父七十作。

【笺证】

　　《汉宫春》(老人庆七十)："南极仙翁,占太微元盖,洞府为家。身骑若木倒景,手弄青霞。芙蓉飞旆,映一川、新绿平沙。好与问、东风结子,几回开遍桃花。　　况是初元玉历,更循环数起,稀有年华。长把清明夜气,养就丹砂。麻姑送酒,安期生、遗枣如瓜。欢醉后、呼儿烹试,头纲小凤团茶。"

据《平斋集》有《壬辰小雪前奉亲游道场何山》五言古诗一首,中有句云："老亲八十健。"而集内未载其词,疑其传稿尚多散佚矣。

【笺证】

　　《平斋文集》卷三二《诸父堂祭姚徐夫人文》："吾父早孤,独当门户。眇然世业,危如一缕。所赖协济其不及,以相其成,惟有吾母。中宽而外和,上顺而下抚。螽斯之德,薰浃于闺门;鸤鸠之爱,均壹于儿女。诸儿既及成人,相与扶植,以不坠祖父之绪,则母训之故也。年过八十,孙曾如堵,含饴戏彩,婆娑笑语。"

白石道人歌曲四卷别集一卷
监察御史许宝善家藏本

宋姜夔撰。夔有《绛帖平》,已著录。

【笺证】

《四库全书总目》卷八六史部四二目录类二著录姜夔《绛帖平》六卷,并云:"宋之论法帖者,米芾、黄长睿以下,互有疏密。夔欲折衷其论,故取汉官廷尉平之义以名其书。首有嘉泰癸亥自序云:'帖虽小技,而上下千载,关涉史传为多。'观是书考据精博,可谓不负其言。"

此其乐府词也。夔诗格高秀,为杨万里等所推。

【笺证】

杨万里《诚斋集》卷二二《送姜夔尧章谒石湖先生》:"钓璜英气横白蜺,欬唾珠玉皆新诗。江山愁诉莺为泣,鬼神露索天泄机。彭蠡波心弄明月,诗星入肠肺肝裂。吐作春风百种花,吹散灏湖数峰雪。青鞋布袜软红尘,千诗只博一字贫。吾友夷陵萧太守,逢人说君不离口。袖诗东来谒老夫,惭无高价当璠玙。翻然却买松江艇,径去苏州参石湖。"

沈雄《古今词话》引《乐府纪闻》:"鄱阳姜尧章流寓吴兴,尝暇日游金阊,徘徊吊古,赋《柳枝词》,有'行人怅望苏台柳,曾与吴王扫落花'之句,杨诚斋极喜诵之。萧东父尤爱其词,以其兄之子妻之。"

词亦精深华妙,尤善自度新腔。故音节文采,并冠绝一时。

【笺证】

黄昇《中兴以来绝妙词选》卷六:"白石道人,中兴诗家名流,词极精妙,不减清真乐府,其间高处,有美成所不能及。善吹箫,自制曲,初则率意为长短句,然后协以音律云。"

张炎《词源》卷下:"白石词如《疏影》《暗香》《扬州慢》《一萼红》《琵琶仙》《探春》《八归》《淡黄柳》等曲,不惟清空,又且骚雅,读之使人神观飞越。"

朱彝尊《词综序》:"词莫善于姜夔,宗之者张辑、卢祖皋、史达祖、吴文英、蒋捷、王沂孙、张炎、周密、陈允平、张翥、杨基,皆具夔之一体,基之后,得其门者寡矣。"

汪森《词综序》:"西蜀南唐而后,作者日盛,宣和君臣,转相矜尚,曲调愈多,流派因之亦别,短长互见。言情者或失之俚,使事者或失之伉。鄱阳姜夔出,句琢字炼,归于醇雅。于是史达祖、高观国羽翼之,张辑、吴文英师之于前,赵以夫、蒋捷、周密、陈允衡、王沂孙、张炎、张翥效之于后,譬之于乐,舞箾至于九变,而词之能事毕矣。"

其诗所谓"自制新词韵最娇,小红低唱我吹箫"者,风致尚可想见。

【笺证】

姜夔《过垂虹》:"自作新词韵最娇,小红低唱我吹箫。曲终过尽松陵路,回首烟波十四桥。"

惟其集久无善本,旧有毛晋汲古阁刊版,仅三十四阕,而题下小序,往往不载原文。

【笺证】

毛晋《白石词跋》:"白石词盛行于世,多逸'五湖旧约'及'燕雁无心'诸调。前人云花庵极爱白石，选录无遗。既读《绝妙词选》，果一一具载，真完璧也。范石湖评其诗云：'有裁云缝月之妙手，敲金戛玉之奇声。'予于其词亦云。萧东夫于少年客游中，独赏其词，以其兄之子妻之。不第而卒，惜哉！"

康熙甲午，陈撰刻其诗集，以词附后，亦仅五十八阕。且小序及题下自注多意为删窜，又出毛本之下。

【笺证】

《四库全书总目》卷二〇〇集部五三词曲类存目著录《白石词集》一卷，并云："是集为康熙甲午陈撰所刻，附于诗集之后。凡五十八阕，较毛晋汲古阁本多二十四阕。然其中多意为删窜，非其旧文。"

此本从宋椠翻刻，最为完善。卷一宋铙歌十四首，越九歌十首，琴曲一首。卷二词三十三首，总题曰令。卷三词二十首，总题曰慢。卷四词十三首，皆题曰自制曲。别集词十八首，不复标立总名，疑后人所掇拾也。

【笺证】

饶宗颐《词集考》："《四库》底本实为乾隆八年陆钟辉刻本，而陆本乃据元至正间陶宗仪校钞叶居仲本。"

其九歌皆注律吕于字旁，琴曲亦注指法于字旁，皆尚可解。惟自制曲一卷，及二卷《鬲溪梅令》《杏花天影》《醉吟商小品》《玉梅令》，三卷之《霓裳中序第一》，皆记拍于字旁。宋代曲谱，今不可见，亦无人能歌，莫辨其似波似磔，宛转欹斜，如西域旁行字者，节奏安在。然歌词之法，仅仅留此一线，录而存之，安知无悬解之士，能寻其分刌者乎？鲁鼓薛鼓，亡其音而留其谱，亦此意也。旧本卷首冠以诗说，仅三页有馀。殆以不成卷帙，附词以行。然夔自有《白石道人诗集》，列于词集，殊为不类。今移附诗集之末，此不复录焉。

【笺证】

况周颐《蕙风词话续编》卷一："《四库提要》云：'宋代曲谱，今不可见。《白石词》皆记拍于句旁，莫辨其似波似磔，宛转欹斜，如西域旁行字者，节奏安在。'考《四库存目》著录宋张炎《乐府指迷》一卷，《提要》云：'其书分词源、制曲、句法、字面、虚字、清空、意趣、用事、咏物、节序、赋情、离情、令曲、杂论十四篇。'即《词源》下卷，不知何所本而以沈伯时《乐府指迷》之名名之。而其上卷，则当时并未经见。故于白石谱字，竟不能辨识也。宋燕乐谱字，流传至今者绝尠。日本贞享初（当中国康熙初）所刻《增类群书类要事林广记》（吾国西颍陈元靓编辑）卷八《音乐举要》，有管色指法谱字，与白石所记政同。卷九《乐星图谱》所列《律吕隔八相生图》及《四宫清声律生八十四调》，于诸谱字之阴阳配合，剖析尤详。卷二文艺类有黄钟宫散套曲，为《愿成双令》《愿成双慢》（已上系宫拍。）《狮子序》《本宫破子》《赚》《双胜子》《急三句儿》等名，首尾声完具，节拍分明。读《白石词》者，得此可资印证。"

词集下

梦窗稿四卷补遗一卷_{江苏巡抚采进本}

宋吴文英撰。文英字君特,梦窗其自号也。庆元人。

【笺证】

黄昇《中兴以来绝妙词选》卷十:"吴君特,名文英,自号梦窗。四明人。从吴履斋诸公游。山阴尹焕叙其词,略曰:'求词于吾宋者,前有清真,后有梦窗,此非焕之言,天下之公言也。'"

周密《浩然斋雅谈》卷下:"翁元龙,字时可,号处静,与吴君特为亲伯仲。作词各有所长,世多知君特,而知时可者甚少。予尝得一编,类多佳语,已刊于集矣。"

所著词有甲、乙、丙、丁四稿。毛晋初得其丙、丁二稿,刻于宋词第五集中。复摭其绝笔一篇,佚词九篇,附刻于末。续乃得甲、乙二稿,刻之第六集中,晋原跋可考。此本即晋所刻,而四稿合为一集,则又后人所移并也。

【笺证】

毛晋《梦窗词乙稿跋》:"余家藏书未备,如四明吴梦窗词稿,二十年前仅见丙、丁二集,因遂授梓,盖尺锦寸绣,不忍秘诸枕中也。今又得甲、乙二册,但错简纷然。"

所录绝笔《莺啼序》一首,残缺过半,而乃有全文在乙稿补遗之中。《绛都春》一首,亦先载乙稿之中,今卷末仍未削去,是亦刊非一时,失于检校之故矣。其分为四集之由,不甚可解。晋跋称文英谢世之后,同游集其丙、丁两年稿厘为二卷。案文英卒于淳祐十一年辛亥,不应独丙、丁二年有词,且丙稿有乙巳所作《永遇乐》,甲辰所作《满江红》,而甲午岁旦一首,乃介于其中。丁稿有癸卯所作《思佳客》,壬寅所作《六丑》,甲辰所作《凤栖梧》,而丙午所作《西江月》亦在卷内,则丙、丁二稿不应分属丙、丁二年。且甲稿有癸卯作,乙稿有端平丙申作、淳祐辛亥作,亦绝不以编年为序。疑其初不自收拾,后裒辑旧作,得一卷即为一集,以十干为之标目,原未尝排比先后耳。

【笺证】

毛晋《梦窗词丁稿跋》:"或云梦窗词一卷,或云凡四卷,以甲、乙、丙、丁厘目,或又云四明吴君特从吴履斋诸公游,晚年好填词,谢世后同游集其丙、丁两年稿若干篇,厘为二卷,末有《莺啼序》,遗缺甚多,盖绝笔也,与余家藏本合符。既阅花庵诸刻,又得逸篇九阕,附存卷尾。山阴尹焕序略云:'求词于吾宋,前有清真,后有梦窗,此非焕之言,四海之公言也。'"

毛晋《宋名家词》本《梦窗词稿》于丁稿末附"梦窗绝笔"《莺啼序》,共缺七十六字。后有小字自注云:"淳祐十一年二月甲子,四明吴文英君特书。"

吴文英非卒于淳祐十一年(1251),而在咸淳元年(1265)之后。吴熊和师《唐宋词汇评》第3305页云:"梦窗有《水龙吟》'送万信州词'。据李之亮《宋两江郡守易替考》,'万益之,南昌人,绍定二年(1229)黄朴榜,信州太守。'(《江西通志》卷四十九)其知信州为度宗咸淳元年(1265)至三年,是梦窗卒年,应在咸淳元年后。谨识于此,以俟再考。"故《莺啼序》非其绝笔。

文英及与姜夔、辛弃疾游，倡和具载集中，而又有寿贾似道诸作，殆亦晚节颓唐，如朱希真、陆游之比。

【笺证】

吴文英有赠姜石帚词六首：《解连环》（留别姜石帚）、《拜星月慢》（姜石帚以盆莲数十置中庭，宴客其中）、《齐天乐》（赠姜石帚）、《惜红衣》（余从姜石帚游苕霅间一十五年矣，重来，伤今感昔，陶以咏怀）、《三部乐》（赋姜石帚渔隐）、《三姝媚》（姜石帚馆水磨，方氏会饮，总宜即事，寄毛荷塘）。

按，前人以《惜红衣》是姜白石自度曲，苕霅又白石旧游之地，遂以为石帚即白石之别号。近代易顺鼎、陈锐、王国维、梁启超始以为疑，后夏承焘作《石帚辨》（《姜白石编年笺校》行实考八），石帚之非白石遂成定论。

吴文英《梦窗稿》甲稿有《洞仙歌》（赋黄木香，赠辛稼轩）。夏承焘《四库全书词籍提要校议》云："文英集中《洞仙歌·黄木香赠辛稼轩》一词，乃白石之作误入。"

按，贾似道字秋壑，南宋晚期权相，吴文英有赠贾似道词四首：《金盏子》（秋壑西湖小筑）、《木兰花慢》（寿秋壑）、《水龙吟》（过秋壑湖上旧居寄赠）、《宴清都》（寿秋壑），似亦阿附之徒。刘毓崧《重刊吴梦窗词稿序》（《通义堂文集》卷十三）为其辨云："似道晚节误国之罪固不容诛，而早年任事之才实有可取。……则梦窗于似道未肆骄横之时赠以数词，固不足以为累，况淳祐十年，岁在庚戌，下距景定庚申已及十年，此十年之中，似道之权势日隆，而梦窗未尝续有投赠。"所辨甚为通达。

其词则卓然南宋一大宗。

【笺证】

张炎《词源序》："旧有刊本《六十家词》，可歌可颂者，指不多屈。中间如秦少游、高竹屋、姜白石、史邦卿、吴梦窗，此数家格调不侔，句法挺异，俱能特立清新之意，删削靡曼之词，自成一家，各名于世。"

陆辅之《词旨》："命意贵远，用字贵便，造语贵新，炼字贵响。古人诗有翻案法，词亦然。词不用雕刻，刻则伤气，务在自然。周清真之典丽，姜白石之骚雅，史梅溪之句法，吴梦窗之字面，取四家之所长，去四家之所短，此翁之要诀。"

沈泰嘉《乐府指迷》称其深得清真之妙，但用事下语太晦处，人不易知。

【笺证】

沈义父《乐府指迷》："梦窗深得清真之妙，其失在用事下语太晦处，人不可晓。"

张炎《乐府指迷》亦称其如七宝楼台，炫人眼目，拆碎下来，不成片段。

【笺证】

张炎《词源》卷下："词要清空，不要质实。清空则古雅峭拔，质实则凝涩晦昧。姜白石词如野云孤飞，去留无迹。吴梦窗词如七宝楼台，眩人眼目，碎拆下来，不成片段，此清空质实之说。"

所短所长，评品皆为平允。盖其天分不及周邦彦，而研炼之功则过之。词家之有文英，亦如诗家之有李商隐也。

【笺证】

张炎《词源》卷下："句法中有字面，盖词中一个生硬字用不得，须是深加煅炼，字字敲打得响，歌诵妥溜，方为本色语。如贺方回、吴梦窗皆善于炼字面，多于温庭筠、李长吉诗中来。字面亦词中之起眼处，不可不留意也。"

尤侗《词苑丛谈序》："词之系宋，犹诗之系唐也。唐诗有初、盛、中、晚，宋词亦有之。唐之诗，由六朝而变。宋之词，由五代长短句而变。约而次之，小山、安陆，其词之初乎？淮海、清真，其词之盛乎？石帚、梦窗，似得其中。碧山、玉田，风斯晚矣。"

彭孙遹《旷庵词序》："其所作长短调及《和漱玉词》，若有所寄托而云然者。仆览而善之，以为妍雅绵丽，颇与晚唐北宋诸家风致相似。梦窗、后村、白石以下，雕缋过之，终无以尚其天然之美也。"

彭孙遹《金粟词话》："梦窗之词，虽雕缋满眼，然情致缠绵，微为不足。"

其稿屡经传写，多有讹脱，如朱存理《铁网珊瑚》载文英手书《江南春》词，题下注"张筠庄杜衡山庄"，而刻本佚上三字，是其明证。他如《夜飞鹊》后阕"轻冰润"句，"轻"字上当脱一字。《解语花》"门横皱碧"一首，后阕"冷云荒翠"句，"翠"字与全首之韵不叶。《塞翁吟别》一首，后阕"吴女晕浓"句，"女"字据谱当作平声。《高山流水》后阕"唾碧窗喷花茸"句，音律不叶，文义亦不可解。《惜红衣》一阕，仿白石调而作，后阕"当时醉近绣箔夜吟"句，止八字。考姜夔原词作"维舟试望故国渺天北"句，实九字，不惟少一字，且脱一韵。《齐天乐》尾句"画旗塞鼓"据谱尚脱一字。《垂丝钓》前阕"波光掩映，烛花黯淡"二句，"掩"字不应叶，又不宜作四字句。《绕佛阁》"蒨霞艳锦"一首，前阕"东风摇扬花絮"下阙三字，然"花絮"二字乃句尾押韵，以前词"怕教彻胆寒光见怀抱"句推之，则阙字当在"花絮"二字之上，毛本校刊皆未及是正。至乙亥之《丑奴儿慢》，丙稿又易其名曰《愁春未醒》，则因潘元质此词以"愁春未醒"作起句，故后人又有此名。据以追改旧题，尤乖舛矣。

【笺证】

戈载《宋七家词选》："盖因子晋刻书，得书一种，即付梓人，刊成便为了事，初不知所谓校勘也。"

杜文澜《重刊吴梦窗词稿·凡例》："毛子晋汲古阁刊本失于勘校,脱落舛误甚多。"

王鹏运《校刊梦窗词四稿述例》："毛刻失在不校,谬致不可胜乙。"

惜香乐府十卷安徽巡抚采进本

宋赵长卿撰。长卿自号仙源居士,南丰人,宗室子也。

【笺证】

朱彝尊《词综》卷十一："赵长卿,自号仙源居士,南丰宗室,有《惜香乐府》十卷。"

沈辰垣《历代诗馀》卷一〇三："赵长卿,南丰宗室,自号仙源居士,有《惜香乐府》十卷。"

是集分类编次,凡春景三卷,夏景一卷,冬景一卷,总词三卷,拾遗一卷。据毛晋跋语,乃当时乡贡进士刘泽所定,其体例殊属无谓。且夏景中如《减字木兰花·咏柳》一阕,《画堂春·辇下游西湖》一阕,宜属之春,冬景中《永遇乐》一阕,宜属之秋,是分隶亦未尽惬也。

【笺证】

毛晋《惜香乐府跋》："长卿自号仙源居士,盖南丰宗室也。不栖志纷华,独安心风雅,每遇花间莺外,辄觞咏自娱。乡贡士刘泽集其乐府,以春景、夏景、秋景、冬景及总词、贺生辰、补遗类编,厘为十卷,虽未敢与南唐二主相伯仲,方之徽宗,则迥出云霄矣。"

魏小虎《四库全书总目汇订》卷一九九："《总目》所列缺秋景一卷(卷五),文渊阁《四库》本书前提要不误。"

其词往往瑕瑜互见,如卷二中《水龙吟》第四阕,以"了""少""峭"叶"昼""秀",纯用江右乡音,终非正律。

【笺证】

夏承焘《四库全书词籍提要校议》："宋词有用方音叶韵者，如张先《庆春泽》用吴音，读'絮'为'枭'；黄庭坚《念奴娇》用蜀音，读'笛'为'独'；吴文英《法曲献仙音》用吴音，以'冷'叶'帐'；林外《洞仙歌》用闽音，以'扫'叶'锁'，盖当时无通行之韵书，词人参用方音，取顺歌者口吻，使听者顺耳而已。惟赵长卿此词以'了''少''峭'叶'昼''秀'，则不仅江右方音如此。如曾觌汴人也，而其《钗头凤》以'透'叶'照'；陈允平四明人也，其《探春慢》以'了'叶'酒'，《宝鼎现》以'峭'叶'袖'；毛滂江山人也，其《清平乐》以'寿'叶'孝'，《提要》谓'纯用江右方音'，未谛。"

卷五中《一剪梅》尾句"才下眉尖，恰上心头"，剿袭李清照此调原句，窜易三字，殆于点金成铁。

【笺证】

赵长卿易"眉头"为"眉尖"，易"却"为"恰"，窜易二字。

卷六中《叨叨令》一阕，纯作俳体，已成北曲。至卷七中《一丛花》一阕，本追和张先作。前半第四句，张词三字一句，四字一句，此乃作七字一句。后半末三句，张词四字二句，五字一句，此乃作三字一句，五字二句，是并音律亦多不协。然长卿恬于仕进，觞咏自娱，随意成吟，多得淡远萧疏之致，固不以一眚废之。

【笺证】

赵长卿《水龙吟序》："仙源居士有武林之行，因与一二友携酒赏月，饮于县桥之中，乃即事为之词。"

他如《小重山》前阕结句，用"疏雨韵入芭蕉"六字，亦不合谱，殆毛晋刊本误增"雨"字。

【笺证】

《小重山》，《宋史·乐志》云双调。李邴词名《小冲山》，姜夔词名《小重山令》。韩淲词有"点染烟浓柳色新"句,名《柳色新》。以薛昭蕴词为正体,双调五十八字,前后段各四句、四平韵。赵长卿词双调六十字,前后段各五句、四平韵,或为变体。参《钦订词谱》。

又卷六中《梅词》一首,题曰《一剪梅》,而注曰或刻《摊破丑奴儿》。不知此调非《一剪梅》,当以别本为是。

【笺证】

赵长卿《一剪梅》双调五十九字,前段五句三平韵,后段六句三平韵。其另有《摊破采桑子》双调六十字,前段六句四平韵,后段六句三平韵。参《钦订词谱》。

卷五之《似娘儿》即卷八之《青杏儿》,亦即名《丑奴儿》。晋于《似娘儿》下注云:"或作《青杏儿》。"于《青杏儿》下注云:"旧刊《摊破丑奴儿》,非。"不知误在"摊破"二字,《丑奴儿》实非误刻,是又明人校雠之失,其过不在长卿矣。

【笺证】

《摊破南乡子》,《太平乐府》《中原音韵》俱注"大石调"。高拭词注"南吕宫"。《太和正音谱》注"小石调,亦入仙吕宫"。赵长卿词名《青杏儿》,又名《似娘儿》。《翰墨全书》黄右曹词有"寿堂已庆灵椿老"句,名《庆灵椿》。《中州乐府》赵秉文词有"但教有酒身无事"句,名《闲闲令》。参《钦定词谱》。

龙洲词一卷 安徽巡抚采进本

宋刘过撰。过有《龙洲集》,已著录。

【笺证】

《四库全书总目》卷一六二集部一五著录《龙洲集》十四卷附录二卷,并云:"其诗文亦多粗豪抗厉,不甚协于雅音,特以跌宕纵横,才气坌溢,要非龌龊者所及,故今犹传焉。集凡十四卷,后附宋以来诸人所题诗文二卷,合十六卷。”

陈振孙《书录解题》载刘改之词一卷。

【笺证】

《直斋书录解题》卷二一:“刘改之词一卷,襄阳刘过改之撰。”

按,刘过非襄阳人,乃吉州泰和(今江西泰和)人。陈思《两宋名贤小集》卷三二五云:“刘过,字改之,泰和人,自号龙洲道人。宋南渡后以诗侠名湖海间。”

此本为毛晋所刊,题曰《龙洲词》,从全集之名也。

【笺证】

毛晋《龙洲词跋》:“改之家于西昌,自号龙洲道人,为稼轩之客,故小词亦多相溷,如‘堂上谋臣樽俎’之类是也。宋子虚称为‘天下奇男子’,平生以气义撼当世。其词激烈,读者感焉。”

黄昇《花庵词选》谓改之乃稼轩之客,词多壮语,盖学稼轩。

【笺证】

黄昇《中兴以来绝妙词选》卷五:“刘改之名过,太和人。稼轩之客,王简卿侍郎尝赠以诗云:‘观渠论到前贤处,据我看来近世无。’其词多壮语,盖学稼轩者也。号龙洲道人。”

殷奎《复刘改之先生墓事状》(蟫本《刘龙洲词》附):“少有志节,以功业自许。博学经、史、百氏之书,通知古今治乱之略,至于论兵,尤善陈利害。辛幼安、陈同甫皆深敬畏之。”

蔡基《宋龙洲先生刘公墓表》(钱谷《吴都文粹续集》卷四四):“先生名过,字改之,庐陵人。宋南渡后,以诗侠名湖海间。陈亮、陆游、辛弃疾,世称人豪,皆折气岸与之交。宰相周必大闻其人,欲客之门下,不就。”

然过词凡赠辛弃疾者则学其体,如"古岂无人,可以似吾稼轩者谁"等词是也。其馀虽跌宕淋漓,实未尝全作辛体。

【笺证】

毛晋《龙洲词跋》:"花庵谓其词学辛幼安,如别姜《天仙子》、咏画眉《小桃红》诸阕,稼轩集中能有此纤秀语耶?"

陶九成《辍耕录》又谓改之造语赡逸有思致,《沁园春》二首尤纤丽可爱。今观集中咏美人指甲、美人足二阕,刻画猥亵,颇乖大雅。

【笺证】

陶宗仪《南村辍耕录》卷十五:"宋刘改之先生过词赡逸有思致。赋《沁园春》二首以咏美人之指甲与足者,尤纤丽可爱。"

饶宗颐《词集考》卷四:"龙洲《沁园春·咏美人之指甲》,颇为《四库》所讥,实开明人先例。"

九成乃独加推许,不及张端义《贵耳集》独取其《南楼》一词为不失赏音矣。

【笺证】

张端义《贵耳集》卷上:"庐陵刘过,字改之,有词云:'行道桥南无酒卖,老天犹困英雄。'《南楼》词:'芦叶满汀洲。寒沙浅带流。二十年、重过南楼。柳下系船犹未稳,能几日、又中秋。　　黄鹤断矶头。故人曾到不。旧江山、浑是新愁。欲买桂华重载酒。终不似、少年游。'《上周相》诗云:'太平宰相不收拾,老死山林无奈何。'《送王简卿》诗:'班行失士国轻重,道路不言心是非。'又云:'事可语人酬对易,面无惭色去留轻。世事看来忙不得,百年到手是功名。'有刘仙伦,亦以诗名,淳熙间有庐陵二刘。"

《渚山堂词话》云:改之《沁园春·绿鬓朱颜》一阕,系代寿韩平原。然在当时,不知竟代谁作,今亦无从详考。

【笺证】

陈霆《渚山堂词话》卷三："刘改之《沁园春》云：'绿鬓朱颜，玉带金鱼，神仙画图。把擎天柱石，空留绿野，济川舟楫，闲舣西湖。天欲安刘，公归重赵，许大功劳谁得如。平章看，道人如孔孟，世似唐虞。　　不须别作规模。但收拾、人才多用儒。况自昔军中，胆能寒敌，如今胸次，气欲吞吴。紫府真人，黑头元宰，收敛神功寂若无。归来好，正芝香枣熟，鹤瘦松癯。'此词题云：'代寿韩平原。'然在当时，不知竟代谁作。改之与康伯可俱渡江后诗人，康以词受知秦桧，致位通显。而改之竟流落布衣以死，人之幸不幸又何也。然改之词意虽媚，其'收拾用儒''收敛若无'，与'芝香枣熟'等句，犹有劝侂胄谦仲下贤，及功成身退之意。若康之寿桧云：'愿岁岁，见柳梢青浅，梅英红小。'则迎导其怙宠固位，志则陋矣。"

观集中《贺新郎》第五首，注曰："平原纳宠姬，奏方响，席上赋。"则改之且身预南园之宴，不止代人祝嘏矣。盖纵横游士，志在功名，固不能规言而矩行，亦不必曲为之讳也。

【笺证】

刘过《龙洲集》中写给韩侂胄的诗有七律《代寿韩平原》五首、五律《代上韩开府》一首、七绝《代欧阳臣上韩平章》二首，词有《代寿韩平原》一首、《西江月·贺词》一首、《满江红·寿》一首、《水龙吟》一首、《贺新郎·平原纳宠姬》一首，共计十三首，其中九首为代人作。

又《沁园春》第七首，注曰："寄辛承旨，时承旨招，不赴。"此原注也，其事本明。又注或作"风雪中欲诣稼轩，久寓湖上，未能一往，赋此以解"，此毛晋校本注也，已自生讹异。《乐府纪闻》乃谓幼安守京口日，改之即敝衣曳履，承命赋诗，是两人定交在幼安未帅越之前。《山房随笔》载此词，又称"稼轩帅越东时，改之欲见，辛不纳。藉晦庵、南

轩二人为之地,始得进见"云云。考岳珂与过相善,珂所作《桯史》第二卷载此事云:"嘉泰癸亥,改之在中都。时辛稼轩帅越,闻其名,遣介招之。适以事不及行,因效辛体《沁园春》一词"云云,与集中自注相合,则诸说之诬,审矣。

【笺证】

按,刘过《沁园春》自注"寄辛承旨,时承旨招,不赴",当为后人所加,因辛弃疾于开禧三年(1207)始任枢密院都承旨,其时刘过已于开禧二年卒。辛弃疾帅浙东在嘉泰三年(1203)夏,其时朱晦庵熹(1130—1200)、张南轩栻(1133—1180)均已卒,何得于其时引见刘、辛二人?蒋正子《山房随笔》所载误。参邓广铭《辛稼轩年谱》。

珂又称过诵此词,掀髯有得色,珂乃以白日见鬼调之。其言虽戏,要亦未尝不中其病也。

【笺证】

张炎《词源》卷下:"辛稼轩、刘改之作豪气词,非雅词也。于文章馀暇,戏弄笔墨,为长短句之诗耳。"

王士禛《分甘馀话》卷二:"凡为诗文贵有节制,即词曲亦然。正调至秦少游、李易安为极致,若柳耆卿则靡矣。变调至东坡为极致,辛稼轩豪于东坡,而不免稍过,若刘改之则恶道矣,学者不可以不辨。"

竹屋痴语一卷<small>安徽巡抚采进本</small>

宋高观国撰。观国字宾王,山阴人。

【笺证】

佚名《氏族大全》卷七五:"高观国字宾王,号竹屋,工词,有词集名《竹屋痴语》。"

陈振孙《书录解题》载《竹屋词》一卷,高观国撰,不详何人,高邮陈造并与史达祖二家为之序。

【笺证】

《直斋书录解题》卷二一:"《竹屋词》一卷。高观国宾王撰,亦不详何人。高邮陈造并与史二家序之。"

饶宗颐《词集考》云:"《直斋书录解题》所云'陈造并与史二家序之',乃指陈造为梅溪(史达祖)、竹屋(高观国)二家作序,非谓陈造与史达祖二家为《竹屋词》作序。"

此本为毛晋所刊,末有晋跋,仅录造序中所称竹屋、梅溪语,皆不经人道,其妙处少游、美成不及数语,而不载全文。然考造《江湖长翁集》亦不载是序,或当时削其稿欤?

【笺证】

毛晋《竹屋痴语跋》:"宾王词,《草堂集》不多选,选入如《玉蝴蝶》,坊刻竟逸去。又如《杏花天》《思佳客》诸作混入他人,先辈多拈出以慨时本之误。陈造序云:'高竹屋与史梅溪皆周、秦之词,所作要是不经人道语,其妙处少游、美成亦未及也。'"

按,毛晋征引陈造序数语当取自黄昇《中兴以来绝妙词选》卷六:"高宾王名观国,号竹屋,词名《竹屋痴语》。陈造为序,称其与史邦卿皆秦、周之词,所作要是不经人道语,其妙处少游、美成若唐诸公亦未及也。"

词自鄱阳姜夔句琢字炼,始归醇雅,而达祖、观国为之羽翼。故张炎谓数家格调不凡,句法挺异,俱能特立清新之意,删削靡曼之词。

【笺证】

张炎《词源序》:"旧有刊本《六十家词》,可歌可诵者,指不多屈。中间如秦少游、高竹屋、姜白石、史邦卿、吴梦窗,此数家格调不侔，句法挺异，俱能特立清新之意，删削靡曼之词，自成一家，各名于世。"

汪森《词综序》："鄱阳姜夔出，句琢字炼，归于醇雅。于是史达祖、高观国羽翼之，张辑、吴文英师之于前，赵以夫、蒋捷、周密、陈允衡、王沂孙、张炎、张翥效之于后，譬之于乐，舞箾至于九变，而词之能事毕矣。"

按：《提要》"达祖、观国为之羽翼"之说，后世多认为高不如史，如冯煦《蒿庵论词》云："竹屋精实有馀，超逸不足。以梅溪较之，究未能旗鼓相当。"陈廷焯《白雨斋词话》卷二云："竹屋词最隽快，然亦有含蓄处，抗行梅溪则不可，要非竹山所及。"

乃《草堂诗馀》于白石、梅溪则概未寓目，竹屋词亦止选其《玉蝴蝶》一阕，盖其时方尚甜熟，与风尚相左故也。观国与达祖叠相酬唱，旗鼓俱足相当。惟梅溪词中尚有《贺新郎》一阕，注云："湖上与高宾王同赋。"今集中未见此调，殆佚之欤？

【笺证】

毛晋《竹斋诗馀跋》："《草堂诗馀》若干卷，向来艳惊人目，每秘一册，便称词林大观，不知抹倒几许骚人，即如次仲、几叔辈，不乏'宠柳娇花''燕胠莺眮'等语，何愧大晟上座耶？《草堂》集竟不载一篇，真堪太息。余随得本之先后，次第付梨，凡经商纬羽之士，幸兼撷焉。"

朱彝尊《书绝妙好词后》："词人之作，自《草堂诗馀》盛行，屏去《激楚》《阳阿》，而巴人之唱齐进矣。周公谨《绝妙好词》选本虽未全醇，然中多俊语，方诸《草堂》所录，雅俗殊分。"

朱彝尊《乐府雅词跋》："盖词以雅为尚，得是编，《草堂诗馀》可废矣。"

山中白云词八卷江苏巡抚采进本

宋张炎撰。炎字叔夏，号玉田，又号乐笑翁。循王张俊之五世孙，家于临安。宋亡后，潜踪不仕，纵游浙东西，落拓以终。

【笺证】

孔齐《至正直记》卷四："钱唐张炎，字叔夏，自号玉田。长于词曲，尝赋孤雁词有云：'写不成行，书难成字，只寄得相思一点。'人皆称之曰'张孤雁'。有《山中白云集》。首论作词之法，备述其要旨。"

厉鹗《宋诗纪事》卷八十："炎字叔夏，号玉田，又号乐笑翁。循王诸孙。本西秦人，家临安。生于淳祐间。宋亡，落魄纵游。工为长短句。"

按，历来文献多有言张炎为张俊五世孙者，如袁桷《清容居士集》卷七有《赠张玉田》诗，题后注云："循王五世孙，来鄞设卜肆。"厉鹗《山中白云跋》亦云："元张炎叔夏《山中白云》八卷，吾乡龚侍御蘅圃得钞本于秀水朱检讨竹垞，因镂版以传。……叔夏父名枢，字斗南，号寄闲，邓牧心《伯牙琴》中有《张寄闲词序》云'子炎能世其学者'是也。功甫名，偏旁从金，以五行相生之次计之，叔夏于功甫为三世，于循王为五世，与袁伯长赠诗注云'为循王五世孙'者相符矣。"然实为六世孙。牟巘《陵阳先生集》卷十七《题西秦张氏世谱后》云："王（俊）位极人臣，分茅胙土。施及其后，四子名冠以'子'，诸孙名冠以'宗'。'宗'之下，则取五行相生为次。王弟之子孙亦如之。"江藩《词源跋》又云："叔夏乃循王之裔。宋史循王传，子五人，琦、厚、颜、正、仁，其后不可考。淳熙间最著者为张镃功甫。史浩《广寿慧云寺记》称镃为循王曾孙。石刻碑文后，有镃孙柽跋，盖以五行相生为世次之名者，始于功甫。功甫之子，赏心乐事,称为小庵主人,而佚其名。功甫之名从金,金生水,水生木,小庵主人之子所以名桯也。"五行相生,金生水,水生木,木生火,知张炎为张镒曾孙,而张镒又为循王张俊曾孙,则张炎为张俊六世孙。考证见杨海明《张炎家世考》(《文学遗产》1981 年第 2 期)、邱明皋《关于张炎的考索》(《文学遗产》1984 年第 1 期)。

平生工为长短句,以《春水》词得名,人因号曰"张春水"。其后编次词集者,即以此首压卷,倚声家传诵至今。然集中他调,似此者尚多,殆如贺铸之称"梅子",偶遇品题,便为佳话耳,所长实不止此也。

【笺证】

邓牧《张叔夏词集序》:"古所谓歌者,《诗》三百止尔。唐宋间始为长短句,法非古,意古,然数百年来,工者几人?美成、白石,逮今脍炙人口。知者谓丽莫若周,赋情或近俚;骚莫若姜,放意或近率。今玉田张君,无二家所短,而兼所长。《春水》一词,绝唱今古,人以'张春水'目之。"

按,陈廷焯《白雨斋词话》卷二云:"玉田以《春水》一词得名,用冠词集之首。此词深情绵邈,意馀于言,自是佳作,然尚非乐笑翁压卷,知音者审之。"粤雅堂《词源》伍崇曜跋亦云:"邓牧心《伯牙琴》,称其以春水词得名,人称'张春水',孔行素《至正直记》称其以孤雁词得名,人称'张孤雁',厉樊榭《山中白云词跋》并引之,其实玉田词三百首,几于无一不工,所长原不止此也。"

炎生于淳祐戊申,当宋邦沦覆,年已三十有三,犹及见临安全盛之日。

【笺证】

张炎《临江仙序》云:"甲寅秋寓吴,作墨水仙为处梅吟边清玩,时余年六十有七。"张炎由宋入元,此甲寅乃元仁宗延祐元年(1314),知张炎生于宋理宗淳祐戊申(1248)。宋邦沦覆在元世祖至元十六年(1279),时张炎三十二岁。

故所作往往苍凉激楚，即景抒情，借写其身世盛衰之感，非徒以剪红刻翠为工。

【笺证】

戴表元《送张叔夏西游序》（《剡源集》卷十三）："少焉，饮酣气张，取平生所自为乐府词自歌之，噫呜宛抑，流丽清畅，不惟高情旷度不可亵企，而一时听之，亦能令人忘去穷达得丧所在。"

至其研究声律，尤得神解，以之接武姜夔，居然后劲。宋、元之间，亦可谓江东独秀矣。

【笺证】

仇远《玉田词题辞》："读《山中白云词》，意度超玄，律吕协洽，不特可写音檀口，亦可被歌管、荐清庙，方之古人，当与白石老仙相鼓吹。……古人有言曰：'铅汞交炼而丹成，情景交炼而词成。'《指迷》妙诀，吾将从叔夏北面而求之。"

龚翔麟《山中白云词序》："今读词集，观其纪地纪时，而出处岁月，宛然在目。如末卷所赋《风入松》，自识为至大庚戌作，赋《临江仙》又云'甲寅秋寓吴，时年六十有七'，则此甲寅实元仁宗延祐元年。由此知宋理宗淳祐戊申为玉田始生之岁。"

杜诏《山中白云词序》："词盛于北宋，至南宋乃极其工。姜夔尧章最为杰出，宗之者史达祖、高观国、卢祖皋、吴文英、蒋捷、周密、陈允平诸名家，皆具夔之一体，而张炎叔夏庶几全体具矣。"

炎词世鲜完帙，此本乃钱中谐所藏，犹明初陶宗仪手书。康熙中，钱塘龚翔麟始为传写授梓，后上海曹炳曾又为重刊。

【笺证】

唐圭璋《宋词四考》、饶宗颐《词集考》、吴则虞校辑《山中白云词》后附《玉田词版本述略》、吴熊和师《唐宋词汇评》对张炎词版本皆有详细考证。概略言之，其版本有康熙中钱塘龚翔麟玉玲珑阁刊本、水竹居钞本、城书室本、江昱疏证本、宝书堂本、四印斋本、丁氏钞本、许刻本、张惠言批校本、朱孝臧校本、张繁甫校本等，多为《山中白云词》八卷和《玉田词》两卷本。

王兆鹏师《词学史料学》："朱彝尊又据钱氏所藏传录，并整订编为八卷，后出同源之本，悉依此分为八卷，康熙中，龚翔麟与李符等据朱钞本校勘印行，题作《山中白云词》八卷，收词296首，是为龚氏玉玲珑阁刻本。"

旧附《乐府指迷》一卷，今析出别著于录。其仇远原序、郑思肖原跋及戴表元送炎序，则仍并录之，以存其旧焉。

【笺证】

李佳《左庵词话》卷上："宋沈义父所著《乐府指迷》，元张炎所著《词源》，陆辅之所著《词旨》，法律讲明特备，不可不读。万红友《词律》，不过备载各调，词家妙处，却少所发明。"

竹山词一卷安徽巡抚采进本

宋蒋捷撰。捷字胜欲，自号竹山，宜兴人。德祐中尝登进士，宋亡之后，遁迹不仕以终。

【笺证】

蒋一葵《尧山堂外纪》卷六八："蒋捷字胜欲，号竹山，宜兴人。宋乡贡进士，宋亡不仕。"

凌迪知《万姓统谱》卷八六："蒋捷字胜欲，阳羡人，德祐进士。元初遁迹不仕。大德间，宪使臧梦解、陆垕交章荐其才，卒不就。平生著述一以义理为主，其小学详断发明，旨趣尤多，学者以其家竹山，咸称为竹山先生。"

厉鹗《宋诗纪事》卷七八："捷字胜欲，阳羡人。自号竹山，遁迹不仕，以词名。"

按，阳羡于隋文帝开皇九年(589)改称义兴县，宋太宗太平兴国元年(976)避太宗赵光义讳改义兴县为宜兴县，属常州。

是编为毛晋《汲古阁》所刊，卷首载至正乙巳湖滨散人题词，谓此稿得之唐士牧家，虽无诠次，已无遗逸，当犹元人所传之旧本矣。

【笺证】

湖滨散人《题竹山词》："竹山先生出义兴钜族……此稿得之于唐士牧家藏本，虽无诠次，庶几无遗逸云。至正乙巳岁次秋七月十有七日，湖滨散人题。""至正乙巳"乃元惠宗至正二十五年(1365)。

其词练字精深，词音谐畅，为倚声家之矩矱。

【笺证】

毛晋《竹山词跋》："昔人评词，盛称李氏、晏氏父子，及耆卿、子野、少游、子瞻、美成、尧章止矣，蒋胜欲泯焉无闻。今读《竹山词》一卷，语语纤巧，真《世说》靡也；字字妍倩，真六朝隃也，岂其稍劣于诸公耶？或读《招落梅魂》一词，谓其磊落横放，与辛幼安同调，其殆以一斑而失全豹矣。"

邹祗谟《远志斋词衷》："词至长调而变已极。南宋诸家凡以偏师取胜者无不以此见长。而梅溪、白石、竹山、梦窗诸家，丽情密藻，尽态极妍。要其瑰琢处，无不有蛇灰蚓线之妙，则所云一气流贯也。"

按，清代词评家亦多不以蒋词为然者，如毛奇龄《西河词话》卷一云："崇祯甲寅，京师梨园有南迁者，自诉能弦旧词。试其技，促弹而曼吟，极类挡筝家法，然调不类筝。坐客授蒋竹山长调，令弦，辄辞曰：'口俚碍吟叹何也。'时徐仲山贻九日倡和词至，诵而授之，歌裁数过，指爪融畅。询其故，云：'吾所传者，无调而有词，无宫徵而有音声，词雅则音谐，音谐则弦调。'由是推之，世之效辛、蒋者可返已。"同书卷二亦云："张鹤门词，以草堂为归，其长调绝近周、柳，虽不绝辛、蒋，然亦不习辛、蒋，此正宗也。"冯煦《蒿庵论词》亦云其词实多有可议者："词旨鄙俚，匪惟李、晏、周、姜所不屑为，即属稼轩亦下乘也。……即其善者亦字雕句琢，荒艳炫目。……嘉道间，吴中七子类祖述之，其去质而俚者自胜矣，然不可谓正轨也。"皆云其词非正宗、正轨，且不耐唱，与《提要》所云异。

间有故作狡狯者，如《水龙吟·招落梅魂》一阕，通首住句用"些"字，《瑞鹤仙·寿东轩》一阕，通首住句用"也"字，而于虚字之上仍然叶韵。盖偶用诗骚之格，非若黄庭坚、赵长卿辈之全不用叶，竟成散体者比也。

【笺证】

沈雄《古今词话》词评卷下："蒋捷竹山词。蒋字竹山，义兴人。宋亡不仕。有《竹山集》。其词章之刻入纤艳，非游戏馀力为之者，乃有时故作狡狯耳。"

沈雄《古今词话》词品卷上："山谷《阮郎归》，全用山字为韵。稼轩《柳梢青》，全用难字为韵。注云'福唐体'，即独木桥体也。竹山如效醉翁'也'字，《楚辞》'些'字、'兮'字，一云骚体即福唐也，究同嚼蜡。"

冯煦《蒿庵论词》："好用俳体，如《水龙吟》仿稼轩体，押脚纯用'些'字。《瑞鹤仙》'玉霜生穗也'，押脚纯用'也'字。《声声慢·秋声》一阕，押脚纯用'声'字，皆不可训。"

他如《应天长》一阕，注云次清真韵，前半阕"转翠笼池阁"句止五字，而考周邦彦词作"正是夜堂无月"，实六字句；后半阕"漫有戏龙盘"句亦五字，而考周词"又见汉宫传烛"，实亦六字，此必刊本各有脱字。至于《沁园春》"绝胜珠帘十里楼"句，"楼"字上讹增"迷"字；《玉楼春》"明朝与子穿花去"句，"花"字讹作"不"字；《行香子》"奈云溶溶"句，"奈"字下讹增"何"字；《粉蝶儿》"古今来人易老"句，讹脱一

"来"字;《翠羽吟》"但留残月挂苍穹"句,讹脱"月"、"苍"二字,皆为疏舛。"唐多令"之讹为"糖多",尤足噱噱。其《喜迁莺》调所载改本一阕,视元词殊减风韵,似非捷所自定,《词统》讥之甚当,但指为史达祖词,则又误记耳。

【笺证】

据杨易霖《周词订律》卷一可知,"转翠笼池阁"为六字句"转眼翠笼池阁","漫有戏龙盘"句末脱一字。

卓人月《古今词统》卷十四录《喜迁莺·游丝纤弱》为史达祖词,云"一刻蒋捷",并云:牛毛皴法。"芳草"句一作"双燕又窥帘幕"。"行乐"下一作"春正好,无奈绿窗,孤负敲棋约。锦瑟调弦,银瓶索酒,年少也曾迷着。自从发凋心倦,长倚钩阑斜角。"

竹斋诗馀一卷 安徽巡抚采进本

宋黄机撰。机字几仲,一云字几叔,东阳人。其事迹无可考见。

【笺证】

岳珂《桯史》卷二:"广汉章以初升之、东阳黄几叔机、敷原王安世遇、英伯迈皆寓是邦。"

朱彝尊《词综》卷十六:"黄机,字几仲,一云字几叔。东阳人,有《竹斋诗馀》一卷。"

据词中所著,有"时欲之官永兴"语,盖亦尝仕宦于州郡,但不知为何官耳。

【笺证】

黄机所交游如岳珂、辛弃疾、郭应祥、章升之、杜旃、杜斿等,皆为仕宦之人,亦可推知其曾为官一方。

其游踪则多在吴、楚之间,而与岳总干以长调唱酬为尤夥。总干者,

岳飞之孙珂也,时为淮东总领兼制置使。岳氏为忠义之门,故机所赠词,亦皆沉郁苍凉,不复作草媚花香之语。

【笺证】

黄机赠岳珂词凡七首:《沁园春·次岳总干韵》、《乳燕飞·次岳总干韵》、《木兰花慢·次岳总干韵》二首、《六州歌头·岳总干隐括上吴荆州启,以此腔歌之,因次韵》、《六州歌头·次岳总干韵》、《传言玉女·次岳总干韵》,多豪迈之调,语多感慨。陈廷焯《白雨斋词话》卷六即云:"黄几仲《虞美人》云:'书生万字平戎策,苦泪风前滴。'……此类皆慷慨激烈,发欲上指,词境虽不高,然足以使懦夫有立志。"丁丙《善本书室藏书志》卷四十亦云:"机一字几仲,东阳人。词中有与岳倦翁、辛稼轩、杜仲高、叔高投赠之作,游迹则在吴楚之间。毛子晋刊入汲古阁《六十家词》,但惜《草堂诗馀》不登一字,亦不能考其事迹也。几叔词笔沉郁豪浑,在南宋人颇近辛稼轩,盖相友既久,耳濡目染,几于具体,特逊其雄厚耳,要非批风抹月者所及也。"

按,黄机与岳珂唱酬约在宁宗嘉定末至理宗绍定年间。参傅璇琮主编《宋才子传笺证·黄机传》。

其《乳燕飞》第二阕,乃次徐斯远寄辛弃疾韵者,弃疾亦有和词。世所传《稼轩词》本"赋"字凡复用两韵。今考机词,知前阕所用乃付字,足证流俗刊刻之误。又辛词调名《贺新郎》,此则名《乳燕飞》者,以苏轼此调中有"乳燕飞华屋"句,后人因而改名,实一调也。卷末毛晋跋惜《草堂诗馀》不载其一字。案《草堂诗馀》乃南宋坊贾所编,漫无鉴别,徒以其古而存之,故朱彝尊谓草堂选词,可谓无目,其去其取,又何足为机重轻欤?

【笺证】

毛晋《竹斋诗馀跋》:"《草堂诗馀》若干卷,向来艳惊人目,每秘一册，便称词林大观，不知抹倒几许骚人。即如次仲、几叔辈，不乏'宠柳娇花'‘燕昕莺昐’等语，何愧大晟上座耶？《草堂》集竟不载一篇，真堪太息。余随得本之先后，次第付梨，凡经商纬羽之士，幸兼撷焉。”

邹祗谟《远志斋词衷》：“《草堂》不选竹斋（黄机）、金谷石（孝友）词，《花庵》不选姑溪李之仪、友古蔡伸词，古来名作散佚，或其佳处而不传，或传者未必尽佳，正贺黄公所谓‘文之所在，不必名之所在’也。”

朱彝尊《词综·发凡》：“古词选本，若《家宴集》《兰畹集》《复雅歌词》《类分乐章》……皆轶不传，独《草堂诗馀》所收最下最传，三百年来，学者守之为兔园册，无惑乎词之不振矣。……填词最雅无过石帚，《草堂诗馀》不登其只字，见胡浩《立春吉席》之作，蜜殊《咏桂》之章，亟收卷中，可谓无目者也。”

按，《草堂诗馀》亦未可全盘否定，如谭献《复堂词话》云：“《草堂》所录，但芟去柳耆卿、黄山谷、胡浩然、康伯可、僧仲殊诸人恶札，则两宋名章迥句，传颂人间者略具。宜其与《花间》并传，未可废也。”王国维《人间词话删稿》亦云：“自竹垞痛贬《草堂诗馀》而推《绝妙好词》，后人群附和之。不知《草堂》虽有裒诨之作，然佳词恒得十之六七。”

梅溪词一卷 江苏巡抚采进本

宋史达祖撰。达祖字邦卿，号梅溪，汴人。田汝成《西湖志馀》称韩侂胄有堂吏史达祖，擅权用事，与之名姓皆同。

【笺证】

《直斋书录解题》卷二一：“《梅溪词》一卷，汴人史达祖邦卿撰。”

周密《浩然斋雅谈》卷上："史达祖邦卿，开禧堂吏也。当平原用事时，尽握三省权，一时士大夫无廉耻者皆趋其门，呼为梅溪先生。韩败，达祖亦贬死。善词章，多有脍炙人口者。"

田汝成《西湖游览志馀》卷四："陈自强为侂胄童子时师……侂胄进太师，自强拜右丞相，尝语人曰：'自强唯一死以报师王。'每称侂胄曰恩王、恩父，称苏师旦为叔，称书吏史达祖为兄。"

今考集中《齐天乐》第五首注："中秋宿真定驿。"《满江红》第二首注："九月二十一日东京怀古。"《水龙吟》第三首注："陪节欲行，留别社友。"《鹧鸪天》第四首注："卫县道中。"《惜黄花》一首注："九月七日定兴道中。"核其词意，必李壁使金之时，侂胄遣之随行觇国，故有诸词，知撰此集者即侂胄所用之史达祖。

【笺证】

《宋史》卷三八《宁宗二》云："（开禧元年六月）己亥，遣李壁贺金主生辰。"史达祖陪同李壁使金当在此时。

又考玉津园事，张镃虽预其谋，而镃实侂胄之狎客，故于满头花生辰，得移厨张乐于其邸。

【笺证】

周密《齐东野语》卷三："时开禧三年十一月二日，侂胄爱姬三夫人号'满头花'者生辰。张镃素与之通家，至是移庖侂胄府，酣饮至五鼓。其夕周筠闻其事，遂以覆帖告变。时侂胄已被酒，视之曰：'这汉又来胡说！'于烛上焚之。初三日，将早朝，筠复白其事，侂胄叱之曰：'谁敢？谁敢？'遂升车而去。甫至六部桥，忽有声喏于道旁者，问为何人，曰：'夏震。'时震以中军统制权殿司公事，选兵三百俟于此。复问：'何故？'曰：'有旨，太师罢平章事，日下出国门。'曰：'有旨，吾何为不知？必伪也。'语未竟，夏挺、郑发、王斌等，以健卒百馀人，拥其轿以出，至玉津园夹墙内，挝杀之。"

此编前有镃序，足证其为侂胄党。序末称"数路得人，恐不特寻美于汉"，亦足证其实为掾史，确非两人。

【笺证】

王鹏运《梅溪词序》云："右史邦卿《梅溪词》一卷，陈氏《书录解题》云：'汴人史达祖邦卿撰，张约斋镃为作序，不详何人。'叶绍翁《四朝闻见录》云：'韩侂胄为平章，专倚省吏史达祖，韩败黥焉。'或遂谓邦卿为侂胄吏，并引词中陪节北行'一钱不值'等语实之。按陈氏去侂胄未远，邦卿果为其省吏，何必曲为之讳，猥云不详？即以词论，如《满江红》之'好领青衫'，《齐天乐》之'郎潜白发'，皆非胥吏所能假托。且约斋为手刃侂胄之人，何至与其吏唱酬，复作序倾倒如此，殆不然矣。堂吏非舆台，韩侂胄之奸，视秦、贾有间。邦卿即真为省掾，原不必深论。特古今同时同姓名者，正自不乏，强为牵和，亦知人论世者所宜辨也。"认为词人史达祖非韩侂胄省吏史达祖，二人乃同时同姓名者。按，韩侂胄被诛在开禧三年（1207）十一月，张镃为梅溪词作序则在六年前的嘉泰元年（1201）五月，其时张镃始识梅溪，梅溪亦尚未为侂胄客，故张镃因赏识其才而为梅溪作序，实属常情。惟王鹏运云陈振孙去韩侂胄未远，不应不知韩侂胄省吏史达祖，此确属可疑之事。或省吏乃朝廷小吏，常人未易识之耳。

惟序作于嘉泰元年辛酉，而集中有《壬戌立春》一首。序称初识达祖，出词一编，而集中有与镃唱和词二首，则此本又后来所编，非镃所序之本矣。达祖人不足道，而词则颇工。镃称其"分镳清真，平睨方回，而纷纷三变行辈，不足比数"。清真为周邦彦之号，方回为贺铸之字，三变为柳永之原名，其推奖未免稍溢。然清词丽句，在宋季颇属铮铮，亦未可以其人掩其文矣。

【笺证】

《梅溪词》卷首张镃《梅溪词序》："余扫轨林扃，草长门径。一日，闻剥啄声，园丁持谒入，视之，汴人史生邦卿也。迎坐竹阴下，郁然而秀整。俄起谓余曰：'某自冠时，闻约斋之号，今亦既有年矣。君身益湮晦，某是以来见，无他求。'袖出词一编，余惊笑而不答。生去，始取读之，大凡如行帝苑仙瀛，辉华绚丽，欣眪骇接，因掩卷而叹曰：'有是哉，能事之无遗恨也！'盖生之作，辞情俱到，织绡泉底，去尘眼中，妥帖轻圆，特其馀事。至于夺苕艳于春景，起悲音于商素，有瑰奇警迈、清新闲婉之长，而无诡荡污淫之失，端可以分镳清真，平睨方回，而纷纷三变行辈，几不足比数。……生名达祖，邦卿其字云。嘉泰岁辛酉五月八日，张镃功甫序。"

王士禛《花草蒙拾》："宋南渡后，梅溪、白石、竹屋、梦窗诸子，极妍尽态，反有秦、李未到者。虽神韵天然处或减，要自令人有观止之叹。"

散花庵词一卷安徽巡抚采进本

宋黄昇撰。昇字叔旸，号玉林，又号花庵词客。以所居有玉林，又有散花庵也。

　　【笺证】

　　黄昇《中兴以来绝妙词选》卷十："黄叔旸名昇，号玉林，又号花庵。"

　　杨慎《词品》卷四："黄玉林，名昇，字叔旸，有散花庵，人止称花庵云。尝选唐宋词名曰《绝妙词选》，与《草堂诗馀》相出入。"

　　厉鹗《宋诗纪事》卷六九："昇字叔旸，号玉林。胡季直云：玉林蚤弃科举，雅意读书，间从吟咏自适。游受斋尝称其诗为"晴空冰柱"，楼秋房闻其与魏菊庄友善，并以泉石清士目之。"

毛晋刊本，以昇作晟，以叔旸作叔阳，而诸本实多作黄昇。考花庵《绝

妙词选》旧传刻本，题曰黄昇。又《诗人玉屑》前有昇序，世所传翻刻宋本，犹钩摹当日手书，亦作黄昇。检词选序末，尚有当时姓氏小印，实作易字。盖许慎《说文》，"昇"字篆文作"易"。昇特以篆体署字，故作"易"字。晋不考《六书》，妄改作"昃"，殊为舛谬。

【笺证】

> 朱彝尊《词综》卷十八："黄昇，一作昃，字叔旸，号玉林，有《散花庵词》一卷。胡季直云玉林蚤弃科举，雅意读书，间从吟咏自适。游受斋尝称其诗为'晴空冰柱'。楼秋房闻其与魏菊庄友善，并以泉石清士目之。"

至叔阳乃卢炳之字，炳即撰《哄堂词》者，晋乃移而为昇字，益桃僵李代矣。

【笺证】

> 按，宋人所载，卢炳字叔易。陈振孙《直斋书录解题》卷二一即云："《哄堂集》一卷，卢炳叔易撰。"

> 毛晋《散花庵词跋》："叔阳自号玉林，别号花庵词客。早弃科举，雅意读书，颜其居曰散花庵。尝选唐宋词及中兴以来词各十卷，曰《绝妙词选》，末载自制词四十首。有总跋云：'其间体制不同，无非英妙杰特之作。'昔游受斋称其诗为'晴空冰柱'，楼秋房喜其与魏菊庄友善，以泉石清士目之，余于其词亦云。"

昇所选《绝妙词》，末附以己词四十首，盖用王逸编《楚词》、徐陵编《玉台新咏》、芮挺章编《国秀集》之例。此本全录之，惟旁摭他书，增入三首耳。

【笺证】

> 《四部丛刊》景明翻宋本黄昇《中兴以来绝妙词选》卷十附黄昇词三十八首，《全宋词》收三十九首，据《翰墨大全》丁集卷二补《鹧鸪天》一首，《历代诗馀》卷二十九此首误作潘牥词。王逸《楚

辞》卷十七录王逸《九思》九首，徐陵《玉台新咏》卷九录徐陵《乌栖曲》《杂曲》，芮挺章《国秀集》卷下录芮挺章《江南弄》《少年行》。

昇早弃科举，雅意歌咏，曾以诗受知游九功，见胡德方所作《词选序》。

【笺证】

《绝妙词选》卷首胡德方《绝妙词选序》："玉林此选，博观约取，发妙音于众乐并奏之际，出至珍于万宝毕陈之中，使人得一编则可以尽见词家之奇，厥功不亦茂乎！玉林蚤弃科举，雅意读书，间从吟咏自适。阁学受斋游公尝称其诗为'晴空冰柱'，闽帅秋房楼公闻其与魏菊庄为友，并以泉石清士目之。其人如此，其词选可知矣。淳祐己酉上巳，前进士胡德方季直序。"

其词亦上逼少游，近摹白石，九功赠诗所云"晴空见冰柱"者，庶几似之。

【笺证】

佚名《诗家鼎脔》卷下游九功《答黄叔旸》："冥鸿倦云飞，敛翼退遵渚。秋虫感时至，自野来在宇。老我久合归，溪山况延伫。俯此沙水清，面被烟尘聚。龙断既冲冲，澜倒亦吁吁。岂无砥中立，而不改风雨。忽忻远寄声，秀句盈章吐。灿烂炯寒芒，晴空见冰柱。颇闻词场笔，漫焉叶如土。黄粱枕上过，得之亦不处。独行固不移，犹在审去取。"

德方序又谓闽帅楼秋房闻其与魏菊庄相友，以泉石清士目之。按菊庄名庆之，建安人，即撰《诗人玉屑》者。

【笺证】

韦居安《梅磵诗话》卷中："建安魏醇父庆之号菊庄，有吟稿行于世。所著《诗人玉屑》，编类精密，诸公多称之。"

方回《诗人玉屑考》："《诗人玉屑》二十卷，建安魏庆之醇甫所集也,淳祐四年甲辰黄易叔旸为序。魏号菊庄,黄号玉林,黄亦有诗话及中兴绝妙词选行世。"

按,魏庆之与黄昇友善,《诗人玉屑》收录黄昇《玉林中兴诗话补遗》三十条、《玉林中兴词话补遗》十六条,使黄昇除《花庵词选》以外的诗评、词评得以保存流传。楼洽,号房秋,楼钥季子,淳祐间任建宁知府,《宋元学案补遗》卷七九有传。

《梅磵诗话》载庆之《过玉林诗》绝句云:"一步离家是出尘,几重山色几重云。沙溪清浅桥边路,折得梅花又见君。"则昇必庆之之同里,隐居是地,故获见称于闽帅。又游九功亦建阳人,其《答叔旸》五言古诗一首,尚载在《诗家鼎脔》,是昇为闽人,可以考见。朱彝尊《词综》及近时厉鹗《宋诗纪事》均未及详其里籍,今附著于此焉。

【笺证】

魏庆之《过玉林诗》所云"沙溪",《福建通志·福建河渠书·建安县》云:"沙溪,《八闽志》云所在府城东南将相里,出南才、顺阳二里。"知在福建建安。

石屏词一卷安徽巡抚采进本

宋戴复古撰。复古有《石屏集》,已著录。

【笺证】

《四库全书总目》卷一六一集部一〇别集类一四著录《石屏集》六卷,并云:"复古诗笔俊爽,极为作者所推。姚镛跋其诗,称其天然不费斧凿处,大似高三十五辈,晚唐诸子当让一面。方回跋其诗,亦称其清健轻快自成一家。虽皆不免稍过其实,要其精思研刻,实自能独辟町畦。"

此词一卷,乃毛晋所刻别行本也。复古为陆游门人,以诗鸣江湖间。

【笺证】

戴复古《访曾鲁叔有少嫌先从金仙假榻长老作笋供》："樽前有馀暇,细读放翁诗。"

戴复古《读放翁先生剑南诗草》："茶山衣钵放翁诗,南渡百年无此奇。入妙文章本平澹,等闲言语变瑰琦。三春花柳天裁剪,历代兴衰世转移。李杜陈黄题不尽,先生模写一无遗。"

赵以夫《石屏诗集序》："石屏与游皆当世鸿儒巨公,精笔妙墨,极力模写,曾不尽其妙,又假仆辈以为置邮,何邪? 若仆辈,正有托于石屏者也。端平甲午十月既望,东平赵以夫书。"

楼钥《攻媿集》卷七六《跋戴式之诗卷》："复古,字式之……登三山陆放翁之门,而诗益进。"

方回《瀛奎律髓》称其清新健快,自成一家。

【笺证】

吴子良《石屏诗集序》："石屏戴式之以诗名海内馀四十年……是故其诗清苦而不困于瘦,丰融而不豢于俗,豪健而不役于粗,闳放而不流于漫,古澹而不死于枯,工巧而不露于斫。闻而争传,读而亟赏者,何啻数百千篇。盖尝论诗之意义贵雅正,气象贵和平,标韵贵高逸,趣味贵深远,才力贵雄浑,音节贵婉畅,若石屏者,庶乎兼之矣。岂非其搜揽于古今者博耶,岂非其陶写于山水者奇耶,岂非其磨砻于师友者熟耶!"

方回《瀛奎律髓》卷二十："石屏戴复古字式之,天台人。早年不甚读书,中年以诗游诸公间,颇有声,寿至八十馀。以诗为生涯,而成家。……每于广座中口不谈世事,缙绅多之。然其诗苦于轻俗,高处颇亦清健,不至如高九万之纯乎俗。"

今观其词,亦音韵天成,不费斧凿。其《望江南》自嘲第一首云:"贾岛形模元自瘦,杜陵言语不妨村,谁解学西昆。"复古论诗之宗旨,于

此具见。宜其以诗为词,时出新意,无一语蹈袭也。

【笺证】

冯煦《蒿庵论词》:"后山、蠙窟、审斋、石屏诸家,并娴雅有馀,绵丽不足,与卢叔阳、黄叔旸之专尚细腻者,互有短长。《提要》之论后山、石屏,皆谓其以诗为词,然后山笔力甚健,要非式之所可望也。"

集内《大江西上曲》即《念奴娇》,本因苏轼词起句,故称《大江东去》。复古乃以己词首句,又改名《大江西上曲》,未免效颦。

【笺证】

戴复古《石屏诗集》卷八《大江西上曲·寄李实夫提刑时郊后两相皆乞归》:"大江西上,郁孤台八境,人间图画。地涌千峰摇翠浪,两派玉虹如泻。弹压江山,品题风月,四海今王谢。风流人物,如公一世雄也。　一片忧国丹心,弹丝吹笛,未必能陶写。西北风尘方颒洞,宰相闲归绿野。月斧争鸣,风斤运巧,不用修亭榭。紫枢黄阁,要公整顿天下。"

至《赤壁怀古·满江红》一阕,则豪情壮采,实不减于轼,杨慎《词品》最赏之,宜矣。

【笺证】

魏庆之《诗人玉屑》卷二一引黄昇《中兴词话》:"戴石屏《赤壁怀古》词云(略),沧州陈公尝大书于庐山寺。王潜斋复为赋诗云:'千古登临赤壁矶,百年脍炙雪堂词。沧洲醉墨石屏句,又作江山一段奇。'坡仙一词,古今绝唱,今二公为石屏拈出,其当与之并行于世耶?"

按,杨慎《词品》卷五云:"戴石屏名复古,字式之,能诗,江湖四灵之一也。词一卷,惟《赤壁怀古·满江红》一首句有'万炬临江貔虎噪,千艘烈炬鱼龙舞'、'几度东风吹世换,千年往事随潮去.'而全篇不称。"仅赞此词四句,而未称其全篇。杨慎极为反感戴复古之薄情寡义,曾在《词品》卷五中云戴复古"可谓不仁不义之甚矣"。

此本卷后载楼钥所记一则,即系《石屏集》中跋语。

【笺证】

楼钥《攻媿集》卷七六载《跋戴式之诗卷》。

陶宗仪所记一则,见《辍耕录》。其《江右女子》一词,不著调名,以各调证之,当为《祝英台近》。但前阕三十七字俱完,后阕则逸去起处三句十四字,当系流传残阙。宗仪既未经辨及,后之作图谱者,因词中第四语有"揉碎花笺"四字,遂另造一调名,殊为杜撰。

【笺证】

陶宗仪《南村辍耕录》卷四:"戴石屏先生复古未遇时,流寓江右。武宁有富家翁爱其才,以女妻之。居二三年,忽欲作归计。妻问其故,告以曾娶。妻白之父,父怒,妻宛曲解释,尽以奁具赠夫,仍饯以词云:'惜多才,怜薄命,无计可留汝。揉碎花笺,忍写断肠句。道傍杨柳依依,千丝万缕,抵不住、一分愁绪。　捉月盟言,不是梦中语。后回君若重来,不相忘处,把杯酒、浇奴坟土。'夫既别,遂赴水死,可谓贤烈也已。"下阕过片处所逸去三句十四字为"如何诉。便教缘尽今生,此身已轻许"。

万树《词律》卷十一《祝英台近》:"《词品》载戴石屏所娶江西女子作《惜多才》一首,即《祝英台》也,传流残缺,前段三十七字不少,后则逸去起处三句十四字。《图谱》不识,合前后为一,另立一调作六十三字,而于尾句'浇奴坟土'作'坟上土',是六十四字矣。且即取词中第四语'揉碎花笺'四字命作调名,因即杜撰出许多可平可仄来,乃以为谱,怪极矣。"

至于《木兰花慢·怀旧》词前阕,有"重来故人不见"云云,与《江右女

子》词"君若重来,不相忘处",语意若相酬答,疑即为其妻而作,然不可考矣。

【笺证】

戴复古《木兰花慢·怀旧》:"莺啼啼不尽,任燕语、语难通。这一点闲愁,十年不断,恼乱春风。重来故人不见,但依然杨柳小楼东。记得同题粉壁,而今壁破无踪。　　兰皋新涨绿溶溶。流恨落花红。念着破春衫,当时送别,灯下裁缝。相思谩然自苦,算云烟过眼总成空。落日楚天无际,凭栏目送飞鸿。"

况周颐《历代词人考略》引《江城旧事》云:"《辍耕录》载戴石屏薄游江西云云。呜呼,妇人之道,从一而终,夫妇之间,性格各别。识石屏此去必不复来,观其词中'君若重来',即一'若'字,已写其不来之意。所以明说'酒浇坟土',以示别后必死。此女之死,可谓贤而且烈矣。惜乎姓氏未传,表扬莫及,为之慨叹。南昌杨垕《题梦中语乐府》曰:'才子负心乃如许,佳人牵衣不得语。门前一别是前生,梦里相逢定何所。掉臂出门不回顾,可怜风满垂杨树。重来不改木石心,有酒当浇比肩树。'"

断肠词一卷江苏周厚堉家藏本

宋朱淑真撰。淑真,海宁女子,自称幽栖居士。

【笺证】

李日华《味水轩日记》卷四收《苏若兰织锦璇玑图记》,末云:"时皇宋绍定三年四月吉,幽栖居士朱氏淑贞书。""绍定"乃宋理宗年号。

陈第《世善堂藏书目录》卷下:"朱淑真诗二百篇,归安人。"

厉鹗《宋诗纪事》卷八七:"淑真号幽栖居士,钱唐人,世居桃村。工诗,嫁为市井民妻,不得志殁。宛陵魏仲恭辑其诗,名曰《断肠集》。"

胡玉缙《四库全书总目提要补正》卷六十："案别集存目《断肠集》下，称淑真钱塘女子，前后矛盾，且依《提要》通例，当云淑真有《断肠集》已著录。（陈汉章谨案：况周仪《玉梅词话》以为钱塘人，世居桃村。○郑翼谨案：况氏《证璧集》疑桃村别是一人，与此异，盖词话署名周仪，为光绪间作，后以避讳改周颐，而集刊于甲子，远在其后，当以后说为准。）"

按，朱淑真籍贯有钱塘、海宁、归安、休宁诸说，黄嫣梨《朱淑真事迹索引》（《文史哲》1992 年第 6 期）持海宁说，邓红梅《朱淑真事迹新考》（《文学遗产》2002 第 3 期）持休宁说。

是集前有《纪略》一篇，称为文公侄女。然朱子自为新安人，流寓闽中。考年谱世系，亦别无兄弟著籍海宁，疑依附盛名之词，未必确也。

【笺证】

王象之《舆地纪胜》卷一二九："朱熹，新安人，寓居于建。号晦翁先生。有精舍在武夷山。"

厉鹗《玉台书史》："朱淑真，海宁人，文公侄女也。文章幽艳，才色清丽，实闺门之罕有。因匹配非伦，勿遂素志，赋《断肠集》十卷以自解。（《古今女史》）"

《纪略》又称其匹偶非伦，弗遂素志，赋《断肠集》十卷以自解。

【笺证】

魏仲恭《断肠诗集序》："比往武陵，见旅邸中好事者往往传诵朱淑真词。每窃听之，清新婉丽，蓄思含情，能道人意中事，岂泛泛者所能及，未尝不一唱而三叹也。早岁不幸，父母失审，不能择伉俪，乃嫁为市井民家妻。一生抑郁不得志，故诗中多有忧愁怨恨之语。每临风对月，触目伤怀，皆寓于诗，以写其胸中不平之气。竟无知音，悒悒抱恨而终。自古佳人多命薄，岂止颜色如花命如叶耶！观其诗，想其人，风韵如此，乃下配一庸夫，固负此生矣。其死也，不能葬骨于地下，如青冢之可吊，并其诗为父母一火焚之。今所传者，百不一存，是重不幸也。”

按，田艺蘅《诗女史》卷十、沈雄《古今词话》词评卷上、蒋一葵《尧山堂外纪》卷五四均载此事，朱淑真婚姻不幸似无疑，然魏仲恭《断肠集序》云其"嫁与市井民家妻"之说则不确，郭清霈《从〈断肠集〉中所窥见的朱淑真的身世及其行为》即认为朱淑真诗中《春日书怀》言"从宦东西不自由，亲帏千里泪长流"、《寄大人二首》言"欲识归宁意，三年数岁阴"、以及《春色有怀》《舟行即事》等抒发了远游思亲之情，可以推断其夫或非市井百姓，而是为官之人。

其词则仅《书录解题》载一卷，世久无传。此本为毛晋《汲古阁》所刊，后有晋跋，称词仅见二阕于《草堂集》，又见一阕于十大曲中，落落如晨星。后乃得此一卷，为洪武间抄本，乃与《漱玉词》并刊，然其词止二十七阕，则亦必非原本矣。

【笺证】

陈振孙《直斋书录解题》并未著录朱淑真词集。

毛晋《断肠词跋》："淑真诗集，脍炙海内久矣。其诗馀仅见二阕于《草堂》集，又见一阕于十大曲中，何落落如晨星也。既获《断肠词》一卷，凡十有六调，幸睹全豹矣。先辈拈出元夕诗词，以为白璧微瑕，惜哉。"

陶宗仪《南村辍耕录》卷二七："近世所谓大曲，苏小小《蝶恋花》、邓千江《望海潮》、苏东坡《念奴娇》、辛稼轩《摸鱼子》、晏叔原《鹧鸪天》、柳耆卿《雨霖铃》、吴彦高《春草碧》、朱淑真《生查子》、蔡伯坚《石州慢》、张子野《天仙子》。"

杨慎升庵《词品》载其《生查子》一阕，有"月上柳梢头，人约黄昏后"语，晋跋遂称为白璧微瑕。然此词今载欧阳修《庐陵集》第一百三十一卷中,不知何以窜入《淑真集》内,诬以桑濮之行。慎收入《词品》,既为不考。而晋刻《宋名家词》六十一种,《六一词》即在其内。乃于《六一词》漏注互见《断肠词》,已自乱其例。于此集更不一置辨,且证实为白璧微瑕,益卤莽之甚。今刊此一篇,庶免于厚诬古人,贻九泉之憾焉。

【笺证】

杨慎《词品》卷二:"朱淑真元夕《生查子》云:'去年元夜时,花市灯如昼。月上柳梢头,人约黄昏后。　今年元夜时,月与灯依旧。不见去年人,泪湿春衫袖。'词则佳矣,岂良人家妇所宜邪?又其元夕诗云:'火树银花触目红,极天歌吹暖春风。新欢入手愁忙里,旧事惊心忆梦中。但愿暂成人缱绻,不妨长任月朦胧。赏灯那得工夫醉,未必明年此会同。'与其词意相合,则其行可知矣。"

按,《生查子》曾慥《乐府雅词》录为欧阳修词,杨慎、毛晋未知何故讹为朱淑真词。王士禛《池北偶谈》卷十四云:"今世所传女郎朱淑真'去年元夜时,花市灯如昼'《生查子》词,见《欧阳文忠集》一百三十一卷,不知何以讹为朱氏之作。世遂因此词疑淑真失妇德,纪载不可不慎也。"

天籁集二卷 编修汪如藻家藏本

金白朴撰。朴字仁甫,一字太素,号兰谷,真定人。

【笺证】

陈霆《渚山堂词话》卷三:"《天籁词集》,为白朴太素所作。太素号兰谷,赵之真定人,故金世家也。生长兵间,流落窜逸,父子相失,遂鞠于父执元遗山所。元公教之读书,既长,问学宏博,后以诗词显。金亡,恒郁郁不乐,遂不复求仕,以诗酒自放于山水间。"

父寓斋,失其名,仕金为枢密院判官。会世乱,父子相失。尝鞠于元好问家,得其指授。金亡后,被荐不出,徙居金陵。放浪诗酒,尤精度曲。

【笺证】

钟嗣成《录鬼簿》卷上:"白仁甫,文举之子,人号兰谷先生,赠嘉议大夫、太常卿。"

《金史》卷一一四《白华传》:"白华字文举,陕州人。贞祐三年进士。初为应奉翰林文字。正大元年,累迁为枢密院经历官。"

按,据《录鬼簿》《金史》所载,知白朴父名华,字文举,然并未言其号。王逢《梧溪集》卷四下《读白寓斋诗序》云:"寓斋,字君举,金之陕人。登泰和三年词赋第。累迁枢府,弃官,隐居教授,卒,名与元遗山、赵闲闲相颉颃。"亦未言白华号寓斋,且与《金史》所载登第时间不符。陈衍《元诗纪事》卷十二云:"白君举,号寓斋,陕州人,登金泰和词赋进士第。北渡后卜筑于溹阳,与元遗山齐名,称元白。案《全金诗》作君举,失其名。《元诗癸集》作白贲,字君举。然君举与元遗山友善,而《中州集》白贲下不云字君举也。"白朴祖父白宗完生五子:彦升、贲、华、宝莹、麟。(都刘平《元曲十九家行状考辨》,山东大学 2018 年博士论文)若诸家所记不误,则白华兄白贲号寓斋。

是本乃所作词集,世久失传。康熙中,六安杨希格始得于白氏之裔,凡二百篇。前有王博文序,后有孙作序及曹安赞。希格以示朱彝尊,彝尊分为二卷,序而传之。朴词清隽婉逸,意惬韵谐,可与张炎《玉田词》相匹。惟以制曲掩其词名,故沉晦者越数百年。词家选本,遂均不载其姓字。朱彝尊辑《词综》时,亦尚未见其本,书成之后乃得之。

【笺证】

王博文《天籁集序》:"太素与余三十年之旧,时会于江东。尝与余言：'作诗不及唐人，未可轻言诗。平生留意于长短句，散失之馀，仅二百篇，愿吾子叙之。'读之数过，辞语遒丽，情寄高远，音节协和，轻重稳惬，凡当歌对酒，感事兴怀，皆自肺腑流出，余因以《天籁》名之。噫！遗山之后，乐府名家者何人？残膏剩馥，化为神奇，亦于太素集中见之矣。然则继遗山者，不属太素而奚属哉？知音者览其所作，然后知余言之不为过。太素名朴，旧字仁甫，兰谷其号云。至元丁亥春二月上休日正议大夫行御史台中丞西溪老人王博文子勉序。"

孙大雅《天籁集序》："是编计词二百馀首，名《天籁集》，兵焚散失，其孙滇得之姑孰士大夫家，传写失真，字多谬误，余既考订一二归之。"

朱彝尊《白兰谷天籁集序》："康熙庚辰八月之望，六安杨秀才希洛千里造予，袖中出兰谷《天籁集》，则仁甫之词也。前有王尚书子勉序，述仁甫家世本末颇详，始知仁甫名朴，又字太素，为枢判寓斋之子。后有洪武中助教江阴孙大雅序，及安丘教谕松江曹安赞。予因考元人诸集，则匪独遗山元氏与枢判衿契，若秋涧王氏、雪楼程氏，皆有与白氏父子往来赠送之诗。盖寓斋子三人，仁甫仲氏也，其伯叔则诚甫、歆甫。敬甫官江西理问，雪楼送其之官，有'思君还读寓斋诗'之句，此亦敬甫昆友之父执矣。白氏于明初由姑孰徙六安，希洛得之于其裔孙某，将锓木以行，属予正其误，乃析为二卷，序其端。"

书虽晚出，而倚声家未有疑其伪者。盖其词采气韵，皆非后人之所能，固一望而知为宋、元人语矣。

【笺证】

陶梁《词综补遗》卷十六："朱彝尊跋：'兰谷词源出苏、辛，而绝无叫嚣之气，自是名家，元人擅此者少，当与张蜕庵称双美，可与知者道也。'"

按，王国维对白朴词甚不以为意，《人间词话》云："白仁甫《秋夜梧桐雨》剧，沉雄悲壮，为元曲冠冕。然所作《天籁集》粗浅之甚，不足为稼轩奴隶。岂创者易工，而因者难巧欤？抑人有能有不能也？"

蜕岩词二卷两淮盐政采进本

元张翥撰。翥有《蜕庵集》，已著录。

【笺证】

《四库全书总目》卷一六七集部二〇别集类二〇著录张翥《蜕庵集》五卷，并云："翥尝从学于李存，传陆九渊之说。诗法则受于仇远，得其音律之奥。其诗清圆稳贴，格调颇高，近体长短句极为当时所推，然其古体亦伉爽可诵。词多讽论，往往得元、白、张、王之遗，亦非苟作。"

此编附载诗集之后，而自为卷帙。案《元史》翥本传，称翥长于诗，其近体、长短句尤工。殁后无子，其遗稿不传，传者有乐府、律诗，仅三卷，则在当日即与诗合为一编。然云三卷，与今本不合。

【笺证】

宋濂《元史》卷一八六《张翥传》："张翥字仲举，晋宁人。……翥长于诗，其近体、长短句尤工。文不如诗，而每以文自负，常语人曰：'吾于文已化矣，盖吾未尝构思，特任意属笔而已。'……所为诗文甚多，无丈夫子。及死，国遂亡，以故其遗稿不传。其传者有律诗、乐府，仅三卷。"

黄宗羲《宋元学案》卷九三："张翥字仲举，晋宁人也。……先生尝学诗于仇远，其近体、长短句尤工。及卒，国亦遽亡。无子，其集不传,但存诗三卷。"

考诗集前有僧来复序,称至正丙午,僧大杼选刻其遗稿。又有僧宗泐跋,作于洪武丁巳,仍称将刊版以行世,是大杼之编次在至正二十六年,其刊版则在洪武六年。而宋濂等修《元史》则在洪武二年,未及见此足本,故据其别传之本,与诗共称三卷也。来复序题"蜕庵诗集",宗泐跋亦称"右潞国张公诗集若干卷",均无一字及词。然宗泐称大杼取其遗稿归江南,选得九百首。今诗实七百六十七首,合以词一百三十三首,乃足九百之数。则其词亦大杼之所编,特传写者或附诗集,或析出别行耳。

【笺证】

释来复《蜕庵集序》:"逮及于元,静修刘公复倡古作,一变浮靡之习,子昂赵公起而和之,格律高深,视唐无愧。至若德机范公之清淳、仲弘杨公之雅赡、伯生虞公之雄逸、曼硕揭公之森严,更唱迭和,于延祐天历间,足以鼓舞学者而风厉天下,其亦盛矣哉。河东仲举张公,生于数君子之后,以诗自任五十馀年。造语命意,一字未尝苟作。至正丙午春,其方外友庐陵北山杼禅师以公手稿选次而刊行之,来征言为序。"

释宗泐《潞国张公诗集跋》:"右潞国张公诗集若干卷,庐陵沙门大杼北山之所编集也。先是,潞公于元季多故之际薨于燕都,由其无后,北山为之经纪葬事。未几,天兵北伐,燕都不守,北山取其遗稿归江南,凡选得九百首,将刊版以行于世。……当元统甲戌间,余识潞公于金陵,后会于燕都、于钱塘,盖三十馀年,固非一日之好。观北山斯举,岂能无动于中?谨书卷末如此。若潞公之诗名,震耀海内,不俟余之称美,故弗论。洪武十年冬天界善世禅寺住持天台释宗泐。"

张翥《蜕庵词》版本,可参李妍《张翥年谱》、耿珊珊《张翥诗词版本与交游考论》。

翥年八十二乃卒。

【笺证】

《元史》卷一八六《张翥传》：“（元惠宗至正）二十八年三月卒，年八十二。”

上犹及见仇远，传其诗法。

【笺证】

《元史》卷一八六《张翥传》：“未几，留杭，又从仇远先生学。远于诗最高，翥学之，尽得其音律之奥，于是翥遂以诗文知名一时。”

张翥《最高楼》（为山村仇先生寿）云“方寸地，七十四年春。世事几浮云”，知为其七十四岁寿辰作。另有《临江仙·次韵山村先生赋柳》《辑山村先生诗卷》《清明日游东山谒栖霞岭仇先生墓》诸诗词，均可见二人交谊。

下犹及与倪瓒、张羽、顾阿瑛、郯九韶、危素诸人，与之唱和。

【笺证】

张翥有《次倪元镇张伯雨锡山倡和之什》《中秋张外史招赏月失约赋以谢之》《挽张伯雨宗契》《赠别句曲外史张伯雨》《和张外史山居雪霁》《北山禅房次危太朴韵》《寄郯九成即事自述》《成居竹有诗见寄因郯九成行用韵答之》等与倪瓒诸人的唱和诗。

以一身历元之盛衰，故其诗多忧时伤乱之作。

【笺证】

释来复《蜕庵集序》：“观公之诗，知公之所蓄厚矣。春空游云，舒敛无迹，此其冲澹也；昆仑雪霁，河流沃天，此其浑涵也；灏气横秋，华峰玉立，此其清峭也；平沙广漠，万马骤驰，此其俊迈也；风日和煦,百卉竞妍,此其流丽也。写情赋景兼得其妙,读之使人兴起,诚为一代诗豪矣。"

蒋一葵《尧山堂外纪》卷七五:"中原红军初起时,旗上一联云:'虎贲三千,直抵幽燕之地;龙飞九五,重开大宋之天。'其后,毛贵等横行山东,侵犯畿甸,架幸滦京,贼势猖獗,无异唐末。张仲举在都下,《寄浙省周玉坡参政伯琦》云:'天子临轩授钺频,东南无地不红巾。铁衣远道三军老,白骨中原万鬼新。篆士精灵虹贯日,仙家谈笑海扬尘。都将两眼凄凉泪,哭尽平生几故人。'"

其词乃婉丽风流,有南宋旧格。其《沁园春》题下注曰:"读白太素《天籁词》,戏用韵效其体。"盖白朴所宗者多东坡、稼轩之变调,霅所宗者犹白石、梦窗之馀音,门径不同,故其言如是也。

【笺证】

朱彝尊《黑蝶斋词序》:"词莫善于姜夔,宗之者张辑、卢祖皋、史达祖、吴文英、蒋捷、王沂孙、张炎、周密、陈允平、张霅、杨基,皆具夔之一体。基之后得其门者,或寡矣。"

又"春从天上来"题下注曰:"广陵冬夜,与松云子论五音二变十二调,且品箫以定之。清浊高下,还相为宫,犁然律吕之均,雅俗之正。"则其于倚声之学讲之深矣。

【笺证】

张霅《春从天上来》:"广陵冬夜,与松云子论五音二变十二调,且品箫以定之。清浊高下,还相为宫,犁然律吕之均,雅俗之应也。不觉漏下,月满霜空,神情爽发。松云子吹春从天上来曲,音韵凄远。余亦飘然作霞外飞仙想,因倚歌和之,用申胜趣。是夕丙子孟冬十又三夕也。"

珂雪词二卷 山东巡抚采进本

国朝曹贞吉撰。贞吉有《珂雪诗》,已著录。

【笺证】

《四库全书总目》卷一八三集部三六别集类存目十著录曹贞吉《珂雪诗》,云贞吉诗格遒炼。

是编则其诗馀也。上卷凡一百三十四首,下卷凡一百五首。其总目所载补遗,尚有《卜算子》《浪淘沙》《木兰花》《春草碧》《满江红》《百字令》《木兰花慢》《台城路》等八调,而皆有录无书,殆以附在卷末,装缉者偶佚之欤?

【笺证】

《珂雪词》有康熙张潮刻本、《四库全书》本、《四库存目丛书》本、《四部备要》本、吴氏石莲庵刻《山左词人》本、《清名家词》本、《万有文库》本、《曹贞吉集》本、《全清词·顺康卷》本,其源流递变可参胡晓蓓《珂雪词的编刻与流传》。《静嘉堂秘籍志》载是书云:"卷首有王炜、高珩、陈维崧三序,词评、词话、题辞,末有补遗一卷,《提要》云有录无书者皆存,盖康熙中刊本也。"

其词大抵风华掩映,寄托遥深。古调之中,纬以新意。不必模周范柳,学步邯郸,而自不失为雅制,盖其天分于是事独近也。

【笺证】

陈维崧《贺新郎·题曹实庵珂雪词》:"满酌凉州酝。爱佳词、一编珂雪,雄深苍稳。万马齐瘖蒲牢吼,百斛蛟螭困蠢。算蝶拍、莺簧休混。多少词场谈文藻,向豪苏、腻柳寻蓝本。吾大笑,比蛙黾。 爇残桦烛刚馀寸。叹从来、虞卿坎坷,韩非孤愤。耳热杯阑无限感,目送塞鸿归尽。又眼底、群公衮衮。作达放颠无不可,劝临淄、且傅当筵粉。城柝沸,夜乌紧。"

《清朝文献通考》卷二三四经籍考:"贞吉词芊眠清丽,寄托遥深。王士禛、彭孙遹、张潮、李良年、曹勋、陈维崧等皆所推挹,实为近代词家之卓者。不必模周范柳,要自成为雅制耳。"

张山来《珂雪词评》:"珂雪词纵横变化,不可方物,非辛非柳,非苏非黄,非周非秦,而辛、柳、苏、黄、周、秦之美毕备。"

曹禾《珂雪词话》:"其词宁为创,不为述,宁失之粗豪,不甘为描写。"

《陈维崧集》有贞吉咏物词序云:"吟成十首,事足千秋。赵明诚《金石》之录,逊此华文;郭弘农《山海》之篇,惭斯雅制。"虽友朋推挹之词,不无溢量,要在近代词家,亦卓然一作手矣。

【笺证】

《曹实庵咏物词序》载陈维崧《陈检讨四六》卷九。

旧本每调之末必列王士禛、彭孙遹、张潮、李良年、曹勋、陈维崧等评语,实沿明季文社陋习,最可厌憎。今悉删除,以清耳目。且以见文之工与不工,原所其见;传与不传,在所自为。名流之序跋批点,不过木兰之楪。日久论定,其妍丑不由于此,庶假借声誉者,晓然知标榜之无庸焉。

【笺证】

刘声木《苌楚斋续笔》卷二:"张贞字起元,又号杞园,安邱人。与王士禛、高珩等同时,撰有《渠亭山人半部稿》一卷,前有王、高二人序,极为推崇。书虽一卷,多至一百五十二页。《或语》一卷,即《半部稿》二刻。前有宋荦、金德纯、徐文驹、李澄中等序,程邃、余怀、汪耀麟、吴绮、宗元鼎、周在浚、冒襄、黄泰来、程师恭、安致远、王宏撰、曹贞吉、朱缃、沈名荪、庞垲、朱纲诸人题词,多至一百二十六页。"

词选

花间集十卷 江苏巡抚采进本

后蜀赵崇祚编。崇祚字宏基，事孟昶为卫尉少卿，而不详其里贯，《十国春秋》亦无传。案，蜀有赵崇韬，为中书令廷隐之子，崇祚疑即其兄弟行也。

【笺证】

路振《九国志》卷七："庭隐，开封人，世为卿家。庭隐少知兵律，尚气义。始事梁祖，子友亮，因击鞠坠马死，庭隐、董璋等十数人皆追赴汴州，知其无过，竟释不问。……仍就第，册为宋王，经岁不能起，赐肩舆入朝。既谒见，昶感动涕泣，赐金沃盥及绘锦，加太师。卒年六十六。子崇祚、崇韬。"

司马光《资治通鉴》卷二九三："先帝在太原，平二蜀，诸将非有大功，无得典兵，故士卒畏服。今王昭远出于厮养，伊审征、韩保贞、赵崇韬皆膏粱乳臭子，素不习兵，徒以旧恩置于人上，平时谁敢言者。"

诗馀体变自唐，而盛行于五代。自宋以后，体制益繁，选录益众。而溯源星宿，当以此集为最古。唐末名家词曲，俱赖以仅存。

【笺证】

上世纪初敦煌经卷面世后,知《云谣集》为存世最古之词集。朱祖谋《云谣集杂曲子跋》云:"其为词拙朴可喜,洄倚声椎轮大辂。"吴熊和师《唐宋词通论》云:"敦煌词曲最主要的抄卷,是《云谣集杂曲子》……过去一直以《花间集》为我国第一部词的总集。《花间集》结集于后蜀广政三年(940),比《云谣集》的抄本要迟三十年左右。《云谣集》实际上是我国词有总集之始。"

《花间集》所收十八位词人中,除温庭筠、皇甫松、和凝外,馀皆五代后蜀词人。

其中《渔父词》《杨柳枝》《浪淘沙》诸调,唐人仍载入诗集,盖诗与词之转变在此数调故也。

【笺证】

李之仪《跋吴思道小词》:"长短句于遣词中最为难工,自有一种风格,稍不如格,便觉龃龉。唐人但以诗句,而用和声抑扬以就之,若今之歌《阳关词》是也。至唐末,遂因其声之长短句,而以意填之,始一变以成音律。大抵以《花间集》中所载为宗,然多小阕。"

于作者不题名而题官,盖即《文选》书字之遗意。惟一人之词,时割数首入前后卷,以就每卷五十首之数,则体例为古所未有耳。

【笺证】

《花间集》中如温助教庭筠、韦相庄等,乃题名于官职之下,非"不题名而题官"也。亦有别于《文选》之例,如不题班固而题班孟坚,不题左思而题左太冲等。唐人芮挺章编纂于天宝三载(744)的《国秀集》中已署作者官衔,如"天官侍郎李峤""考功员外郎宋之问"等。(李一氓《花间集校后记》,陈尚君、张金耀《四库提要精读》)

《提要》所言体例,如温庭筠分别入卷一卷二,韦庄分别入卷二卷三,牛峤分别入卷三卷四等。

陈振孙谓所录自温庭筠而下十八人,凡五百首,今逸其二。坊刻妄有增加,殊失其旧。

【笺证】

《直斋书录解题》卷二一:"《花间集》十卷。蜀欧阳炯作序,称卫尉少卿字宏基者所集,未详何人。其词自温飞卿而下十八人,凡五百首,此近世倚声填词之祖也。"

李一氓《花间集校后记》:"宋本未分首,卷二皇甫松《采莲子》、卷八孙光宪《竹枝》,皆两首混为一首,总首数确为五百首,并无逸失。"

此为明毛晋重刊宋本,犹为精审。前有蜀翰林学士、中书舍人欧阳炯序,作于孟昶之广政三年,乃晋高祖之天福五年也。

【笺证】

罗争鸣《毛本〈花间集〉来源续证》:"杨绍和《楹书隅录初编》卷五著录公文纸印本时亦云:'四库所收《花间集》十卷,为汲古阁毛氏刊本。子晋所刊各书,往往与所藏宋本不合,此犹其精审者也。此本为宋淳熙十四年丁未,鄂州使库所刊……卷一前四页,卷十后三页,及欧阳炯叙,陆游二跋均佚。毛氏抄补极工。'……结论:毛晋所谓'前有欧阳炯序,后有陆放翁二跋'的宋刻本只是自己抄补的公文纸印本,毛本多从此出,但也参校了其他版本。因此,毛本的来源不可确指,它是一个汇校各本,择善而从的一个新版本。"

后有陆游二跋。其一称斯时天下岌岌,士大夫乃流宕如此,或者出于无聊。不知惟士大夫流宕如此,天下所以岌岌,游未反思其本耳。其二称唐季、五代,诗愈卑而倚声者辄简古可爱,能此不能彼,未易以理推也。

陆游二跋载《渭南文集》卷三十。吴熊和师《唐宋词通论》云："这种批评，在北宋承平时代是不曾听到过的。现在出在身丁兴废、忧怀国事的陆游笔下，就很有时代感和现实感。北宋人作词常以花间为准，南宋仿《花间集》体的就不多，而且爱国有识之士一再发出批评，宋末林景熙《胡汲古乐府序》说：'唐人《花间集》，不过香奁组织之辞，词家争慕效之，粉泽相高，不知其靡。'至于刘克庄《满江红》词：'生怕客谈榆塞事，且教儿诵《花间集》。'则深含愤切之意，完全是对时事感到伤心的反话了。"

不知文之体格有高卑，人之学力有强弱。学力不足副其体格，则举之不足，学力足以副其体格，则举之有馀。律诗降于古诗，故中、晚唐古诗多不工，而律诗则时有佳作。词又降于律诗，故五季人诗不及唐，词乃独胜。此犹能举七十斤者举百斤则蹶，举五十斤则运掉自如，有何不可理推乎。

【笺证】

《直斋书录解题》卷二一："诗至晚唐、五季，气格卑陋，千人一律，而长短句独精巧高丽，后世莫及，此事之不可知晓者。"

陈善《扪虱新话》卷九："唐末诗体卑陋，而小词最为奇绝。今人尽力追之，有不能及者。予故尝以唐《花间集》当为长短句之宗。"

尊前集二卷_{江苏巡抚采进本}

不著编辑者名氏，前有万历间嘉兴顾梧芳序云："余爱《花间集》，欲播传之，而余斯编第有类焉。"似即梧芳所辑，故毛晋亦谓梧芳采录名篇，厘为二卷。而朱彝尊跋则谓于吴下得吴宽手钞本，取顾本勘之。

词人之先后，乐章之次第，靡有不同，因定为宋初人编辑。

【笺证】

朱彝尊《书尊前集后》："《尊前集》二卷，不著编次人姓氏。万历十年，嘉兴顾梧芳镂板以行，釜以谓顾氏书也。康熙辛酉冬，予留吴下，有持吴文定公手抄本告售，书法精楷，卷首识以私印。书肆索直三十金。取顾氏本勘之，词人之先后，乐章之次第，靡有不同，始知是集为宋初人编辑，较之《花间集》，音调不相远也。既还其书，因识于顾氏本后。"

考宋张炎《乐府指迷》曰："粤自隋、唐以来，声诗间为长短句，至唐人则有《尊前》《花间集》。"似乎此书与《花间集》皆为五代旧本。

【笺证】

丁丙《善本书室藏书志》卷四十著录明钞本《尊前集》一卷，并云："此明钞一卷，前无顾序，后有'四十五叶'四字，押以'梅鼎祚印'图记，鼎祚去万历时甚近，如果为顾辑，必不郑重如此，况所录之词皆属唐代，绝不下及宋初，似可信为五代时旧帙也。"

饶宗颐《词集考》："集中载南唐李后主亡国后词作，显非五代旧本。"

然《乐府指迷》一云沈伯时作，又云顾阿瑛作，其为真出张炎与否，盖未可定。

【笺证】

夏承焘《四库全书词籍提要校议》："馆臣仅见张炎《词源》残本，误题为《乐府指迷》。"

又陈振孙《书录解题》歌词类以《花间集》为首，注曰："此近世倚声填词之祖。"而无《尊前集》之名，不应张炎见之，而陈振孙不见。彝尊定为宋本，亦未可尽凭。疑以传疑，无庸强指。

【笺证】

《直斋书录解题》卷二一著录《阳春录》时曾言及《尊前集》："《阳春录》一卷，南唐冯延巳撰。高邮崔公度伯易题其后，称其家所藏，最为详确。而《尊前》《花间》诸集，往往谬其姓氏。近传欧阳永叔词亦多有之，皆失其真也。"

且就词论词，原不失为《花间》之骖乘，玩其情采，足资沾溉，亦不必定求其人以实之也。

【笺证】

元好问《新轩乐府引》引屋梁子语："《麟角》《兰畹》《尊前》《花间》等集，传布里巷。子妇母女交口教授，淫言媟语，深入骨髓，牢不可去，久而与之俱化。"

梅苑十卷_{山东巡抚采进本}

宋黄大舆编。大舆字载万，钱曾《读书敏求记》引王灼之语云字载方，殆书"萬"为"万"，又讹"万"为"方"，如萧方等之转为万等欤？

【笺证】

钱曾《读书敏求记》卷四："《梅苑》十卷。王晦叔曰：'吾友黄载方，歌词直与唐名辈相角。……所居斋前梅花一枝甚盛，因录唐以来词人才士之作，凡数百篇，为斋居之玩，名曰《梅苑》。其乐府号广变风，有赋梅花数曲，亦自奇特。'"

杨武泉《四库全书总目辨误》云："《读书敏求记》卷四之下引王灼曰：'吾友黄载方歌词，直与唐名辈相角。'王灼《碧鸡漫志》卷二：'吾友黄载方歌词，号《乐府广变风》。'皆无'字载方'之语。"

按，《碧鸡漫志》云"吾友黄载万"，意即"字载万"，盖古人呼字而不呼名耳。

又按，清知不足斋丛书本王灼《碧鸡漫志》卷二云"吾友黄载万歌词"，冯金伯《词苑萃编》卷二三引《碧鸡漫志》亦作"吾友黄载万歌词"，非"吾友黄载方歌词"，《词话丛编》即据此本刊印。《读书敏求记》所据不知为何本。

其爵里未详，厉鹗《宋诗纪事》称为蜀人，亦以原序自署岷山耦耕，及《成都文类》载其诗，以意推之耳，无确证也。

【笺证】

黄大舆《梅苑》卷首《梅苑序》："己酉之冬，予抱疾山阳，三径扫迹，所居斋前更植梅一株，晦朔未逾，略已粲然。于是录唐以来词人才士之作，以为斋居之玩。目之曰《梅苑》者，诗人之义，托物取兴；屈原制《骚》，盛列芳草。今之所录，盖同一揆，聊书卷目以贻好事云。岷山耦耕黄大舆载万序。"

厉鹗《宋诗纪事》卷四三："大舆，字载万，南渡初蜀人，号岷山耦耕，尝辑《梅苑》。"

程遇孙《成都文类》卷十一收黄大舆《华亭山房象山》、卷二六收《重修清阴馆记》、卷四四收《似是斋记》。

按：黄大舆爵里虽史无明载，然一生行迹均与蜀地相关，又自称"岷山耦耕"，且与其大略同时之周煇《清波杂志》卷十一亦称"蜀人黄大舆"，故厉鹗《宋诗纪事》称其为蜀人并非无据。

王灼称大舆歌词与唐名辈相角。其乐府号《广变风》，有赋梅花数曲，亦自奇特。然乐府今不传，惟此集仅存。

【笺证】

王灼《碧鸡漫志》卷二："吾友黄载万歌词，号《乐府广变风》，学富才赡，意深思远，直与唐名辈相角逐，又辅以高明之韵，未易求也。载万所居斋前梅花一株甚盛，因录唐以来词人才士之作，凡数百首，为斋居之玩，命曰《梅苑》。《乐府广变风》有赋梅花数曲，亦自奇特。"

周煇《清波杂志》卷十一："绍兴庚辰，在江东得蜀人黄大舆《梅苑》四百馀阕，煇续以百馀阕。……后在上饶，《梅苑》为汤平甫借去。汤时以寓客假居王显道侍郎宅，不戒于火，厦屋百间一夕煨烬，尚何有于梅苑哉！梅史随亦散佚，虽尝补亡，而非元本。"

所录皆咏梅之词，起于唐代，止于南、北宋间。自序称"己酉之冬，抱疾山阳，三径扫迹。所居斋前更植梅一株，晦朔未明，略已粲然，于是录唐以来才士之作，以为斋居之玩，命之曰《梅苑》"。考己酉为建炎二年，正高宗航海之岁，山阳又战伐之冲，不知大舆何以独得萧闲编辑是集，殆己酉字有误乎？

【笺证】

"己酉"乃建炎三年，非建炎二年。据李心传《建炎以来系年要录》卷三十载，知建炎三年（1129）正月，徐州陷落；二月，金军千里奔袭扬州，维扬之变，高宗逃至杭州；三月，苗刘之变；四月高宗复辟，金下髡发令；八月至次年正月，金兵迫袭隆祐太后，金兵渡江；十一月高宗逃往浙东；十二月高宗渡海。

严衍《资治通鉴补》卷七十云："据蒋济传，精湖在山阳；山阳在下邳淮阴县界，今楚州山阳县。"山阳指淮阴一带，今江苏淮安，位于宋金边界，建炎三年战乱频仍，确非萧闲之地。《梅苑》编于蜀，黄大舆《梅苑序》所谓"予抱疾山阳"之"山阳"当非指淮阴，而指山之阳，即岷山之阳，在今四川东南部。

昔屈、宋遍陈香草，独不及梅。六代及唐，篇什亦寥寥可数。自宋人始绝重此花，人人吟咏，方回撰《瀛奎律髓》，于著题之外，别出梅花一类，不使溷于群芳。

【笺证】

《楚辞》所涉香草有江离（芎䓖）、白芷、泽兰、蕙（九层塔）、茹

（柴胡）、留夷（芍药）、揭车（珍珠菜）、杜蘅、菊、杜若（高良姜）、胡（大蒜）、绳（蛇床）、荪（菖蒲）、苹（田字草）、襄荷、石兰（石斛）、枲（大麻）、三秀（灵芝）、稿本、芭（芭蕉）、射干及捻支（红花）等，香木有木兰、椒（花椒）、桂（肉桂）、薜荔、椒（食茱萸）、橘、柚、桂花、桢（女贞）、甘棠（杜梨）、竹、柏等，确不及梅。六朝及唐，咏梅篇什寥寥，周辉《清波杂志》卷十一即云："谋于东州王锡老：'词以苑名矣，诗以史目，可乎？'王曰：'近时安定王德麟诗云："自古无人作花史，官梅须向纪中书。"盖已命之矣。'辉复考少陵诗史，专赋梅才二篇，因他泛及者固多。取专赋，略泛及，则所得甚鲜；若并取之，又有疑焉。叩于汝阴李遏年，李曰：'诗史犹国史也，春秋之法，褒贬于一字，则少陵一联一语及梅，正春秋法也。如"巡檐索笑""满枝断肠""健步移远梅"之句，至今宗之以为故事，其可遏遗？非少陵，则取专赋可也。'"

方回《瀛奎律髓》专选唐宋两代五、七言律诗，凡二十卷：卷一登览类、卷二朝省类、卷三怀古类、卷四风土类、卷五升平类、卷六宦情类、卷七风怀类、卷八宴集类、卷九老寿类、卷十春日类、卷十一夏日类、卷十二秋日类、卷十三冬日类、卷十四晨朝类、卷十五暮夜类、卷十六节序类、卷十七晴雨类、卷十八茶类、卷十九酒类、卷二十梅花类。

大舆此集，亦是志也，虽一题衰至数百阕，或不免窠臼相因、而刻画形容，亦往往各出新意，固倚声者之所采择也。集中兼采蜡梅，盖二花别种同时，义可附见。至九卷兼及杨梅，则务博之失，不自知其泛滥矣。

【笺证】

嵇璜《续文献通考》卷一九八经籍考："黄大舆，《梅苑》十卷。臣等谨按，是集所录皆咏梅之词，起于唐代，止于南北宋。集中兼采腊梅，盖二花异种同时，可以附见。至兼及杨梅，则务博之失矣。"

乐府雅词五卷江苏巡抚采进本

宋曾慥编。慥有《类说》，已著录。

【笺证】

《四库全书总目》卷一二三子部三三杂家类七著录《类说》六十卷，并云："南宋之初，古籍多存，慥又精于裁鉴，故所甄录大都遗文僻典，可以裨助多闻。又每书虽经节录，其存于今者以原本相校，未尝改窜一词……非明人逞臆妄改者所可同日语矣。"

是编皆辑宋人之词，前有朱彝尊题词，谓陈氏《书录解题》载曾端伯《乐府雅词》一十二卷、《拾遗》二卷。此本抄自上元焦氏，止存三卷及拾遗，殆非足本。然彝尊《曝书亭集》又载此书跋云："绎其自序，称三十有四家，合三卷，为足本无疑。"盖此卷首所载为彝尊初稿，集所载乃详定之本也。

【笺证】

朱彝尊《乐府雅词跋》："吴兴陈伯玉《书录解题》载曾端伯所编《乐府雅词》十二卷、《拾遗》二卷，予从藏书家遍访之，未获也。既而抄自上元焦氏，则仅上中下三卷，及《拾遗》二卷而已。绎其自序，称三十有四家，合三卷，词人止有此数，信为足本无疑。"

按，陈振孙《直斋书录解题》卷二一著录"《乐府雅词》三卷、《拾遗》二卷"，非"《乐府雅词》十二卷、《拾遗》二卷"，载"《乐府雅词》十二卷、《拾遗》二卷"者乃马端临《文献通考》卷二四六经籍考七三，并云"陈氏曰曾慥编"，知马端临抄录自《直斋书录解题》，朱彝尊误《文献通考》为《直斋书录解题》。《文献通考》凡录《直斋书录解题》则全文照录,因古书文字为竖排,此当是马端临抄录《直斋书录解题》时误析"三"为"一二",《直斋书录解题》应不误。孙星衍《平津馆鉴藏书籍记》卷三即云:"《乐府雅词》三卷《拾遗》二卷,前有绍兴丙寅曾慥序,后有朱竹垞《曝书亭题跋》。曾慥原编卅四家书止五卷,马端临《文献通考》引《陈氏书录解题》作十二卷,是传写之误。"

慥自序谓涉谐谑则去之,当时艳曲谬托欧公者悉删除之,则命曰"雅词",具有风旨,非靡靡之音可比。

【笺证】

曾慥《乐府雅词自引》:"予所藏名公长短句,裒合成篇,或后或先,非有诠次,多是一家,难分优劣,涉谐谑则去之,名曰《乐府雅词》。九重传出,以冠于篇首,诸公转踏次之。欧公一代儒宗,风流自命,词章窈眇,世所矜式。当时小人或作艳曲,谬为公词,今悉删除。凡三十有四家,虽女流亦不废。此外,又有百余阕,平日脍炙人口,咸不知姓名,则类于卷末,以俟询访,标目《拾遗》云。绍兴丙寅上元日,温陵曾慥引。

按,除曾慥外,宋人尚有蔡絛、王灼等云欧阳修词集中之淫词艳曲非欧公所作,乃他人嫁祸,如蔡絛《西清诗话》云:"欧阳修之浅近者,谓是刘煇所伪作。"王灼《碧鸡漫志》卷二云:"欧阳永叔所集歌词,自作者三之一耳。其间他人数章,群小因指为永叔,起暧昧之谤。"

至于道宫《薄媚·西子词》排遍之后有入破、虚催、衮遍、摧拍、歇拍、煞衮诸名,皆他本所罕载,犹见宋人旧法,不独《九张机》词仅见于此,是又足资词家之考证矣。

【笺证】

朱彝尊《乐府雅词跋》:"卷首冠以《调笑》绝句,云是九重传出，此大晟乐之遗音矣。转踏之义，《碧鸡漫志》所未详，《九张机》词仅见于此。而《高丽史·乐志》：'文宗二十七年十一月，教坊女弟子楚英奏新《九张机》，用弟子十人。'则其节度犹具，所谓礼失而求诸野也。道宫《薄媚·西子词》排遍之后，有入破、虚催、衮遍、催拍、歇拍、煞衮，其音义不传。《拾遗》则以调编次第。曩见鸡泽殷伯岩、曲周王湛求永年、申和孟随叔，言作长短句必曰'雅词'，盖词以雅为尚。得是编，《草堂诗馀》可废矣。"

秦恩复《乐府雅词跋》："卷首载《转踏》、《调笑》、《九张机》、道宫《薄媚》诸词，为他选所未及。而南宋以后词人，借此书十存其五六，即藏书家亦罕入著录。"

花庵词选二十卷内府藏本

宋黄昇撰。其书成于淳祐乙酉。

【笺证】

黄昇《中兴以来绝妙词选》卷首《绝妙词选序》后署"淳祐己酉百五，玉林"，《绝妙词选》卷首胡德方《绝妙词选序》署"淳祐己酉上巳，前进士胡德方季直序"，均言"己酉"而非"乙酉"。胡玉缙《四库全书总目提要补正》云："自序及胡德方序并称淳祐己酉(1249)，淳祐无乙酉。"李裕民《四库提要订误》亦云："淳祐(1241—1252)无乙酉，'乙'当做'己'，'乙'、'己'形近易误。淳祐己酉即淳祐九年(1249)。"

前十卷曰《唐宋诸贤绝妙词选》，始于唐李白，终于北宋王昴，方外、闺秀各为一卷附焉。后十卷曰《中兴以来绝妙词》，始于康与之，终于洪瑹，昇所自作词三十八首亦附录于末。

【笺证】

毛晋《散花庵词跋》："叔阳自号玉林，别号花庵词客。早弃科举,雅意读书,颜其居曰散花庵。尝选唐宋词及中兴以来词各十卷,曰《绝妙词选》。末载自制词四十首,有总跋云:‘其间体制不同,无非英妙杰特之作。’昔游受斋称其诗为‘晴空冰柱’,楼秋房喜其与魏菊庄友善,以泉石清士目之,余于其词亦云。

　　彭元瑞《天禄琳琅书目后编》卷十二:“《绝妙词选》一函五册,宋黄昇编。昇,字叔旸,号玉林,闽人。书二十卷,曰《唐宋诸贤绝妙词》十卷,李白以下一百三十四家。曰《中兴以来绝妙词》十卷,康与之以下八十八家,而以昇自作三十八首为附录。每人下各注仕履,中兴以来人标其字,间作评语。前有淳祐己酉昇自序,云亲友刘诚甫谋刊诸梓。又胡德方序,称其早弃科举,与魏菊庄为友,即编《诗人玉屑》者,并以泉石清士目之。至今倚声家以《花间》《绝妙》两集为金科玉律也。”

　　丁丙《善本书室藏书志》卷四十:“《中兴以来绝妙词选》十卷明刊本,此即黄昇之《花庵词选》后十卷也。昇,字叔旸,号玉林,自著《散花庵词》一卷。又于淳祐己酉选唐宋诸贤词前后各十卷,而《读书敏求记》仅载《中兴以来绝妙好词》十卷,云万历二年龙邱桐源舒氏新雕本,此则淳祐己酉所刻也,似当时各自别行。此本词人始康伯可、终黄叔旸,每人名之下各注字号里贯,每篇题之下亦间附评语,洵足以资考证,较之汲古所刊差为近古,其源当从淳祐本出也。”

前十卷内颇有已入南宋者,盖宣和、靖康之旧人,过江犹在者也。然后十卷内如康与之、陈与义、叶梦得亦皆北宋旧人,又不知其以何断限矣。

　　【笺证】

　　瞿镛《铁琴铜剑楼藏书目录》卷二四集部六:“《中兴以来绝妙词选》十卷,明刊本,题花庵词客编。集有淳祐己酉玉林自序。玉林,黄昇字也。后有无名氏题记,云谓玉林此编姑据家藏文集之所有,朋游闻见之,所传嗣有所得。当续刊之,若其序次亦随得本之先后,非固为之高下也。"

观昇自序,其意盖欲以继赵崇祚《花间集》、曾慥《乐府雅词》之后,故搜罗颇广。其中如李后主《山花子》一首,本李璟之作,《南唐书》载冯延巳之对可证,亦未免小有疏舛。

【笺证】

　　沈雄《古今词话》词品卷上:"黄昇曰:'长短句始于唐,盛于宋。唐词具载《花间集》,宋词多见于曾端伯所编《复雅》一集,兼采唐宋,迄于宣和之季,凡四千三百馀首。吁,亦备矣。况中兴以来,作者继出,及乎近世,人各有词,词各有体,知之而未见,见之而未尽者,不胜算也。'"

　　胡玉缙《四库全书总目提要补正》:"《花庵词选》二十卷。观昇自序,其意盖欲以继赵崇祚《花间集》、曾慥《乐府雅词》之后。案又自序称'唐词具载《花间集》,宋词多见于曾端伯所编,而《复雅》一集又兼采唐、宋迄于宣和之季,凡四千三百馀首,吁,亦备矣!况中兴以来,作者继出'云云,绎其语意,是前集欲以继赵、曾之选,后集则意在继《复雅》也。《复雅》者,陈氏所谓鲖阳居士所编,不著姓名者也,《提要》因此不复举,疏矣。"

然昇本工词,故精于持择。自序称"暇日裒集得数百家",而所录止于此数,去取亦特为谨严,非《草堂诗馀》之类参杂俗格者可比。又每人名之下各注字号里贯,每篇题之下亦间附评语,俱足以资考核,在宋人词选要不失为善本也。

【笺证】

　　张炎《词源》卷下:"近代词人用功者多,如《阳春白雪》集,如《绝妙词选》,亦自可观。但所取不精一,岂若周草窗所选《绝妙好词》之为精粹。"

彭元瑞《天禄琳琅书目后编》卷十二:"《绝妙词选》一函五册。宋黄昇编。昇,字叔旸,号玉林,闽人。书二十卷,曰《唐宋诸贤绝妙词》十卷,李白以下一百三十四家。曰《中兴以来绝妙词》十卷,康与之以下八十八家,而以昇自作三十八首为附录。每人下各注仕履。中兴以来人标其字,间作评语。前有淳祐己酉昇自序,云亲友刘诚甫谋刊诸梓。又胡德方序,称其早弃科举,与魏菊庄为友,即编《诗人玉屑》者,并以泉石清士目之。至今倚声家以《花间》《绝妙》两集为金科玉律也。"

类编草堂诗馀四卷通行本

不著编辑者名氏,旧传南宋人所编。考王楙《野客丛书》作于庆元间,已引《草堂诗馀》张仲宗《满江红》词证"蝶粉蜂黄"之语,则此书在庆元以前矣。

【笺证】

王楙《野客丛书》卷二四:"《草堂诗馀》载张仲宗《满江红》词:'蝶粉蜂黄都褪却。'注:'蝶粉蜂黄,唐人宫妆。'仆观李商隐诗有曰:'何处拂胸资蝶粉,几时涂额藉蜂黄。'知《诗馀》所注为不妄。唐《花间集》却无此语,或者谓蝶交则粉落,蜂交则黄落。"

王楙《野客丛书》卷首《小序》:"此书自庆元改元以来凡三笔矣,继观他书,间有暗合,不免为之窜易。转乌为焉,吏笔舛讹,以俟订正。续有数卷,见《别录》云。嘉泰二年十月初五日楙再书于仪真郡斋之平易堂。"

词家小令、中调、长调之分自此书始,后来《词谱》依其字数以为定式,未免稍拘,故为万树《词律》所讥。然填词家终不废其名,则亦倚声之

格律也。

【笺证】

朱彝尊《词综·发凡》：“宋人编集歌词，长者曰慢，短者曰令，初无中调、长调之目。自顾从敬编《草堂词》以臆见分之，后遂相沿，殊属牵率。”

沈雄《古今词话》词品卷上：“沈际飞曰：‘唐人长短句，小令耳，后衍为中调、长调，其故以换头双调联合之者，中调也。复系之以近、以犯、以慢分别之，如院本之名犯、名赚、名破之类，且顾从敬编辑草堂，以臆见分之，后遂相沿耳。’”

朱彝尊作《词综》，称《草堂》选词可谓无目，其诋之甚至。

【笺证】

《词综》外，朱彝尊尚多批评《草堂》之语，如其《乐府雅词跋》（《曝书亭集》卷四三）云：“孟随叔言作长短句必曰雅词，盖词以雅为尚，得是编，《草堂诗馀》可废矣。”《书绝妙好词后》（《曝书亭集》卷四三）云：“词人之作自《草堂诗馀》盛行，屏去激楚阳阿，而巴人之唱齐进矣。周公谨《绝妙好词》本虽未全醇，然中多俊语，方诸《草堂》所录，雅俗殊分，顾流布者少。”后田同之《西圃词说》亦云：“宋人选词尚雅，言情之作，易流于秽，此宋人选词，多以雅为尚。法秀道人语涪翁曰：‘作艳词当堕犁舌地狱。’正指涪翁一等体制而言耳。填词最雅，无过石帚，而《草堂诗馀》不登其只字，可谓无目者也。”

今观所录，虽未免杂而不纯，不及《花间》诸集之精善。然利钝互陈，瑕瑜不掩，名章俊句，亦错出其间，一概诋排，亦未为公论。

【笺证】

与朱彝尊等崇雅派不同，明人对《草堂诗馀》评价甚高，如王骥德《曲律》卷四云：“宋词见《草堂诗馀》者，往往妙绝。”毛晋《草堂诗馀跋》云："宋元间词林选本几屈百指，惟《草堂》一编飞驰，几百年来，凡歌栏酒榭，丝而竹之者，无不拊髀雀跃。及至寒窗腐儒，挑灯闲看，亦未尝欠伸鱼睌，不知何以动人一至此也。"

此本为明杭州顾从敬所刊，前有嘉靖庚戌何良俊序，称为从敬家藏宋刻，较世所行本多七十馀调，其刻在汲古阁本之前。又诸词之后多附以当时词话，汲古阁本皆无之。考所引黄昇《花庵选》、周密《绝妙好词》均在宋末，知为后来所附入，非其原本。然采摭尚不猥滥，亦颇足以资考证，故仍并存焉。

【笺证】

胡玉缙《四库全书总目提要补正》："友人吴伯宛昌绶乙卯年覆刻洪武壬申遵正书堂本，题《增修笺注妙选群英草堂诗馀》前后集，各分上下卷，半叶十三行，行大字二十三，小字二十九、三十不等，前有《类选群英诗馀总目》，前集春景、夏景、秋景、冬景四类，后集节序、天文、地理、人物、人事、饮馔、器用、花禽七类，子目六十有六，句下注故实，后附词话，各类中多有新增或新添字，标题亦曰增修。吴氏跋云：陈振孙《直斋书录解题》《草堂诗馀》二卷，书坊编集者，此见于著录之始，惟其出坊肆人手，故命名不伦，所采亦多芜杂，取便时俗，流传浸广，宋刻今不可见，遵正书堂刊本，非宋时二卷之旧，在今日已为古本，日本守野博士有元至正癸未庐陵泰宇书堂刊本，《后集》与洪武本同，惟《前集》半叶十二行，注语行款小异，版已刓敝，中多缺页，癸未至壬申仅五十年，泰宇、遵正，同是江西坊肆，盖先有十二行本，岁久版损，遂以十三行本之后集合印，转不如洪武本为完善也。昌绶又有嘉靖间安肃荆聚春山所刻大字本，半叶九行，行大小均十八字，亦从此出，天一阁旧藏嘉靖戊戌闽沙太学生陈钟秀校刊二卷本，南京国子监丞陈宗谟序，题《精选名贤词话草堂诗馀》，分时令、节序、怀古、人物、人事、杂咏六类，次序不同，注亦有异，其目录题重刊《草堂诗馀》，虽经羼乱，尚未尽失其真。至嘉靖庚戌，上海顾从敬刻《类编草堂诗馀》四卷，题武陵山人编次，开云逸史校正，以小令、中调、长调分编，间采词话，是为别本之始，何良俊序称从敬家藏宋刻，较世行本多七十馀调，明系依托，自此本行，而旧本遂微。如万历间上元昆石山人本四卷，则用顾刻增注故实，今溪胡桂芳本三卷，则用顾刻改分时令、名胜、花卉、禽鸟、宫闺、人事、杂咏七类，吴郡沈际飞本六卷，则用顾刻加以评注，又附《别集》《续集》《新集》，汲古阁《词苑英华》本，则用顾刻删去词话，此类尚多，要皆自顾本出也。光绪间，王给谏鹏运始刻陈钟秀本，于顾刻分调之缪辨之甚晰，特犹未睹元、明旧帙，四百年来，相沿之陋，今乃为之别白，因略疏源流如左云云。又云：沈际飞本，秦士奇序曰：词流于唐而盛于宋，乃选填词曰《草堂诗馀》，而杨用修以青莲诗名《草堂集》，诗馀者，青莲《忆秦娥》《菩萨蛮》二首为开山词祖，案前人释'草堂'名义，仅见升庵此说，元凤林书院选词，复袭其名，尤可异已。玉缙案：洪武本《后集》胡浩然《万年欢》一阕，注引宋陶穀词云云，知增修笺注，当出于元人。谭廷献《复堂日记》四云：所录但删去柳耆卿、黄山谷、胡浩然、康伯可、僧仲殊诸人恶札，则两宋名章迥句传诵人间者略具，宜其与《花间》并传，未可废也。《诗馀续编》二卷，不知出何人？择言雅矣，然原选正不讳俗，盖以尽收当时传唱歌曲耳，续采及元人，疑出明代，然卷中录稼轩、白石诸篇，陈义甚高，不随流俗。玉缙案：谭所见当是沈本。"

绝妙好词笺七卷兵部侍郎纪昀家藏本

《绝妙好词》，宋周密编。其笺则国朝查为仁、厉鹗所同撰也。

【笺证】

《清朝文献通考》卷二三八经籍考："《绝妙好词笺》七卷。查为仁、厉鹗同撰。为仁字心谷,号莲坡,宛平人,康熙辛卯举人。"

密所编南宋歌词始于张孝祥,终于仇远,凡一百三十二家,去取谨严,犹在曾慥《乐府雅词》、黄昇《花庵词选》之上。又宋人词集,今多不传,并作者姓名亦不尽见于世,零玑碎玉,皆赖此以存,于词选中最为善本。

【笺证】

张炎《词源》卷下:"近代词人用功者多,如《阳春白雪》集,如《绝妙词选》,亦自可观。但所取不精一,岂若周草窗所选《绝妙好词》之为精粹。"

厉鹗《绝妙好词笺序》:"《绝妙好词》七卷,南宋弁阳老人周密公谨所辑。宋人选本朝词如曾端伯《乐府雅词》、黄叔旸《花庵词选》,皆让其精粹,盖词家之准的也。所采多绍兴迄德祐间人,自二三巨公外,姓字多不著。夫士生隐约,不得树立,功业炳焕天壤,仅以词章垂称后世,而姓字犹在若灭若没间,无人为从故纸堆中抉剔出之,岂非一大恨事耶!"

嵇璜《续文献通考》卷一九八经籍考:"周密《绝妙好辞》七卷,密见史类。臣等谨按,是集取南宋歌词,始于张孝祥,终于仇远,凡一百三十二家。去取精审,在曾慥《乐府雅词》黄昇《花庵词选》之上。"

初,为仁采摭诸书以为之笺,各详作者里居出处,或因词而考证其本事,或因人而附载其佚闻,以及诸家评论之语,与其人之名篇秀句不见于此集者,咸附录之。会鹗亦方笺此集,尚未脱稿。适游天津,见为仁所笺,遂举以付之。删复补漏,合为一书。今简端并题二人之名,不没其助成之力也。所笺多泛滥旁涉,不尽切于本词,未免有嗜博之弊。

【笺证】

厉鹗《绝妙好词笺序》："《绝妙好词》七卷……津门查君莲坡研精风雅,耽玩倚声……于是编尤所留意,特为之笺,不独诸人里居出处,十得八九,而词中之本事、词外之佚事,以及名篇秀句,零珠碎金,攈拾无遗。俾读者展卷时,恍然如聆其笑语而共其游历也。予与莲坡有同好,向尝缀拾一二,每自矜创获,会以衣食奔走,不克卒业。及来津门,见莲坡所辑,颇有望洋之叹,并举以付之,次第增入焉。譬诸掇遗材以裨建章、投片琼以厕悬圃,其为用不已微乎?莲坡通怀集益,犹不忘所自,必欲附贱名于简端,辞不得已,因述其颠末如此云。"

朱彭寿《安乐康平室随笔》卷一:"宋周密所编《绝妙好词》,于词选中最为精本。乾隆初,查为仁、厉鹗同为笺注,每遇词中警句,特引元人陆辅之韶所撰《词旨》一一标出,以示学者,用意甚善。第周氏所选,仅为南宋人词。兹于李唐五代以迄两宋,凡属词中警句,择其尤佳者,汇记于此,以资讽诵,犹诗家摘句图列也。"

然宋词多不标题,读者每不详其事,如陆游之《瑞鹤仙》、韩元吉之《水龙吟》、辛弃疾之《祝英台近》、尹焕之《唐多令》、杨恢之《二郎神》,非参以他书,得其源委,有不解为何语者,其疏通证明之功,亦有不可泯者矣。

【笺证】

《绝妙好词笺》卷一选陆游《朝中措·幽姿不入少年场》《乌夜啼·金鸭馀香尚暖》《乌夜啼·纨扇婵娟素月》三词,未见有《瑞鹤仙》词,陆游现存词亦未见有以《瑞鹤仙》入调者。陆游兄陆淞有《瑞鹤仙·脸霞红印枕》,《绝妙好词笺》卷一正有此词,并引《耆旧续闻》及张炎语为之笺证。《提要》误陆淞为陆游。

《绝妙好词笺》卷一有韩元吉《水龙吟》,引《耆旧续闻》《文献通考》《墨庄漫录》三书以笺;同卷录辛弃疾《祝英台近》,并引《贵耳集》《归潜志》《清波别志》《太平清话》为之笺;同书卷三录尹焕《唐多令》,并引《齐东野语》及吴文英词以笺之;同书卷五录杨恢《二郎神》,并引《挥麈录馀话》为之笺。

密有《癸辛杂识》诸书,鹗有《辽史拾遗》,皆已著录。

【笺证】

《四库全书总目》卷一四一子部五一小说家类二著录周密《癸辛杂识前集》一卷《后集》一卷《续集》二卷《别集》二卷,并云:"是编以作于杭州之癸辛街,因以为名,与所作《齐东野语》大致相近。然《野语》兼考证旧文,此则辨订者无多,亦皆非要义;《野语》多记朝廷大政,此则琐事杂言居十之九,体例殊不相同,故退而列之小说家,从其类也。……书中所记颇猥杂,如'姨夫眼眶'诸条,皆不足以登记载。而遗文佚事可资考据者实多,究在《辍耕录》之上。所记罗椅、董敬庵、韩秋岩诸人于宋末讲学之弊,言之最悉。其引沈仲固语一条,周平原语一条,尤言言炯戒,有关于世道人心,正未可以小说忽之矣。"

《四库全书总目》卷四六史部二正史类二著录厉鹗《辽史拾遗》二十四卷,云是书"拾《辽史》之遗,有注有补,均摘录旧文为纲,而参考他书条列于下。……采摭群书至三百馀种,均以旁见侧出之文,参考而求其端绪。年月事迹,一一钩稽。……采辑散佚,足备考证。

为仁字心谷,号莲坡,宛平人。康熙辛卯举人。是集成于乾隆己巳,刻于庚午。鹗序称其尚有《诗馀纪事》如干卷,今未之见,殆未成书歍。

【笺证】

厉鹗《绝妙好词笺序》:"津门查君莲坡研精风雅,耽玩倚声,披阅之暇，随笔剳记，辑有《诗馀纪事》如干卷。"

乐府补题一卷 江苏巡抚采进本

不著编辑者名氏，皆宋末遗民倡和之作。

【笺证】

　　陈旅《陈如心墓志铭》(《安雅堂集》卷十二)云："公讳恕可，字行之，一字如心……遗文有《志言稿》《馀学稿》《宛委永言》《古今率录》《复古篆韵》《词谱编目》《乐府补题》藏于家。"知《乐府补题》为陈恕可编。瞿镛《铁琴铜剑楼藏书目录》卷二四集部六著录旧钞本《乐府补题》一卷，并云："不著编辑姓氏。案陈旅《安雅堂文集·陈恕可墓志》，知为恕可所辑，旧钞'陈'皆误'练'，所录皆宋末人词，王沂孙、周密、王易简、冯应瑞、唐艺孙、吕同老、李彭老、陈恕可、唐珏、赵汝钠、李居仁、张炎、仇远，凡十三人。多一题同赋，题下注明其处，曰委宛山房、浮翠山房、紫云山房、馀闲书院、天柱山房等，盖当时会友所作也。委宛山房，即恕可所居之室，自号委宛山人。"

　　夏承焘《〈乐府补题〉考》据陈旅《陈如心墓志铭》及倪灿《补辽金元艺文志》，考证此书应由陈恕可、仇远二人编定。

凡赋龙涎香八首，其调为《天香》；赋白莲十首，其调为《水龙吟》；赋莼五首，其调为《摸鱼儿》；赋蝉十首，其调为《齐天乐》；赋蟹四首，其调为《桂枝香》。作者为王沂孙、周密、王易简、冯应瑞、唐艺孙、吕同老、李彭老、练恕可、唐珏、赵汝钠、李居仁、张炎、仇远等十三人，又无名氏二人。

【笺证】

　　陈维崧《陈检讨四六》卷九《乐府补题序》："《乐府补题》倡和

作者为玉笥王沂孙圣与、蘋洲周密公谨、天柱王易简理得、友竹冯应瑞祥父、瑶翠唐艺孙英发、紫云吕同老和甫、箕房李彭老商隐、宛委陈恕可行之、菊山唐珏玉潜、月洲赵汝钠真卿、五松李居仁师吕、玉田张炎叔夏、山村仇远仁近，共十三人，又无名氏二人。题为宛委山房赋龙涎香、浮翠山房赋白莲、紫云山房赋莼、馀闲书院赋蝉、天柱山房赋蟹。调则为《天香》、为《水龙吟》、为《摸鱼儿》《齐天乐》《桂枝香》，凡五，共词三十七首，为一卷。嗟乎！此皆赵宋遗民作也。"

夏承焘《四库全书词籍提要校议》："此编作者共十四人，卷中浮翠山房赋白莲、馀闲书院赋蝉，王树荣跋谓'浮翠'即唐艺孙'瑶翠'之讹，非别一人。惟'馀闲'何人，不可考耳。《提要》谓佚名者二人，实仅一人耳。此书各词实为杨琏真伽发越中六陵而作，予另有《乐府补题考》，详考其事。"

其书诸家皆不著录。前有朱彝尊序，称"为常熟吴氏抄本，休宁汪晋贤购之长兴藏书家，而蒋景祁镂版以传"云云，则康熙中始传于世也。彝尊序又称："当日倡和之篇必不止此，亦必有序以志岁月，惜今皆逸"云云，其说亦是。然疑或墨迹流传，后人录之成帙，未必当时即编次为集，故无序目，亦未可知也。

【笺证】

朱彝尊《乐府补题序》："《乐府补题》一卷，常熟吴氏抄白本，休宁汪晋贤购之长兴藏书家，余爱而亟录之，携至京师，宜兴蒋京少好倚声，为长短句，读之赏击不已，遂镂版以传。按集中作者：唐玉潜氏以攒宫改殡，义声著闻。周公谨氏寓居西吴，自称弁阳老人，而武陵遗事题曰泗水潜夫者，《研北杂志》谓即公谨。仇仁近氏，诗载《月泉吟社》中。张叔夏氏词序，谓郑所南氏作。王圣与氏，先叔夏卒，叔夏为题集，绎其词，殆尝仕宋为翰林。其馀虽无行事可考,大率皆宋末隐君子也。诵其词可以观志意所存,虽有山林朋友之娱,而身世之感,别有凄然言外者,其骚人《橘颂》之遗音乎?度诸君子在当日倡和之篇必不止此,亦必有序以志岁月,惜今皆逸矣。幸而是编仅存,不为蟫蚀鼠啮,经四百年,藉二子之功得复流播于世。词章之传不传,盖亦有数焉。"

邵懿辰《增订四库简明目录标注》:"《乐府补题》一卷。不著编辑者名氏。旧无刊本。康熙中始行于世。前后无序跋,亦无目录,疑从墨迹录出也。有知不足斋本。康熙中蒋景祁刊本。[续录]汲古阁钞本。漱六编本。杭州顾氏刊本。朱氏刊本。乾隆刊本。道光王氏刊本。"

花草粹编十二卷附录一卷礼部尚书曹秀先家藏本

明陳耀文编。耀文有《经典稽疑》,已著录。

【笺证】

《四库全书总目》卷三三经部三三五经总义类著录陈耀文《经典稽疑》二卷,并云:"此书取汉唐以来说经之异于宋儒者,分条辑载。上卷为'四书',下卷为《易》《书》《诗》《春秋》《礼记》《周礼》。先儒专门之学各有师承,非同臆说。耀文欲存诸经古训,但当采郑、王、贾、孔遗言,不应杂以明人议论。"

是编采掇唐宋歌词,亦间及于元人,而所采殊少。自序称是集因唐《花间集》、宋《草堂诗馀》而起,故以《花草粹编》为名。

【笺证】

陈耀文《花草粹编序》:"夫填词者,古乐府流也,自昔选次者众矣,唐则有《花间集》,宋则《草堂诗馀》。诗盛于唐而衰于晚叶,至夫词调独妙绝无伦。然宋之《草堂》盛行而《花间》不显,故知宣情易感、含思难谐者矣。……因复益以诸人之本集，各家之选本，记录之所附载，翰墨之所遗留，上溯开天，下讫宋末，曲调不载于旧刻者，元词间亦与焉。"

嵇璜《续文献通考》卷一九八："自序称是集因唐《花间集》、宋《草堂诗馀》而起，故以《花草萃编》为名。"

然使惟以二书合编，各采其一字名书，已无义理，乃综括两朝之词，而以"花"字代唐字，以"草"字代宋字，衡以名实，尤属未安。

【笺证】

相较于唐词，五代词成就更高、影响更大；而相较于花间词，南唐君臣词成就更高、影响更大。李煜后期词情真意苦，脱离《花间集》艳丽词风，开宋词新境；冯延巳词意深思远，永叔得其深，同叔得其俊，为北宋前期词导夫先路。故《花间集》乃唐五代重要一翼，然实不能完全代表唐五代词，不然欲置南唐词于何地耶？《草堂诗馀》乃南宋书坊所编，鄙俚亵狎，杂而不纯，实亦不能代表宋词风貌。明人重情，杨慎、王世贞等人倡以《花间集》《草堂诗馀》，耳食之徒乃专奉此二书为准的，不知世间尚有苏、辛之豪放，并不知有周、姜之雅洁，确属未安。

然其书捃摭繁富，每调有原题者，必录原题。或稍僻者，必著采自某书。其有本事者，并列词话于其后。其词本不佳，而所填实为孤调，如《缕缕金》之类，则注曰"备题"。编次亦颇不苟。盖耀文于明代诸人中，犹讲考证之学，非嘲风弄月者比也。

【笺证】

陈耀文《花草萃编序》云："其义例以世次为后先，以短长为小大，为卷一十有二，计词三千二百八十馀首。丽则兼收，不无有乖于大雅。"《花草萃编》以《花间》《草堂》为主，益以《乐府雅词》《花庵词选》《梅苑》《古今词话》《天机馀锦》《翰墨大全》等词集，选录

唐、宋、元诸家词,以小令、中调、长调为先后,征引繁富,笺释详赅,
足资参考。其中如《天机馀锦》自编成后即湮没无闻,少有流传,
《花草粹编》录其十六条,成为其传播的主要渠道,全书之明抄本直
至上世纪末始被王兆鹏师等揭载于世。

**虽纠正之详,不及万树之《词律》,选择之精,不及朱彝尊之《词综》,
而裒辑之功,实居二家之前。创始难工,亦不容以后来掩矣。**

【笺证】

　　明人制谱如《啸馀谱》《填词图谱》等,虽有开创之功,然草创
之作,加之明人为学,原本空疏,故其制谱,体例不精,抉择不严。
清人万树起而纠偏补弊,著《词律》一书,纠《啸馀谱》《填词图谱》
及诸家词集之舛讹,几成最重要之词谱类著作。《词综》选辑唐五
代宋金元诸家词三十六卷,简择不苟,录词人凡六百五十馀家,词
作二千二百五十多首,虽卷帙颇富,然较之《花草粹编》选词三千二
百多首八百馀调,又差之远矣。且其所录之词,有多不见于他书
者。《蕙风词话》卷三即云:"《萃编》之所以可贵,以其多载昔贤不
经见之作也。"故裒辑之功,《花草粹编》实居二书之前。

**此本与《天中记》版式相同,盖犹耀文旧刻。而卷首乃有延祐四年陈
良弼序,刊刻拙恶,仅具字形,而其文则仍耀文之语,盖坊贾得其旧
版,别刊一序弁其首,以伪为元版耳。**

【笺证】

　　据王重民《中国善本书提要》可知,《花草粹编》明版有万历十
一年十二卷本和万历十五年二十四卷本。其中十二卷本原本不
存,仅有况周颐钞本,然朱祖谋校勘时认为钞本较原本已有改动,
无法看到此本原貌:"然勘以原本,间有不合,殆已多臆改矣。"根据
《提要》中提到的"此本与《天中记》版式相同",可知四库本《花草
粹编》与《天中记》版式相同,但据《中国善本书提要》,二十四卷本

与四库本的《天中记》(即万历二十三年本)板式不同,因此可以推断《四库全书》著录的《花草稡编》应是以明万历十一年(1583)陈耀文初刻的十二卷本为底本,但原书已亡佚,无从考证。

御定历代诗馀一百二十卷

康熙四十六年圣祖仁皇帝御定。所录词自唐至明,凡一千五百四十调九千馀首,厘为一百卷。又词人姓氏十卷,词话十卷。

【笺证】

清代官修《国朝宫史》卷三三书籍十二:"《御选历代诗馀》一部,圣祖仁皇帝命词臣选自唐迄明九百五十七人之词尤雅正者,亲加论定。以调之长短为次,各分时代,自十六字至二百四十字,凡千五百四十调,凡百卷,词九千九首。后附词话十卷,七百六十三则。康熙四十六年校刊。"

考梁代吴声歌曲,句有短长,音多柔曼,已渐近小词。

【笺证】

郭茂倩《乐府诗集》卷四四:"《晋书·乐志》曰:'吴歌杂曲,并出江南。东晋已来,稍有增广。'其始皆徒歌,既而被之管弦。盖自永嘉渡江之后,下及梁、陈,咸都建业,吴声歌曲起于此也。"

唐初作者云兴,诗道复振,故将变而不能变。迨其中叶,杂体日增,于是《竹枝》《柳枝》之类先变其声,《望江南》《调笑令》《宫中三台》之类遂变其调,然犹载之诗集中,不别为一体。

【笺证】

刘禹锡《竹枝词序》:"四方之歌,异音而同乐。岁正月,余来建平,里中儿联歌《竹枝》,吹短笛击鼓以赴节,歌者扬袂睢舞,以曲多为贤。聆其音,中黄钟之羽,其卒章激讦如吴声。虽伦伧不可分,而含思宛转,有淇、濮之艳。昔屈原居沅、湘间,其民迎神,词多鄙陋,乃为作《九歌》,到于今荆、楚鼓舞之。故余亦作《竹枝词》九篇,俾善歌者扬之,附于末。后之聆巴歈,知变风之自焉。"

郭茂倩《乐府诗集》卷八一:"《竹枝》本出于巴渝。唐贞元中,刘禹锡在沅湘,以俚歌鄙陋,乃依骚人《九歌》作《竹枝》新辞九章,教里中儿歌之,由是盛于贞元、元和之间。"

王灼《碧鸡漫志》卷五:"《杨柳枝》,《鉴戒录》云:'《柳枝歌》,亡隋之曲也。'前辈诗云:'万里长江一旦开,岸边杨柳几千栽。锦帆未落干戈起,惆怅龙舟更不回。'又云:'乐苑隋堤事已空,万条犹舞旧春风。'皆指汴渠事。而张祜《折杨柳枝》两绝句,其一云:'莫折宫前杨柳枝,元宗曾向笛中吹。伤心日暮烟霞起,无限春愁生翠眉。'则知隋有此曲,传至开元。《乐府杂录》云,白傅作《杨柳枝》。予考乐天晚年与刘梦得唱和此曲,白云:'古歌旧曲君休听,听取新翻杨柳枝。'又作《杨柳枝二十韵》云:'乐童翻怨调,才子与妍词。'注云:'洛下新声也。'刘梦得亦云:'请君莫奏前朝曲,听唱新翻杨柳枝。'盖后来始变新声,而所谓乐天作《杨柳枝》者,称其别创词也。"

张炎《词源》卷下:"粤自隋唐以来,声诗间为长短句。至唐人则有《尊前》《花间集》,迄于崇宁,立大晟府,命周美成诸人讨论古音,审定古调,沦落之后,少得存者。由此八十四调之声稍传,而美成诸人又复增演慢曲引近,或移宫换羽为三犯四犯之曲,按月律为之,其曲遂繁。"

清代官修《国朝宫史》卷三三:"唐兴,古诗而外,创为近体。而五七言绝句或传于伶人;顾他诗不尽协于乐部,其间如李白之《清平调》《忆秦娥》《菩萨蛮》,刘禹锡之《浪淘沙》《竹枝词》,洎温庭筠、韦庄之徒,相继有作,而新声迭出。时皆被诸管弦,是诗之流而为词,已权舆于唐矣。"

洎乎五季，词格乃成。

【笺证】

胡仔《苕溪渔隐丛话后集》卷三九："唐初歌辞，多是五言诗，或七言诗，初无长短句。自中叶以后，至五代，渐变成长短句，及本朝则尽为此体。"

沈雄《古今词话》词品卷上："徐师曾曰：'自乐府亡而声律乖，李白始作《清平调》《忆秦娥》《菩萨蛮》，时因效之。厥后行卫尉少卿赵崇祚辑《花间词》五百阕，为近代填词之祖。'陆放翁云：'诗至晚唐五季，气格卑陋，千家一律，而长短句独精巧高丽，后世莫及。此事之不可晓，盖伤之也。然谓之填词，则调有定格，字有定数，韵有定声，间有长短句，或可损益。亦必凛遵于所自昉也。'"

其歧为别集，始于冯延巳之《阳春词》，其歧为总集，则始于赵崇祚之《花间集》。

【笺证】

陈世修《阳春集序》："公以金陵盛时，内外无事，朋僚亲旧，或当宴集，多运藻思，为乐府新词，俾歌者倚丝竹而歌之，所以娱宾而遣兴也。日月寖久，录而成编。观其思深词丽，韵律调新，真清奇飘逸之才也。噫，公以远图长策翊李氏，卒令有江介地，而居鼎辅之任。磊磊乎，才业何其壮也！及乎国以宁，家以成，又能不矜不伐，以清商自娱，为之歌诗，以吟咏性情。飘飘乎，才思何其清也！核是之美，萃之于身，何其贤也！公薨之后，吴王纳土，旧帙散失，十无一二。今采获所存，勒成一帙，藏之于家云。大宋嘉祐戊戌十月望日，陈世修序。"

《直斋书录解题》卷二一："《花间集》十卷，蜀欧阳炯作序，称卫尉少卿字宏基者所集，未详何人。其词自温飞卿而下十八人，凡五百首，此近世倚声填词之祖也。"

按，词有别集当始于温庭筠《金荃集》，欧阳炯《花间集序》即云："近代温庭筠复有《金荃集》。"《花间集序》作于后蜀广政三年（940），知《金荃集》成书早于是年。冯延巳（903—960）《阳春录》最早见载于罗愿《新安志》卷十："冯相国乐府号《阳春录》者，冯氏子孙泗州推官璪，尝以示晏元献公，公以为真赏。"《阳春录》最早成书时间虽不可考，然以常理推之，必晚于后蜀广政三年（940），亦即晚于《金荃集》。词总集则始于《云谣集》，非《花间集》。《云谣集》乃唐人所编，所收词"朴拙可喜，洵倚声中椎轮大辂"（朱祖谋《云谣集杂曲子跋》，《彊村丛书》本《云谣集》卷末），要早于五代词总集《花间集》。

自宋初以逮明季，沿波迭起，撰述弥增。然求其括历代之精华，为诸家之总汇者，则多窥半豹，未睹全牛，罕能博且精也。我圣祖仁皇帝游心艺苑，于文章之体，一一究其正变，核其源流，兼括洪纤，不遗一技。乃命侍读学士沈辰垣等，搜罗旧集，定著斯编。凡柳、周婉丽之音，苏、辛奇恣之格，兼收两派，不主一隅。

【笺证】

沈雄《古今词话》词品卷上："俞彦曰：'词何以名诗馀？诗亡然后词作，故曰馀。非诗亡，所以歌咏诗者亡也。周东迁，三百篇音节始废。至汉而乐府出，乐府不能以代民风，而歌谣出。六朝至唐乐府，又不胜诘曲，而近体出。五代至宋，近体又不胜方板，而诗馀出。唐之诗，宋之词，甫脱颖而已传遍歌工之口，元世犹然，今则绝响。即诗馀中有采入南戏引子，率皆小令，其慢词不知为何物。非诗馀之亡，所以歌咏诗馀者亡也。'"

陈子龙《幽兰草词序》："明兴以来，才人辈出，文宗两汉，诗俪开元，独斯小道，有惭宋辙。……此非才之不逮也，钜手鸿笔，既不经意，荒才荡色，时窃滥觞。且南北九宫既盛，而绮袖红牙，不复按度,其用既少,作者自希,宜其鲜工也。"

旁及元人小令,渐变繁声。明代新腔,不因旧谱者,苟一长可取,亦众美胥收。

【笺证】

清人对明人自度曲多有批评者,如沈雄《古今词话》词话卷下云:"曹秋岳曰:'乙丑夏日集澄辉堂,江子丹崖问明词去取以何为则,余曰:自《花间》至元季,调已盈千,安得再收自度?如王世贞之《怨朱弦》《小诸皋》,杨慎之《落灯风》《灼灼花》,屠隆之《青江裂石》《水漫声》。丹崖平日留心古调,询及明词如此。至若滕克恭有《谦斋稿》,陈谟有《海桑集》,俱元人而入明者,小词仅一二见,故亦不收也。'"顾彩《草堂嗣响例言》云:"近见有创新调为自度曲者,虽才人不难自我作古,然亦无异于后人杜撰古乐府名目也。"(参谭新红《论清人对明词的体认和反思》,《文学遗产》2003 年第 6 期)

至于考求爵里,可以为论世之资,辨证妍媸,可以为倚声之律者,网罗宏富,尤极精详,自有词选以来,可云集其大成矣。若夫诸调次第,并以字数多少为断,不沿《草堂诗馀》强分小令、中调、长调之名,更一洗旧本之陋也。

【笺证】

毛先舒《填词名解》:"五十八字以内为小令,自五十九字到九十字止为中调,九十一字以外者俱长调。"

万树《词律》:"自《草堂》有小令中调长调之目,后人因之,但亦约略云尔。钱塘毛氏云:'五十八字以内为小令,五十九字至九十字为中调,九十一字以外为长调,古人定例也。'愚谓此亦就《草堂》所分而拘执之。所谓定例,有何所据?若以少一字为短,多一字为长,必无是理,如《七娘子》有五十八字者,有六十字者,将名之曰小令乎？抑中调乎？如《雪狮儿》有八十九字者，有九十二字者，将名之曰中调乎？抑长调乎？……故本谱不分小令中长之名。"

词综三十四卷 内府藏本

国朝朱彝尊编，其同时增定者，则休宁汪森也。

【笺证】

汪森《词综序》："友人朱子锡鬯，辑有唐以来迄于元人所为词，凡一十八卷，目曰《词综》，访予梧桐乡。予览而有契于心，请雕刻以行。朱子曰：'未也。宋元词集传于今者，计不下二百家，吾之所见，仅及其半而已。子其博搜，以辅吾不足，然后可。'予曰：'唯唯。'锡鬯仍北游京师，南至于白下。逾三年归，广为二十六卷。予亦往来苕、雪间，从故藏书家抄白诗集，相对参论，复益以四卷，凡三十卷。计览观宋、元词集一百七十家，传记、小说、地志共三百馀家，历岁八稔，然后成书，庶几可一洗《草堂》之陋，而倚声者知所宗矣。"

柯崇朴《词综后序》："越七年所，汪子晋贤增定《词综》告竣，复寓书于余，相参诠次之。"

彝尊有《经义考》，森有《粤西诗载》，并已著录。

【笺证】

《四库全书总目》卷八五史部四一目录类一著录《经义考》三百卷，并云："是编统考历朝经义之目，初名《经义存亡考》。惟列存亡二例，后分例曰存、曰阙、曰佚、曰未见，因改今名。"

《四库全书总目》卷一九○集部四三总集类五著录《粤西诗载》二十五卷，并云："森在粤西，以舆志阙略殊甚，考据难资，因取历代诗文有关斯地者，详搜博采，记录成帙。归田后复借朱彝尊家藏书，荟萃订补，共成《诗载》二十四卷，附《词》一卷、《文载》七十五卷，又以轶闻琐语可载于诗文者，更辑为《丛载》三十卷。"

是编录唐、宋、金、元词，通五百馀家。于专集及诸选本外，凡稗官、野纪中有片词足录者，辄为采掇，故多他选未见之作。

【笺证】

《词综·发凡》："词有当时盛传，久而翻逸者，遗珠片玉，往往见于稗官载纪。是编自《百川学海》、《古今小说》、《唐宋丛书》、曾氏《类说》、吴氏《能改斋漫录》、阮氏《诗话总龟》、胡氏《苕溪渔隐丛话》、陶氏《说郛》、商氏《稗海》、陆氏《说海》、陈氏《秘笈》外，翻阅小说又不下数十家，片词足采，辄事笔疏，故多他选未见之作，庶几一开生面。"

李符《红藕庄词序》："词至晚宋极变而工，一时名流，往往托迹西泠，篇章传播为最盛。数百年来，残谱零落，未有起而裒集之者。竹垞工长短句，始留意搜访，十得八九。"

其调名、句读为他选所淆舛，及姓氏、爵里之误，皆详考而订正之，其去取亦具有鉴别。

【笺证】

汪森《词综序》："若其论世而叙次词人爵里，勘雠同异而辨其讹，则柯子寓匏、周子青士力也。"

柯崇朴《词综后序》："然所患向来选本，或以调分，或以时类，往往杂乱无稽。凡名姓、里居、爵仕，彼此错见，后先之序，几于倒置，况重以相沿日久，以讹继讹，于兹之选，可无详订以救其失？……种种混淆，未克枚举。今为博证史传，旁考稗乘，参以郡邑载志，诸家文集，汇而订之。姓氏之下著其地，爵仕之前序其世，赠谥、称号、撰述系之爵仕之后，无所依据者姑阙之，由是先后之次可得而稽，词人之本末可得而尚论也。"

盖彝尊本工于填词，平日尝以姜夔为词家正宗，而张辑、卢祖皋、史达祖、吴文英、蒋捷、王沂孙、张炎、周密为之羽翼。

【笺证】

朱彝尊《黑蝶斋诗馀序》："词莫善于姜夔，宗之者张辑、卢祖皋、史达祖、吴文英、蒋捷、王沂孙、张炎、周密、陈允平、张翥、杨基，皆具夔之一体。基之后，得其门者寡矣。"

《词综·发凡》："填词最雅，无过石帚。"

按，清人颇为推尊朱彝尊词，如郭麐《灵芬馆词话》云："本朝词人，以竹垞为至，一废草堂之陋，首阐白石之风。《词综》一书，鉴别精审，殆无遗憾。其所自为，则才力既富，采择又精，佐以积学，运以灵思，直欲平视《花间》，奴隶周、柳。姜、张诸子，神韵相同，至下字之典雅，出语之浑成，非其比也。""竹垞才既绝人，又能搜剔唐宋人诗中之字冷隽艳异者，取以入词，至于镕铸自然，令人不觉直是胸臆间语，尤为难也。同时诸公，皆非其偶。"吴衡照《莲子居词话》卷二亦云："竹垞自云：'倚新声，玉田差近。'其实玉田词疏，竹垞谨严；玉田词淡，竹垞精致，殊不相类。窃谓小长芦撮有南宋人之胜，而其圆转浏亮，应得力于乐笑翁耳。"至民国初年，《清史稿·朱彝尊传》更云："当时王士禛工诗，汪琬工文，毛奇龄工考据，独彝尊兼有众长。"

谓"自此以后，得其门者或寡"，又谓"小令当法汴京以前，慢词则取诸南渡"，又谓"论词必出于雅正，故曾慥录《雅词》，鲷阳居士辑《复雅》"。

【笺证】

朱彝尊《水村琴趣序》："予尝持论，谓小令当法汴京以前，慢词则取诸南渡。"

朱彝尊《群雅集序》："昔贤论词，必出于雅正，故曾慥录《雅词》,鲖阳居士辑《复雅》也。"

又盛称《绝妙好词》甄录之当,其立说大抵精确。故其所选能简择不苟如此,以视《花间》《草堂》诸编,胜之远矣。

【笺证】

朱彝尊《书绝妙好词后》:"词人之作,自《草堂诗馀》盛行,屏去《激楚》《阳阿》,而《巴人》之唱齐进矣,周公谨《绝妙好词》选本虽未全醇,然中多俊语,方诸《草堂》所录,雅俗殊分。"

朱彝尊《孟彦林词序》:"去《花庵》《草堂》之陈言,不为所役,俾滓窳涤濯,以孤寂拔于流俗。绮靡矣,而不戾乎情;镂琢矣,而不伤夫气,夫然后与古人方驾焉。"

十五家词三十七卷 浙江巡抚采进本

国朝孙默编。默字无言,休宁人。

【笺证】

汪懋麟《孙处士墓志铭》:"孙默,字无言,号桴庵,江南休宁籍,流寓扬州,其先人世居黄山下草市。父秉仲,生五子,无言为长。"

是编所辑国朝诸家之词,有专集者凡十有五人:吴伟业《梅村词》二卷、梁清标《棠村词》三卷、宋琬《二乡亭词》二卷、曹尔堪《南溪词》二卷、王士禄《炊闻词》三卷、尤侗《百末词》二卷、陈世祥《含影词》二卷、黄永溪《南词》二卷、陆求可《月湄词》四卷、邹祗谟《丽农词》二卷、彭孙遹《延露词》三卷、王士禛《衍波词》二卷、董以宁《蓉渡词》三卷、陈维崧《乌丝词》四卷、董俞《玉凫词》二卷,各家以小令、中调、长调为次,载其本集原序于前,并录其同时人评点。

汪懋麟《孙处士墓志铭》:"又尝集诸名家词,期足百人为一选,俱未果,其属余序而先板行于世者,止十六家词。"

莫友芝《郘亭知见传本书目》卷十六集部十词曲类《词选》:"《提要》定本删去龚鼎孳一家,改题十五家,减二卷,湖本乃后定本也。"

胡玉缙《四库全书总目提要补正》卷六十:"玉缙案:余见孙氏刻本,此书原名《国朝名家诗馀》,《梅村词》下有龚鼎孳《香延词》一卷,曹尔堪次于陆求可下、邹祇谟前,《玉凫词》下有程康庄《衍愚词》一卷,附孙金砺编《红桥倡和第一集》及《广陵倡和词》各一卷,疑《提要》因龚而并去程、孙,复改书名耳。"

案:王士禛《居易录》曰:"新安孙布衣默居广陵,贫而好客,四方名士至者,必徒步访之。尝告予欲渡江往海盐,询以有底急,则云欲访彭十羡门,索其新词,与予及邹程村作,合刻为三家耳。陈其年维崧赠以诗曰:'秦七黄九自佳耳,此事何与卿饿寒。'指此也"云云。盖其初刻在康熙甲辰,为邹祇谟、彭孙遹、王士禛三家,即《居易录》所云,杜濬为之序。

语载王士禛《居易录》卷六。

陈维崧《湖海楼诗集》卷一有《送孙无言由吴閶之海盐访彭十骏孙》,诗作于康熙二年(1663),陈维崧在原注中云:"时无言刻程村、骏孙、阮亭三家词,特过海盐索骏孙小令。"

至丁未,续以曹尔堪、王士禄、尤侗三家,是为六家,孙金砺为之序。戊申,又续以陈世祥、陈维崧、董以宁、董俞四家,汪懋麟为之序。十五家之本,定于丁巳,邓汉仪为之序。凡阅十四年,始汇成之。

【笺证】

据施廷镛《中国丛书综录续编》所载,孙默历次词集及刊刻情况为:"《三家词》康熙三年(1664)天都孙氏留松阁刊本;《六家诗馀》康熙六年(1667)休宁孙氏留松阁刊;《四家诗馀》康熙七年(1668)休宁孙氏留松阁刊本;《十家词》康熙七年(1668)休宁孙氏留松阁刊本。"

另据黄裳《来燕榭读书记》抄录原书题识可知,此书原收藏者邓之诚曾云:"初默辑三家词,曰《丽农》《延露》《衍波》,刻于甲辰,合《南溪》《炊闻》《百末》曰六家,刻于丁未,合《寒影》《乌丝》《蓉渡》《玉凫》四家,刻于戊申,始名《国朝名家诗馀》;至丁巳又刻其馀,始有十六家词之称。《衍愚》又后来所刻。"

虽标榜声气,尚沿明末积习,而一时倚声佳制,实略备于此,存之可以见国初诸人文采风流之盛。至于每篇之末,必附以评语,有类选刻时文,殊为恶道。今并删除,不使秽乱简牍焉。

【笺证】

杜浚《三家词序》:"三家者,毗陵邹程村、盐官彭羡门、琅琊王阮亭也。程村之蒨发,羡门之婉切,阮亭之秀丽,俱卓然足以名世,方驾赵宋诸家。"

孙金砺《六家诗馀序》:"今读六家词,惊艳有若温、韦,蒨丽有若牛、欧,隽逸有若二李,风流蕴藉有若周、柳、秦、晏,奔放雄杰有若苏、辛、刘、陆。擅《花间》《草堂》《尊前》《花庵》之众美,当并唐宋诸家,传之千祀,岂止与近代才人登孤艺苑哉。"

汪懋麟《四家诗馀序》:"始读之而喜,再读之而叹,以数公之才,使其得志行道,赓和于清庙明堂之上,力追雅颂无难也。乃或以小故坐废,或犹困抑未伸其一二,驰骤于功名者,尚在闲曹,未获大用。……然数公之诗歌古文,久为天下所传诵,有以知其言之必用,而即此一艺之精,已足合乎声音,振乎流俗。闻声相感者,好色而不流于淫,怨诽而不伤于乱,虽与《乐府》并传可也。"

邓汉仪《十六家词序》:"今者娄东、棠村、沤水诸公,首建旌旄,而齐鲁、吴越、秦楚之间,名流挺出,相与播芳风而恢古烈,猗与盛哉。……十六家倡之于前,自此而数十家而百家,兹不其先声也与。"

词话

碧鸡漫志一卷编修程晋芳家藏本

宋王灼撰。灼有《糖霜谱》,已著录。

【笺证】

《四库全书总目》卷一一五子部二五谱录类著录《糖霜谱》一卷,云是编"凡分七篇。惟首篇题原委第一,叙唐大历中邹和尚始创糖霜之事。自第二篇以下,则皆无标题。……灼称糖霜须一年有半乃结,其结也以自然,今则制之甚易,其法亦不相同,是亦今古异宜,未可执后来以追议前人也"。

是编详述曲调源流,前七条为总论,述古初至唐、宋声歌递变之由,次列《凉州》《伊州》《霓裳羽衣曲》《甘州》《胡渭州》《六幺》《西河》《长命女》《杨柳枝》《喝驮子》《兰陵王》《虞美人》《安公子》《水调歌》《万岁乐》《夜半乐》《河满子》《凌波神》《荔枝香》《阿滥堆》《念奴娇》《清平乐》《雨淋铃》《菩萨蛮》《望江南》《麦秀两岐》《文溆子》《后庭花》《盐角儿》凡二十八调,一一溯得名之缘起,与其渐变宋词之沿革。

【笺证】

晁公武《郡斋读书志》卷五下:"灼,遂宁人。尝佐总幕,故赵公为之序。《漫志》可以见乐府之源委。"

　　杨慎《词品序》："诗词同工而异曲，共源而分派。在六朝若陶弘景之《寒夜怨》、梁武帝之《江南弄》、陆琼之《饮酒乐》、隋炀帝之《望江南》，填辞之体已具矣。"

盖三百篇之馀音，至汉而变为乐府，至唐而变为歌诗，及其中叶，词亦萌芽，至宋而歌诗之法渐绝，词乃大盛。

【笺证】

　　王灼《碧鸡漫志》卷一："盖隋以来，今之所谓曲子者渐兴，至唐稍盛。今则繁声淫奏，殆不可数。古歌变为古乐府，古乐府变为今曲子，其本一也。"

　　黄瑜《彭陆论韵》（《双槐岁钞》卷九）："诗自三百篇变而为《离骚》，又变而为五言，又变而为七言，又变而为近体为小词。"

其时士大夫多娴音律，往往自制新声，渐增旧谱，故一调或至数体，一体或有数名，其目几不可殚举，又非唐及五代之古法。

【笺证】

　　北宋如柳永即多创新调，陈师道《后山诗话》云："柳三变游东都南北二巷，作新乐府，骫骳从俗，天下咏之，遂传禁中。"李清照《词论》亦云："逮至本朝，礼乐文武大备，又涵养百馀年，始有柳屯田永者，变旧声作新声，出《乐章集》，大得声称于世。"周邦彦亦为其中之杰出者，张炎《词源序》即云："迄于崇宁，立大晟府，命周美成诸人讨论古音，审定古调。沦落之后，少得存者，由此八十四调之声稍传。而美成诸人又复增演慢曲、引、近，或移宫换羽，为三犯、四犯之曲。"

灼作是编，就其传授分明可以考见者，核其名义，正其宫调，以著倚声所自始。其馀晚出杂曲，则不暇一一详也。

【笺证】

郭茂倩《乐府诗集》卷七九:"近代曲者,亦杂曲也,以其出于隋、唐之世,故曰近代曲也。"

追金、元院本既出,并歌词之法亦亡。文士所作,仅能按旧曲平仄,循声填字。

【笺证】

赵彦卫《云麓漫钞》卷十:"近日优人作杂班,似杂剧而简略。金房官制,有文班、武班,若医卜倡优,谓之杂班。每宴集,伶人进,曰:'杂班上。'故流传作此。"

朱权《太和正音谱》:"行院者,大概就是倡伎所居,其所演之本即谓之院本。"

自明以来,遂变为文章之事,非复律吕之事,并是编所论宫调,亦莫解其说矣。然其间正变之由,犹赖以略得其梗概,亦考古者所必资也。其辨《霓裳羽衣曲》为河西节度使杨敬述所献,唐明皇为之润色,援白居易、郑嵎诗注为证,一扫月宫妖妄之说。

【笺证】

王灼《碧鸡漫志》卷三:"《异人录》云:'开元六年,上皇与申天师中秋夜同游月中,见一大宫府,榜曰,广寒清虚之府。兵卫守门,不得入。天师引上皇跃超烟雾中,下视玉城,仙人、道士乘云驾鹤往来其间,素娥十馀人,舞笑于广庭大树下,乐音嘈杂清丽。上皇归,编律成音,制霓裳羽衣曲。'逸史云:'罗公远中秋侍明皇宫中玩月,以拄杖向空掷之,化为银桥,与帝升桥,寒气侵人,遂至月宫。女仙数百,素练霓衣,舞于广庭。上问曲名,曰霓裳羽衣。上记其音,归作霓裳羽衣曲。'……虽大同小异,要皆荒诞无可稽据。"

郑嵎诗注,即《津阳门诗注》:"叶法善引明皇入月宫,闻乐归,笛写其半,会西凉都督杨敬述进婆罗门,声调吻合,遂以月中所闻为散序，敬述所进为其腔，制霓裳羽衣。"

又据谱谓是曲第一至第六叠皆无拍，证唐史载王维论《按乐图》霓裳第三叠初拍之讹，持论极为精核。

【笺证】

欧阳修《新唐书》卷二百二《王维传》："客有以《按乐图》示者，无题识，维徐曰：'此《霓裳》第三叠最初拍也。'客未然，引工按曲，乃信。"

王灼《碧鸡漫志》卷三："又唐史称客有以《按乐图》示王维者，无题识。维徐曰：'此《霓裳》第三叠最初拍也。'客未然，引工按曲，乃信。予尝笑之，《霓裳》第一至第六叠无拍者，皆散序故也，类音家所行大品，安得有拍。《乐图》必作舞女，而《霓裳》散序六叠，以无拍故不舞。"

他如《虞美人》曲，诸说各别，《河满子》曲一事异词者，皆阙其所疑，亦颇详慎。

【笺证】

王灼《碧鸡漫志》卷四："《虞美人》，《脞说》称起于项籍'虞兮'之歌。予谓后世以此命名可也，曲起于当时，非也。……按《益州草木记》，雅州名山县，出虞美人草，如鸡冠花。叶两两相对，为唱《虞美人曲》，应拍而舞，他曲则否。《贾氏谈录》，褒斜山谷中，有虞美人草，状如鸡冠，大叶相对。或唱《虞美人》，则两叶如人拊掌之状，颇中节拍。《酉阳杂俎》云：'舞草出雅州，独茎三叶，叶如决明，一叶在茎端，两叶居茎之半相对。人或近之歌，及抵掌讴曲，叶动如舞。'《益部方物图赞》改'虞'作'娱'，云今世所传《虞美人曲》，下音俚调，非楚虞姬作，意其草纤柔，为歌气所动，故其茎至小者，或若动摇，美人以为娱耳。《笔谈》云：'高邮桑景舒性知音，旧闻虞美人草，遇人唱《虞美人曲》，枝叶皆动，他曲不然。试之，如所传,详其曲,皆吴音也。他日取琴,试用吴音制一曲,对草鼓之,枝叶亦动,乃目曰《虞美人操》。其声调与旧曲始末不相近,而草辄应之者,律法同管也。今盛行江湖间,人亦莫知其如何为吴音。'《东斋记事》云:'虞美人草,唱他曲亦动,传者过矣。'予考六家说,各有异同。《方物图赞》最穿凿,无所稽据。旧曲固非虞姬作,若便谓下音俚调,嘻其甚矣。亦闻蜀中数处有此草,予皆未之见,恐种族异,则所感歌亦异。然旧曲三,其一属中吕调,其一中吕宫,近世转入黄钟宫,此草应拍而舞,应旧曲乎?新曲乎?桑氏吴音,合旧曲乎?新曲乎?恨无可问者。又不知吴草与蜀产有无同类也。

王灼《碧鸡漫志》卷四:"《何满子》,白乐天诗云:'世传满子是人名。临就刑时曲始成。一曲四词歌八叠,从头便是断肠声。'自注云:'开元中,沧州歌者姓名,临刑进此曲以赎死,上竟不免。'元微之《何满子歌》云:'何满能歌声宛转。天宝年中世称罕。婴刑系在囹圄间,下调哀音歌愤懑。梨园弟子奏元宗,一唱承恩羁网缓。便将何满为曲名,御府亲题乐府纂。'甚矣,帝王不可妄有嗜好也。明皇喜音律,而罪人遂欲进曲赎死。然元白平生交友,闻见率同,独纪此事少异。《卢氏杂说》云:'甘露事后,文宗便殿观牡丹,诵舒元舆《牡丹赋》,叹息泣下,命乐适情。宫人沈翘翘舞《何满子》,词云:"浮云蔽白日。"上曰:"汝知书耶。"乃赐金臂环。'又薛逢《何满子》词云:'系马宫槐老,持杯店菊黄。故交今不见,流恨满川光。'五字四句,乐天所谓一曲四词,庶几是也。歌八叠,疑有和声,如《渔父》《小秦王》之类。今词属双调,两段,各六句,内五句各六字,一句七字。五代时尹鹗、李珣亦同此。其他诸公所作,往往只一段,而六句各六字,皆无复有五字者。字句既异,即知非旧曲。《乐府杂录》云:'灵武刺史李灵曜置酒,坐客姓骆,唱《何满子》,皆称妙绝。白秀才者曰:"家有声妓歌此曲,音调不同。"召至令歌,发声清越,殆非常音。骆遽问曰:"莫是宫中胡二子否?"妓熟视曰:"君岂梨园骆供奉邪。"相对泣下,皆明皇时人也。'张祜作《孟才人叹》云:'偶因歌态咏娇颦,传唱宫中十二春。却为一声何满子,下泉须吊孟才人。'其序称:'武宗疾笃,孟才人以歌笙获宠者,密侍左右。上目之曰:"吾当不讳,尔何为哉?"指笙囊泣曰:"请以此就缢。"上悯然。复曰:"妾尝艺歌,愿对上歌一曲,以泄愤。"许之,乃歌一声《何满子》,气亟,立殒。上令医候之,曰:"脉尚温而肠已绝。"上崩,将徙枢,举之愈重。议者曰:"非俟才人乎?"命其榇至,乃举。'伪蜀孙光宪《何满子》一章云:'冠剑不随君去,江河还共恩深。'似为孟才人发。祜又有《宫词》云:'故国三千里,深宫二十年。一声何满子,双泪落君前。'其详不可得而闻也。"

至《念奴娇》偶以古人为名,亦犹《戚氏》之例,本不出于天宝,灼特以当时误称唐曲而辨之,理宜附录,不当杂列古曲之中。

【笺证】

王灼《碧鸡漫志》卷五:"《念奴娇》,元微之《连昌宫词》云:'初过寒食一百六。店舍无烟宫树绿。夜半月高弦索鸣,贺老琵琶定场屋。力士传呼觅念奴,念奴潜伴诸郎宿。须臾觅得又连催,特敕街中许然烛。春娇满眼泪红绡,掠削云鬟旋装束。飞上九天歌一声,二十五郎吹管逐。'自注云:'念奴,天宝中名倡,善歌。每岁楼下酺宴,万众喧溢。严安之、韦黄裳辈辟易不能禁,众乐为之罢奏。明皇遣高力士大呼楼上曰:"欲遣念奴唱歌,邠二十五郎吹小管逐,看人能听否?"皆悄然奉诏。然明皇不欲夺狭游之盛,未尝置在宫禁。岁幸温汤,时巡东洛,有司潜遣从行而已。'《开元天宝遗事》云:'念奴有色,善歌,宫伎中第一。帝尝曰:"此女眼色媚人。"又云:"念奴每执板当席,声出朝霞之上。"'今大石调念奴娇,世以为天宝间所制曲,予固疑之。然唐中叶渐有今体慢曲子,而近世有填《连昌词》入此曲者,后复转此曲入道调宫,又转入高宫大石调。"

《盐角儿》既据《嘉祐杂志》谓出于梅尧臣,则未可附于古曲。

【笺证】

江休复《嘉祐杂志·补遗》:"梅圣俞说曲名《盐角儿令》者,始教坊家人市盐,于纸角子中得一曲谱,翻之,遂以名焉。"

王灼《碧鸡漫志》卷五:"《盐角儿》,《嘉祐杂志》云:'梅圣俞说,始教坊家人市盐,于纸角中得一曲谱,翻之,遂以名。'今双调《盐角儿令》是也。欧阳永叔尝制词。"

且"盐"乃曲名,隋薛道衡集有《昔昔盐》,唐张鷟《朝野金载》有《突厥盐》,可以互证,乃云市盐得于纸角上,已为附会。且纸角几许,乃能容一曲谱?亦不近事理。是则泛滥及之,不免千虑之一失矣。

【笺证】

郭茂倩《乐府诗集》:"隋薛吏部有《昔昔盐》,唐赵碬广之为二十章。《乐苑》曰:'《昔昔盐》,羽调曲,唐亦为舞曲。''昔'一作'析'。"

凌廷堪《燕乐考原》卷五:"七羽用太蔟以下七律,则林钟羽为正平调,南宋用黄钟以下七律,则林钟羽为高平调,《碧鸡漫志》云:'林钟羽,时号平调,今俗呼高平调。'盖由此致误,不知平调、高平调,律名虽同,而唐、宋与南宋所当之位则异,非一调也。律名古今不同,王晦叔尚为其所眩,元以后更何论乎?"

沈氏乐府指迷一卷<small>大理寺卿陆锡熊家藏本</small>

宋沈义父撰。义父字伯时,履贯未详。

【笺证】

张昶《吴中人物志》卷七:"沈义甫,字伯时,吴江震泽人。嘉定十六年领乡荐,仕至南康军白鹿洞书院山长,以文鸣于时。"

陈和志《(乾隆)震泽县志》卷十七:"沈义甫,字伯时,少以文名。嘉定十六年领乡荐第五。为南康军白鹿洞书院山长,举行朱子学规,时称良师。久之致仕,归震泽镇。宝祐元年,建义塾,立明教堂讲学,以淑后进。又于堂东为祠,以祀王蘋,配以门人陈长方、杨邦弼,号曰三贤祠(徐志云建明教堂以祠三贤,误,此从墓志,建之年则见木香张氏族谱),隐然自任后传之意,学者称为时斋先生,卒年七十八。著《遗世颂》《时斋集》行世。元初升义塾为儒学,后教谕陈祐又绘义甫像与学云(《张氏族谱》云:陈祐于学宫旁立义甫祠)。"

胡玉缙《四库全书总目提要补正》卷六十:"丁氏《藏书志》云:'案《苏州府志》《吴江县志》载义父号时斋,震泽人,嘉熙元年,以赋领乡荐,为南康郡白鹿书院山长。'郑翼谨案:今本《指迷》,前有沈传,谓入元不仕,以遗民终。"

前有自题称壬寅秋始识静翁于泽滨,癸卯识梦窗,暇日相与唱酬。案:壬寅、癸卯为淳祐二年、三年,则理宗时人也。

【笺证】

沈义父《乐府指迷》:"余自幼好吟诗,壬寅秋始识静翁于泽滨,癸卯识梦窗,暇日相与唱酬,率多填词,因讲论作词之法,然后知词之作难于诗。盖音律欲其协,不协则成长短之诗;下字欲其雅,不雅则近乎缠令之体;用字不可太露,露则直突而无深长之味;发意不可太高,高则狂怪而失柔婉之意,思此则知所以为难。"

按,据陶元藻《全浙诗话》卷十一载,知翁元龙字时可,号处静,与吴文英为亲伯仲,于词各有所长……本四明产,因流寓黄岩既久,故郡县遂以为台人。

元人跋陆辅之《词旨》,尝引此书。然篇页寥寥,不能成帙,故世无单

行之本。

【笺证】

曹溶《学海类编》载陆辅之《词旨》元跋:"此本还在沈伯时《乐府指迷》之后,古雅精妙较是输他一着也,若新巧清丽是册亦未可少也。"

此本附刻陈耀文《花草粹编》中,凡二十八条。其论词以周邦彦为宗,持论多为中理。惟谓两人名不可对使,如"庾信愁多,江淹恨极"之类,颇失之拘。又谓说桃须用"红雨""刘郎"等字,说柳须用"章台""灞岸"等字,说书须用"银钩"等事,说泪须用"玉箸"等字,说发须用"绿云"等事,说簟须用"湘竹"等事,不可直说破。其意欲避鄙俗,而不知转成涂饰,亦非确论。

【笺证】

沈义父《乐府指迷》:"凡作词,当以清真为主。盖清真最为知音,且无一点市井气。下字运意,皆有法度,往往自唐宋诸贤诗句中来,而不用经史中生硬字面,此所以为冠绝也。学者看词,当以《周词集解》为冠。"

沈义父《乐府指迷》:"词中用事使人姓名,须委曲得不用出最好。清真词多要两人名对使,亦不可学他。如《宴清都》云:'庾信愁多,江淹恨极。'《西平乐》云:'东陵晦迹,彭泽归来。'《大酺》云:'兰成憔悴,卫玠清羸。'《过秦楼》云:'才减江淹,情伤荀倩。'之类是也。"

沈义父《乐府指迷》:"炼句下语,最是紧要,如说桃,不可直说破桃,须用'红雨''刘郎'等字。如咏柳,不可直说破柳,须用'章台''灞岸'等事。又咏书,如曰'银钩空满',便是书字了,不必更说书字。'玉箸双垂',便是泪了,不必更说泪。如'绿云缭绕',隐然鬒发,'困便湘竹',分明是簟。正不必分晓,如教初学小儿,说破这是甚物事,方见妙处。往往浅学俗流,多不晓此妙用,指为不分晓,乃欲直捷说破,却是赚人与耍曲矣。如说情,不可太露。"

至所谓去声字最要紧,及平声字可用入声字替,上声字不可用入声字替一条,则剖析微芒,最为精核,万树《词律》实祖其说。

【笺证】

沈义父《乐府指迷》:"腔律岂必人人皆能按箫填谱,但看句中用去声字最为紧要。然后更将古知音人曲,一腔三两只参订,如都用去声,亦必用去声。其次如平声,却用得入声字替。上声字最不可用去声字替。不可以上去入,尽道是侧声,便用得,更须调停参订用之。古曲亦有拗音,盖被句法中字面所拘牵,今歌者亦以为碍。如《尾犯》之用'金玉珠珍博','金'字当用去声字。如《绛都春》之用'游人月下归来','游'字合用去声字之类是也。"

《词律·发凡》:"三声之中,上、入二者可以作平,去则独异,故余尝谓论声虽以一平对三仄,论歌则当以去对平、上、入也。当用去者,非去则激不起。"

《词律》卷一:"愚谓入声可作平,人多不信,曰入声派入三声始于元人论曲,君何乃移其说于词?余曰:声音之道,古今递传,诗变词,词变曲,同是一理。自曲盛兴,故词不入歌,然北曲《忆王孙》《青杏儿》等即与词同,南曲之引子与词同者将六十调,是词曲同源也。况词之变曲,正宋元相接处,岂曲入歌当以入派三声而词则不然乎?故知入之作平当先词而后曲矣,盖当时周、柳诸公制调皆用中州正韵,今观词中如不音通、一音伊之类多至万千,正与北曲同,而又何疑于入作平之说耶?"

《词律》卷十七:"四声之中,独去声另为一种沉着远重之音,所以入声可以代平,次则上声亦有可代,而去则万万不可。"

陈匪石《声执》卷上:"万氏之书,虽不能谓绝无疏舛,然据所见之宋元以前词,参互考订,且未见《乐府指迷》,而辨别四声,暗合沈义父之说。"

又谓古曲谱多有异同,至一腔有两三字多少者。或句法长短不等者,盖被教师改换,亦有嘌唱一家多添了字云云,乃知宋词亦不尽协律,歌者不免增减。

【笺证】

沈义父《乐府指迷》:"古曲谱多有异同,至一腔有两三字多少者,或句法长短不等者,盖被教师改换。亦有嘌唱一家,多添了字。吾辈只当以古雅为主,如有嘌唱之腔不必作,且必以清真及诸家目前好腔为先可也。

吴熊和师《唐宋词通论》:"宋时乐谱所录词调并非一成不变的,乐师伶工由于音乐上的原因时常有所更动。宋沈义父《乐府指迷》说:'古曲谱多有异同,至一腔有两三字多少者,或句法长短不等者,盖被教师改换。亦有嘌唱一家多添了字。''教师'就是教曲的乐师,他们改动旧曲是为了更协律与动听。嘌唱是对旧曲加以变奏加工的一种歌唱方式或歌曲形式……嘌唱因加泛拍虚声,所以就要'多添了字'。"

万树《词律》所谓曲有衬字、词无衬字之说,尚为未究其变也。

【笺证】

王骥德《曲律》卷二:"古诗馀无衬字,衬字自南北二曲始。"

万树《词律》卷四选曹组《忆少年·年时酒伴》,并云:"《词汇》注:'念'字是衬,可删。但也闻曲有衬字,未闻词有衬字,不知何据也。"

万树《词律》卷三选徐俯《卜算子·胸中千种愁》,并云:"按《词统》注云'遮'字是衬字,大谬。此调多用六字结者,观李之仪'定不负相思意',赵长卿'山不似长眉好',此类甚多,岂皆衬字乎？岂他句不可衬，独此句可衬乎？若谓词可用衬，则词中多少一两字者甚众，皆可以衬之一说概之，而不必分各体矣。"

万树《词律》卷九选陈允平《唐多令·何处是秋风》，并云："'纵芭蕉不雨也飕飕'因多一字，《词统》遂注'纵'字为衬，衬之一说不知从何而来，词何得有衬乎？况此句句法上三下四亦止，可注'也'字为衬，而不可注'纵'字衬也，著谱示人而可率意为之耶？愚谓'也'字必是误多无疑，即不然亦竟依其体而填之，不可立衬字一说以混词格也。"

按，词是否有衬字，亦有持不同意见者，如沈雄《古今词话》词品卷上云："张炎曰：'词之语句，若惟叠以实字，读之且不贯通，况付雪儿乎？合用虚字呼唤。一字如"正""但""任""况"之类，两字如"莫是""又还"之类，三字如"更能消""最无端"之类，要用之得其所。'沈雄曰：'调即有数名，词则有定格，其字数多寡，句读平仄，韵脚叶否较然，少有参差，委之衬字，缘文义偶不联缀，或不谐畅，始用一二字衬之。究其音节之虚实，寻其正文自在，如沈天羽所引南北剧中，这字那字正字个字却字，不得认为别宫别调。'"又如况周颐《蕙风词话》卷二云："元人制曲，几于每句皆有衬字，取其能达句中之意而付之歌喉。又抑扬顿挫，悦人听闻，所谓迟其声以媚之也。两宋人词，间亦有用衬字者，王晋卿云：'烛影摇红向夜阑，乍酒醒，心情懒。''向'字、'乍'字是衬字。"

渚山堂词话三卷 浙江范懋柱家天一阁藏本

明陈霆撰。霆有《唐馀纪传》，已著录。

《四库全书总目》卷六六史部二二载记类存目著录《唐馀纪传》二十四卷，并云："大旨以南唐承唐之正统，盖与姚士粦《后梁春秋》均欲窃取《通鉴纲目》帝蜀之意，而不知其似是而非者。"

是编与所作诗话并刊，而较诗话为稍胜。盖霆诗格颇纤，于词为近，故论词转用所长。

【笺证】

陈霆有《渚山堂诗话》三卷，杂论唐、宋以迄明朝诗句工拙，所论颇有可观者，如论古人作诗，用事当如水中着盐，寓意当如空中散花。水中着盐，融化无迹；空中散花，空灵高妙，用事寓意如此，亦可谓高矣。故陈氏所论，颇中肯綮。《四库全书总目》卷一七六评陈霆诗"意境颇为潇洒，而才气坌涌，信笔而成，故往往不暇检点"，云其词"较工，其豪迈激越，犹有苏、辛遗范"，与此处之说颇有捍格之处，不知何故。

其中如韦庄"雨馀风软碎鸣禽"句，本用杜荀鹤《春宫怨》语，南卓《羯鼓录》所谓"透空碎远之声"即此，"碎"字当训细琐杂乱之义，霆乃谓"鸣禽曰碎，于理不通"，改为"暖风娇鸟碎鸣音"，未免点金成铁。

【笺证】

《渚山堂词话》卷二："章文庄《春日·小重山》云：'柳暗花明春事深。小阑红芍药，已抽簪。雨馀风软碎鸣禽。迟迟日、犹带一分阴。'语意甚婉约。但鸣禽曰'碎'，于理不通，殊为语病。唐人句云：'风暖鸟声碎。'然则何不曰'暖风娇鸟碎鸣音'也？"

按，"雨馀风软碎鸣禽"乃章良能《小重山》词中语，非韦庄词句。章良能谥文庄，《提要》或因此而误章文庄为韦庄。

又谓杨孟载《雪词》"簌簌飏飏"字，古无所出，欲据黄庭坚诗改为"疏疏密密"，不知以"疏疏密密"咏雪，黄诗又何所出，亦未免涉于胶固。然其他持论多确。

【笺证】

《渚山堂词话》卷二："杨孟载作禁体《雪词》。后阕云：'正簌簌，还飏飏，复纤纤。'则于古无所出，虽移之别咏，未为不可。予谓雪词既禁体，于法宜取古人成语，匀之句中，使人一览见雪，乃为本色。尝记山谷咏雪，有'卧听疏疏还密密，晓看整整复斜斜'之句，因辄易之云：'正疏疏，还密密，复纤纤。'知者以为何如？"

吕本中《紫薇诗话》："欧阳季默尝问东坡：'鲁直诗何处是好？'东坡不答，但极口称重黄诗。季默云：'如"卧听疏疏还密密，起看整整复斜斜"，岂是佳耶？'东坡云：'正是佳处。'"

任渊《山谷内集诗注》卷六注黄庭坚此两句诗云："渊明诗：'密密堂前柳。'杜牧之《栽竹》诗云：'历历羽林影，疏疏烟露姿。'又《台城曲》云：'整整复斜斜，随旗簇晚沙。'"

又宋、元、明佚篇断句，往往而有，如宋徐一初"九日登高"之类，其本集不传于世者，亦颇赖以存。

【笺证】

《渚山堂词话》卷二："徐一初者，不知何许人。其'九日登高'一词，殊亦可念。初云：'参军莫道无勋业，消得从容尊俎。君看取，便破帽飘零，也得名千古。'复云：'登临莫上高层望，怕见故宫禾黍。觞绿醑。浇万斛牢愁，泪阁新亭雨。黄花无语。毕竟是西风，朝来披拂，犹忆旧时主。'词意甚感慨不平，参军自况之意。岂非德祐时忠贤，位不满其才者耶？'故宫禾黍''无语黄花'，则又有感于天翻地覆之事，盖谷音之同悲者也。"

按，徐一初九日登高《摸鱼子》并不罕觏，元初吴师道《吴礼部诗话》即载其全词："徐一初九日登高《摸鱼子》词，盖丙子后作。'对茱萸、一年一度。龙山今在何处。参军莫道无勋业，消得从容尊俎。君看取。便破帽飘零，也博名千古。当年幕府。知多少时流，等闲收拾，有个客如许。　　追往事，满目山河晋土。征鸿又过边羽。登临莫上高层望，怕见故宫禾黍。觞绿醑。浇万斛牢愁，泪阁新亭雨。黄花无语。毕竟是西风，□□披拂，犹识旧时主。'亦感慨之作也。"

王昭仪《满江红》词,为其位下宫人张琼瑛作。

【笺证】

《渚山堂词话》卷一:"文文山云:'王昭仪题《满江红》于驿壁,为中原士夫传诵,惜其末句少商量耳。拘囚之馀,漫和一阕,庶几"妾薄命"之义。'词云:'燕子楼中,又挨过、几番秋色。相思处、青年如梦,乘鸾仙阙。肌玉暗销衣带缓,泪珠斜透花钿侧。最无端、蕉影上窗纱,青灯歇。   曲池合,高台灭。人世事,何堪说。向南阳阡上,满襟清血。举世便如翻覆手,孤身原是分明月。叹乐昌、一段好风流,菱花缺。'然予又按《佩楚轩客语》,以原词为张琼瑛所作,题之夷山驿中。琼瑛,本昭仪位下也。若然,则后世可以移责矣,第未审信否耳。"

按,周密《浩然斋雅谈》卷下载此词为王夫人清惠所作:"宋谢太后北觐,有王夫人题一词于汴京夷山驿中云:'太液芙蓉,浑不似、旧时颜色。曾记得、春风雨露,玉楼金阙。名播兰馨妃后里,晕潮莲脸君王侧。忽一声、鼙鼓揭天来,繁华歇。   龙虎散,风云灭。千古恨,凭谁说。对山河百二,泪盈襟血。客馆夜惊尘土梦,宫车晓碾关山月。问姮娥、于我肯从容,同圆缺。'文宋瑞丞相和云:'燕子楼中,又挨过、几番秋色。相思处、青春如梦,乘鸾仙阙。肌玉暗销衣带缓,泪珠斜透花钿侧。最无端、蕉影上窗纱,青灯歇。   曲池合,高台灭。人间事,何堪说。向南阳阡上,满襟清血。世态便如翻覆手,妾身元是分明月。笑乐昌、一段好风流,菱花缺。'"其后元人戚辅之《佩楚轩客谈》云:"丙子之变,宫娥多北迁。有王昭仪下张琼英题《满江红》于南京夷山驿云:'太液芙蓉,浑不似、丹青颜色。常记得、春风雨露,玉楼金阙。名播兰簪妃后里,晕生莲脸君王侧。忽一声、鼙鼓拍天来,繁华歇。   龙虎散,风云灭。千古恨，凭谁说。对山河百二，泪痕沾血。客馆夜惊尘土梦，宫车晓转关山月。问嫦娥、垂顾肯相容，同圆缺。'"《渚山堂词话》乃引《佩楚轩客谈》而成。戚辅之生平不详，诸书均云"元戚辅之"，时代当较周密为晚，故《满江红》应依周密《浩然斋雅谈》所载为王清惠所作。

《垂杨》《玉耳坠金环》二曲，为唐、宋旧谱所无之类，亦足资考证，犹明人词话之善本也。

【笺证】

《渚山堂词话》卷二："《垂杨》与《玉耳坠金环》二曲，宋唐以前无闻有作，近于《天籁集》中见之。然则其所始，岂金元之际乎？……白太素云：'壬子冬，薄游顺天。张侯之兄正卿邀予往别拜夫人。既而留饮，命撰词。一咏梅，以《玉耳坠金环》歌之；一送春，以《垂杨》歌之。词成，惠以罗绮四端。夫人大名人，能道古今，雅好宾客。自言幼时有老尼，年几八十，尝教以旧曲《垂杨》，音调至今了然。事与东坡补《洞仙歌》词相类。中统建元，寿春榷场中得南方词一编，有《垂杨》三首，其一乃向所传者。然后知夫人乃承平家世之旧也。'"

按，吴曾《能改斋漫录》云："王都尉诜有《忆故人》词，徽宗喜其词意，犹以不丰容宛转为恨，乃令大晟乐府别撰腔，周邦彦增益其词，而以首句为名，谓之《烛影摇红》。"王诜词本小令，原名《忆故人》，或名《归去曲》，以毛滂词有"送君归去添凄断"句也。若周邦彦词，则合毛、王二体为一阕。元赵雍词更名《玉珥坠金环》，元好问词更名《秋色横空》。

唐圭璋《历代词学研究述略》（《词学论丛》）："陈霆有《渚山堂词话》，记载宋、元、明词人逸事、佚句，采集广博，颇多可取。"

词话二卷_{浙江巡抚采进本}

国朝毛奇龄撰。奇龄有《仲氏易》,已著录。

【笺证】

《四库全书总目》卷六经部六易类六著录《仲氏易》三十卷,并云:"以《序卦》为用反易,以分篇为用对易,以演《易》系辞为用移易,其言甚辨。虽不免牵合附会、以词求胜之失,而大致引据古人,终不同于冥心臆测者也。"

据《西河合集序目》称,此书本四卷,佚其二卷,不敢赝补,故仅以半刊行。

【笺证】

《毛西河先生全集》总目载门人蒋枢识:"遗稿校辑付梓间,有无从补辑者,阙而有待,不敢以赝本窜入。"

王晫《今世说》称奇龄善诗歌、乐府、填词,所为大率托之美人香草,缠绵绮丽,按节而歌,使人凄怆。又能吹箫度曲。

【笺证】

王晫《今世说》卷一:"毛名奇龄,一名甡,字齐于,浙江萧山人,官翰林。少与兄万并知名,人呼小毛子。性恢奇负才,任达与人,坦然无所忤。贤者多爱其才,昵就之。善诗歌、乐府、填词,所为大率托之美人香草,以写其骚激之意,缠绵绮丽,按节而歌,使人凄悦,又能吹箫度曲。"

是奇龄填词之功,较深于诗。且本为小技,萌于唐而成于宋,亦不待援引古书,别为高论,故所说转不支离。

【笺证】

《四库全书总目》卷一九七集部五○诗文评类存目著录毛奇龄

《诗话》八卷，并云："奇龄以考据为长，诗文直以才锋用事，而于诗尤浅。其尊唐抑宋，未为不合。而所论宋诗，皆未见宋人得失，漫肆讥弹，即所论唐诗，亦未造唐代藩篱，而妄相标榜，如诋李白、诋李商隐、诋柳宗元、诋苏轼，皆务为高论，实茫然不得要领。"

其论沈去矜词韵一条，尤为精核。

【笺证】

毛奇龄《西河词话》卷一："词本无韵，故宋人不制韵，任意取押，虽与诗韵相通不远，然要是无限度者。予友沈子去矜创为《词韵》，而家稚黄取刻之，虽有功于词甚明，然反失其古意。假如三十韵中，惟尤是独用，若东冬、江阳、鱼虞、佳灰、支微齐、寒删先、萧肴豪、覃盐咸，则皆是通用，此虽不知词者亦晓之。何也？独用之外无嫌韵，通韵之外更无犯韵，则虽不分为独、为通，而其为独、为通者自了也。然尝记旧词，尚有无名氏《鱼游春水》一词'秦楼东风里''轻拂黄金缕'，通纸于语。张仲宗之《渔家傲》：'短梦今宵远到否，荒村四望知何处。'通语于有者。若以平上去三声通转例之，则支通于鱼，鱼通于尤，必以支纸一韵、鱼语一韵限之，未为无漏也。至若真文元之相通，而不通于庚青蒸，庚青蒸之相通，而不通于侵，此在诗韵则然，若词则无不通者。"

论辛弃疾、蒋捷为别调，亦深明源委。

【笺证】

毛奇龄《西河词话》卷二："张鹤门词以《草堂》为归，其长调绝近周、柳，虽不绝辛、蒋，然亦不习辛、蒋，此正宗也。"

惟其远溯六朝，以鲍照《梅花落》亦可称词，则汉代《铙歌》何尝不句有长短，亦以为词之始乎？

【笺证】

毛奇龄《西河词话》卷一："白乐天《花非花》诗、唐人《醉公子》

词、长孙无忌新曲、杨太真《阿那曲》,自是词格。他若《回鹘》《石州》《阿滥回》《回波乐》《乌盐角》《鹦滥堆》《水调歌头》诸名俱是乐府,然其语有近词者,则亦可以词名之。如隋帝《望江南》、徐陵《长相思》,初亦何尝是词,而句调可填,即为填词。由是推之,则梁武《江南弄》诸乐,以及鲍照《梅花落》、陶弘景《寒夜怨》、徐勉《迎客》《送客》、王筠《楚妃吟》、梁简文《春情》、隋炀《夜饮》《朝眠》曲,皆谓之古词,何不可哉?"

又《西厢记》"相女配夫",本为相度之相,今尚有此方言,而引孙复"相女不以嫁公侯,乃以嫁山谷衰老"语,以为宰相之相,则牵引附会,仍蹈结习。

【笺证】

毛奇龄《西河词话》卷一:"宋孙明复鬓白,李文定请以弟之女妻之。孙曰:'相女不以嫁公侯,乃以嫁山谷衰老,古无有之。'其曰相女者,相门之女。正以李复古曾为相,故也。西厢末剧有'自古相女配夫'世多不解,乌知实本诸此。"

至所述词曲变为演剧,缕陈始末,亦极赅悉。而云宋末安定郡王赵令畤始作《商调鼓子词》,谱《西厢传奇》,考令畤即《苏轼集》所称赵德麟,实非宋末之人,亦未免少疏。

【笺证】

毛奇龄《西河词话》卷二:"古歌舞不相合。歌者不舞,舞者不歌,即舞曲中词,亦不必与舞者搬演照应。自唐人作《柘枝词》《莲花旋歌》,则舞者所执,与歌者所措词,稍稍相应,然无事实也。宋末有安定郡王赵令畤者,始作《商调鼓子词》,谱《西厢传奇》,则纯以事实谱词曲间,然犹无演白也。至金章宗朝,董解元不知何人实作《西厢挡弹词》,则有白、有曲,专以一人挡弹,并念唱之。嗣后金作清乐,仿辽时大乐之制,有所谓连厢词者,则带唱带演,以司唱一人、琵琶一人、笙一人、笛一人，列坐唱词。而复以男名末泥、女名旦儿者，并杂色人等，入勾栏扮演，随唱词作举止。如'参了菩萨'，则末泥只揖；'只将花笑撚'，则旦儿撚花类。北人至今谓之'连厢'，曰'打连厢''唱连厢'，又曰'连厢搬演'。大抵连西厢舞人而演其曲，故云。然犹舞者不唱，唱者不舞，与古人舞法无以异也。至元人造曲，则歌者舞者合作一人，使勾栏舞者自司歌唱，而第设笙、笛、琵琶以和其曲。每入场以四折为度，谓之杂剧。其有连数杂剧而通谱一事，或一剧，或二剧，或三四五剧，名为'院本'。《西厢》者，合五剧而谱一事者也，然其时司唱犹属一人，仿连厢之法，不能遽变。往先司马从宁庶人处得连厢词例，谓司唱一人，代勾栏舞人执唱，其曰'代唱'。即已逗勾栏舞人自唱之意，但唱者只二人，末泥主男唱，旦儿主女唱，他若杂色入场，第有白无唱，谓之宾白。宾与主对，以说白在宾，而唱者自有主也。至元末明初，改北曲为南曲，则杂色人皆唱，不分宾主矣。少时观《西厢记》，见每一剧末必有《络丝娘煞尾》一曲，于扮演人下场后复唱，且复念正名四句，此是谁唱谁念。至末剧扮演人唱《清江引》曲齐下场后，复有《随煞》一曲，正名四句，总目四句，俱不能解唱者、念者之人。及得《连厢词例》，则司唱者在坐间，不在场上，故虽变杂剧，犹存坐间代唱之意。此种移踪换迹以渐转变，虽词曲小数，然亦考古家所当识者。"

按，苏轼与赵令畤交往甚密，李焘《续资治通鉴长编》卷四八四即云："轼知颍州日，赵令畤为本州签判，轼与之往还甚密。"

然自宋以来，撰诗话者多，撰词话者较少。

【笺证】

傅璇琮《学林清话》："《四库全书总目提要》谓自宋以来撰诗话者多，撰词话者少，因此特为录入。收入四库的词话著作，明代只《渚山堂词话》一种，清代前期只毛奇龄《词话》和徐釚《词苑丛谈》两种。"

奇龄是编，虽不及徐釚《词苑丛谈》之采摭繁富，门目详明，然所叙论，亦足备谈资，故削其诗话而录存是编焉。

【笺证】

《四库全书总目》卷一九九集部五二词曲类二著录《词苑丛谈》十二卷，且云："是书专辑词家故实，分'体制''音韵''品藻''纪事''辨正''谐谑''外编'七门，采摭繁富，援据详明，足为论词者总汇。"

词苑丛谈十二卷通行本

国朝徐釚撰。釚字电发，号虹亭，吴江人。康熙己未召试博学宏词，授翰林院检讨。

【笺证】

官修《文献通考》卷一七四《经籍考》："《词苑丛谈》十二卷。徐釚撰。釚字电发，号虹亭，吴江人，康熙己未，召试博学鸿词，授翰林院检讨。

按，徐釚字号除电发、虹亭外，尚有拙存、菊庄、枫江渔父、松风老人之称。杜首昌《绾秀园词选》有《渔家傲·题徐菊庄检讨枫江渔父图行乐》、毛奇龄《西河合集》填词五有《惜分飞·答吴江徐菊庄见忆原韵》。秦瀛《己未词科录》卷三："徐釚，字电发，号拙存，又号虹亭，晚号枫江渔父，江南吴江人。"

是书专辑词家故实，分"体制""音韵""品藻""纪事""辨正""谐谑""外编"七门，采摭繁富，援据详明，足为论词者总汇。

【笺证】

《词苑丛谈》历时六年，专录历代词人故实及词作评论，分门别类，计有"品藻"三卷、"纪事"四卷及其它五门"体制""音韵""辩证""谐谑""外编"各一卷，凡十二卷。采撷宏富，叙述详明，为治词者所必读之书。

《江南通志》称釚少刻《菊庄乐府》，朝鲜贡使仇元吉见之，以金饼购去，贻诗曰："中朝携得菊庄词，读罢烟霞照海湄。北宋风流何处是，一声铁笛起相思。"

【笺证】

《词苑丛谈》卷五品藻三："余旧有《菊庄词》，为吴孝廉汉槎在宁古塔寄至朝鲜。有东国会宁都护府记官仇元吉题余词云：'中朝寄得菊庄词，读罢烟霞照海湄。北宋风流何处是，一声铁笛起相思。'"

朱彝尊《徐电发南州集序》："吴江徐君釚电发以诗名江表者三十年，游屐所至，名流必与酬和。其《菊庄乐府》流播朝鲜，有题诗于卷后者。"

赵宏恩《（乾隆）江南通志》卷一六五："徐釚，字电发，吴江人。以布衣举博学宏词，授检讨，纂修明史，寻乞归。所著诗文脍炙艺苑。少刻《菊庄乐府》，朝鲜贡使仇元吉见之，以金饼购去，贻诗云：'中朝携得菊庄词，读罢烟霞照海湄。北宋风流何处是，一声铁笛起相思。'"

则釚于倚声一道，自早岁即已擅长，故于论词亦具有鉴裁，非苟作也。

【笺证】

徐釚《词觏序》（《南州草堂集》卷二一）："审音于南北清浊之间，用心专一，有一字未安，辄翻古人体制，叶其声之高下，必尽善乃已。"

徐釚《南州草堂集》卷二八《题香草词》："余少壮不羁,好为冶游,多与筝人酒徒相狎,倚声作长短句。"

惟其间征引旧文,未尽注其所出,同时朱彝尊、陈维崧等尝议之,釚亦自欲补缀而未尽也。

【笺证】

徐釚《词苑丛谈自序》："是书之辑,始于癸丑,迄于戊午,凡六年。所钞撮群书,不下数百馀种。……与同年友秀水竹垞朱君、宜兴其年陈君,互相参订。竹垞始谓余捃摭书目,必须旁注于下,方不似世儒剿取前人之说以为己出者。余韪其言,惜已脱稿,无从一一追溯。间取偶及记忆者分注十之二三,藏诸箧衍,时为补缀,然犹虑其择焉不精耳。

至"纪事"一门,半取近事,其间点缀以成佳话,标榜以借虚声者,盖所不免。

【笺证】

徐釚《词苑丛谈·凡例》："一曰纪事。《金荃》《兰畹》,虽异纹纂组,都属子虚乌有。余惟搜采逸事可传佳话者,庶足供麈尾闲谈。"

然考《世说新语注》载裴启作《语林》,记谢安黄公酒垆事,安以为所说不实。是序录同时之事,自古已然,唐宋人诗话、说部,此类尤夥,则亦非釚之创例矣。

【笺证】

《世说新语》文学第四："裴郎作《语林》,始出,大为远近所传。时流年少,无不传写,各有一通。载王东亭作《经王公酒垆下赋》,甚有才情。"

词谱词韵

钦定词谱四十卷

康熙五十四年圣祖仁皇帝御定。词萌于唐,而大盛于宋。

【笺证】

祝允明《重刻中原音韵序》:"词始于唐,盛于宋,以迄于今,其用韵犹诗也。"

高佑釲《湖海楼词序》:"词始于唐,衍于五代,盛于宋,沿于元,而榛芜于明。明词佳者不过数家,馀悉踵《草堂》之习,鄙俚褒狎,风雅荡然矣。"

田同之《西圃词说》:"词始于唐,盛于宋,南北历二百馀年,畸人代出,分路扬镳,各有其妙。至南宋诸名家,倍极变化。"

然唐、宋两代皆无词谱,盖当日之词,犹今日里巷之歌,人人解其音律,能自制腔,无须于谱。

【笺证】

宋元文献中,已多有言及词"谱"者。如杨缵《作词五要》云:"第三要填词按谱。自古作词者能依句者少,依谱用字者百无一二。词若歌韵不协,奚取焉?"周密《齐东野语》卷十:"《混成集》,修内司所刊本,巨帙百馀,古今歌词之谱,靡不备具,只大曲一类,凡数百解，他可知矣。然有谱无词者居半。"张炎《词源》卷下云：
"先人晓畅音律，有《寄闲集》，旁缀音谱，刊行于世。每作一词，必
使歌者按之，稍有不协，随即改正。曾赋《瑞鹤仙》一词……此词按
之歌谱，声字皆协，惟'扑'字稍不协，遂改为'守'字乃协。始知雅
词协音，虽一字亦不放过，信乎协音之不易也。"《宋史》卷一二九
《乐志》云："（宋徽宗政和六年）令大晟府编集八十四调并图谱，令
刘昺撰以为《宴乐新书》。"

　　然此所谓"按谱填词"之宋谱可称乐谱、歌谱、音谱，与明清谱
实有不同。夏承焘《姜夔词谱学考绩》曾列"宋代词谱"四种：《乐
府混成集》《古今乐律通谱》《行在集》《南方词编》，另有词集兼系
谱字三种：张枢《寄闲集》、杨缵《自度曲》、姜夔《白石道人歌曲》，
而"各谱各集，除《白石歌曲》外，今皆残佚，莫可究诘。盖词乐坠
于宋元之交，乐书散亡，亦以此时为甚也。"宋元词谱，幸有《白石道
人歌曲》十七首旁谱存世而得窥其原貌。而明清词谱存世甚多，乃
明清词人据唐宋词作之平仄四声及韵律制成，与宋元乐谱有别。

**其或新声独造，为世所传，如《霓裳羽衣》之类，亦不过一曲一调之谱，
无衮合众体，勒为一编者。**

　　【笺证】

　　蔡居厚《蔡宽夫诗话》："近时乐家，多为新声，其音谱转移，类
以新奇相胜，故古曲多不存。顷见一教坊老工，言唯大曲不敢增
损，往往尤是唐本。"

　　周密《醉语花序》："羽调《醉语花》，音韵婉丽，有谱而无辞。
连日春晴，风景韶媚，芳思撩人，醉捻花枝，倚声成句。"

**元以来，南北曲行，歌词之法遂绝。姜夔《白石词》中间有旁记节拍，
如西域梵书状者，亦无人能通其说。**

【笺证】

词萌于唐盛于宋而衰于元。宋崇宁间大晟乐府所集,有十二律六十家八十四调,后增至二百馀,换羽移商,品目详具。宋南渡后宫调失传,词学渐紊。逮元杂剧兴盛,歌词之法遂绝。姜夔《白石道人歌曲》中十七首旁谱虽有幸存世,然因节拍不存,节奏不在,故终究难以恢复旧唱。明曲家为宋词作曲谱者时有所见,如王骥德《曲律》卷四云:"宋词见《草堂诗馀》者,往往绝妙,而歌法不传,殊有遗恨。余客燕日,亦尝即其词为各谱今调,几百馀曲,刻见《方诸馆乐府》。"吴衡照《莲子居词话》曰:"明成化间丁诚斋文类,自号秦淮渔隐,编《歌词自得谱》数十卷,如李太白'箫声咽',司马才仲'姜本钱塘江上住',苏子瞻'大江东去',李易安'萧条庭院',皆注明某宫某调,及十六字法,足备考订。"

今之词谱,皆取唐、宋旧词,以调名相同者互校,以求其句法、字数。取句法、字数相同者互校,以求其平仄。其句法、字数有异同者,则据而注又一体,其平仄有同异者,则据而注为可平可仄。

【笺证】

虞集《叶宋英自度曲谱序》:"近世士大夫号称能作乐府者,皆依约旧谱,仿其平仄,缀缉成章。"

罗宗信《中原音韵序》:"学宋词者,只依其字数而填之耳。"

《钦定词谱序》:"词之有图谱,犹诗之有体格也。……夫词寄于调,字之多寡有定数,句之长短有定式,韵之平仄有定声,秒忽无差,始能谐合。否则,音节乖舛,体制混淆,此图谱之所以不可略也。……《词谱》一编,详次调体,剖析异同,中分句读,旁列平仄,一字一韵,务正传讹。按谱填词,沨沨乎可赴节族而谐管弦矣。"

自《啸馀谱》以下,皆以此法推究,得其崖略,定为科律而已。

【笺证】

万树《词律自序》：“《啸馀谱》一书，通行天壤，靡不骇称博核，奉作章程矣。”

田同之《西圃词说》：“宋元人所撰词谱流传者少。自国初至康熙十年前，填词家多沿明人，遵守《啸馀谱》一书。”

然见闻未博，考证未精，又或参以臆断无稽之说，往往不合于古法。

【笺证】

邹祗谟《远志斋词衷》：“今人作诗馀，多据张南湖《诗馀图谱》及程明善《啸馀谱》二书。南湖谱平仄差核，而用黑白及半黑半白圈，以分别之，不无鱼豕之讹。且载调太略。……至《啸馀谱》则舛误益甚，如《念奴娇》之与《无俗念》《百字谣》《大江乘》，《贺新郎》之与《金缕曲》，《金人捧露盘》之与《上西平》，本一体也，而分载数体。《燕春台》之即《燕台春》，《大江乘》之即《大江东》，《秋霁》之即《春霁》，《棘影》之即《疏影》，本无异名也，而误仍讹字，或列数体，或逸本名，甚至错乱句读，增减字数，而强缀标目，妄分韵脚。又如《千年调》《六州歌头》《阳关引》《帝台春》之类，句数率皆淆乱。成谱如是，学者奉为金科玉律，何以迄无驳正者耶？”

万树《词律》：“排次既不论作者之先后，又不拘字数之多寡，强作雁行，若不可逾越者，而所分之体，乖谬殊甚，尤不足取……旧谱之最无义理者……夫某调则某调矣，何必表其为第几。自唐及五代十国宋金元，时远人多，谁为之考其等第，而确不可移乎。更有继《啸馀》而作者，逸其全刻，撮其注语，尤为糊突……如《酒泉子》，以五列六后，又八体四十四字，九、十、十一、十二体皆四十三字，故以八居十二之后。夫既以八体之字较多，则当改正为十二，而以九升为八，十升为九矣。乃因旧定次序，不敢超越，故论字则以弟先兄，论行则少不逾长，得毋两相背谬乎，此俱遵《啸馀》而忘其为无理者也。"

惟近时万树作《词律》，析疑辨误，所得为多，然仍不免于舛漏。

【笺证】

田同之《西圃词说》："词句虽胜于前，而音律不协，即衍波亦不免矣，此《词律》之所由作也……故浙西名家，务求考订精严，不敢出《词律》范围之外，诚以《词律》为确且善耳。"

按，《词律》纠正《啸馀谱》《填词图谱》之讹，以及诸家词集之舛异，如旧谱依《草堂诗馀》小令、中调、长调之说，以五十八字以内为小令，五十九字至九十字为中调，九十一字以外为长调，如此分类，时陷人于无所措手足之境地，因有的同调异体词在字数上有较大之差别，既可入彼，亦可入此，故万树但列诸调，而不立三等之名；又如旧谱将同调而异体之词依时代先后定为第一体、第二体、第三体，然词之创作时代多有不可考者，故万树但谓调有异同，体无先后，所列次第既不以时代为差，何由知孰为第几，故但以字数多寡为序，而不立名目；又旧谱不分句读，平仄往往混填，分段也多有谬误，万树于《词律》中也一一校正之，率多精确不刊之论。

惟我圣祖仁皇帝，聪明天授，事事皆深契精微，既御定唐、宋、金、元、明诸诗，立咏歌之准，御纂《律吕精义》，通声气之元，又以词亦诗之馀派，其音节亦乐之支流，爰命儒臣，辑为此谱。

【笺证】

《钦定词谱·凡例》："是谱翻阅群书，互相参订，凡旧谱分调、分段及句读音韵之误，悉据唐、宋、元词校定……宋元以来，调名日多，旧谱未备。今广搜博采，次第编辑，俾倚声者知所考焉。"

凡八百二十六调，二千三百六体。凡唐至元之遗篇，靡弗采录。元人小令其言近雅者，亦间附之。唐宋大曲则汇为一卷，缀于末。每调各注其源流，每字各图其平仄，每句各注其韵叶，分刌节度，穷极窈眇，

倚声家可永守法程。盖圣人裁成万类,虽一事之微,必考古而立之制,类若斯矣。

【笺证】

《钦定词谱·凡例》:"调以长短分先后。若同一调名,则长短汇列,以又一体别之,其添字、减字、摊破、偷声、促拍、近拍以及慢词,皆按字数分编。至唐人大曲如《凉州》《水调歌》,宋人大曲如《九张机》《薄媚》,字数不齐,各以类附,辑为末卷。"

《钦定词谱·凡例》:"唐人长短句,悉照《尊前》《花间》《花庵》诸选收入,其五、六、七言绝句亦各采一二首,以备其体。至元人小令,略仿《词林万选》之例,取其优雅者,非以曲混词也。"

《钦定词谱·凡例》:"韵有三声叶者,有间入仄韵于平韵中者,有换韵者,有叠韵者,有短韵藏于句中者,逐一注明。至宋人填词,间遵古韵,不外《礼部韵略》所注通转之法,或有从《中原雅音》者,俱照原本采录。"

《钦定词谱·凡例》:"每调一词,旁列一图,以虚实朱圈分别平仄,平用虚圈,仄用实圈,字本平而可仄者上虚下实,字本仄而可平者上实下虚。至词中句法,如诗中五言、七言者。其第一字、第三字类多可平可仄,似不必拘谱。内亦参校旧词,始为作图。至一定平仄,别谱有异同者,必引证其句,注明本词之下又可平可仄,中遇去声字,最为紧要,平声可以入声替,上声不可以去声替。沈伯时《乐府指迷》论之最详,谱中凡用去声字不可易者,悉为标出。"

丁绍仪《听秋声馆词话》卷二:"《江南春》为倪云林高十自度曲,与宋裴《穆护砂》同为元调,虽篇中均七言句,然前后四换韵,换头系三字两句,明明是词非诗,乃《词谱》《词律》均未收入,后人亦无填用者。"

词律二十卷通行本

国朝万树撰。树有《璇玑碎锦》，已著录。

【笺证】

《四库全书总目》卷一八三集部三六别集类存目十著录《璇玑碎锦》二卷，并云："是集皆回文诗图，上卷三十幅，下卷三十幅，各以名物寓题，组织颇巧，然亦弊精神于无用之地矣！苏若兰事，不可无一，亦不必有二也。"

是编纠正《啸馀谱》及《填词图谱》之讹，以及诸家词集之舛异。

【笺证】

万树《词律·自叙》："嘅自曲调既兴，诗馀遂废，纵览《草堂》之遗帙，谁知大晟之元音。……近复有《填词图谱》者，图则葫芦张本，谱则颦捧《啸馀》，持议或偏，参稽太略。……列调既谬，分句尤讹。云昭示于来，兹实大误。……不禁发其嗟吁，遂拟取而论订。"

万树《词律·发凡》："本谱因遵古之意甚严，救弊之心颇切，故于时行之谱痛加纠驳，言则不无过直，义则窃谓至公，幸览者平心以酌之。"

如《草堂诗馀》有小令、中调、长调之目，旧谱遂谓五十八字以内为小令，五十九字至九十字为中调，九十一字以外为长调。树则谓《七娘子》有五十字者，有六十字者，将为小令乎？中调乎？《雪狮儿》有八十九字者，有九十二字者，将为中调乎？长调乎？故但列诸调，而不立三等之名。

【笺证】

词家小令、中调、长调之分，始自《类编草堂诗馀》一书，后来词谱依其字数以为定式，如明嘉靖十五年，张綖《诗馀图谱》初刻，即分词为小令、中调、长调三类，未免拘泥，故为万树所讥。万树《词律·发凡》云："自《草堂》有小令、中调、长调之目，后人因之，但亦约略云尔。《词综》所云以臆见分之，后遂相沿，殊属牵率者也。钱塘毛氏云：'五十八字以内为小令，五十九字至九十字为中调，九十一字以外为长调，古人定例也。'愚谓此亦就《草堂》所分而拘执之。所谓定例，有何所据？若以少一字为短，多一字为长，必无是理。如《七娘子》有五十八字者，有六十字者，将名之曰小令乎？抑中调乎？如《雪狮儿》有八十九字者，有九十二字者，将名之曰中调乎？抑长调乎？故本谱但叙字数，不分小令、中、长之名。"

又旧谱于一调而长短异者，皆定为第一、第二体。树则谓调有异同，体无先后，所列次第，既不以时代为差，何由知孰为第几，故但以字数多寡为序，而不立名目，皆精确不刊。

【笺证】

张綖《诗馀图谱》、万惟檀《诗馀图谱》、程明善《啸馀谱》于同调而长短不同者，均列第一体、第二体、第三体，然词作时代先后本难确认，以其为分体标准自是乖谬，故万树《词律·发凡》云："旧谱之最无义理者，是第一体、第二体等排次，既不论作者之先后，又不拘字数之多寡，强作雁行，若不可逾越者。而所分之体，乖谬殊甚，尤不足取。因向来词无善谱，俱以之为高会典型。学者每作一调，即自注其下云第几体。夫某调则某调矣，何必表其为第几？自唐及五代十国、宋、金、元，时远人多，谁为之考其等第，而确不可移乎？"万树《词律》改以字数为次第，短者居前而长者居后，称之曰"又一体"。

其最入微者，一为旧谱不分句读，往往据平仄混填。树则谓七字有上三下四句，如《唐多令》"燕辞归客尚淹留"之类。五字有上一下四句，如《桂华明》"遇广寒仙女"之类。四字有横担之句，如《风流子》

"倚栏杆处""上琴台去"之类。

【笺证】

明人制谱，如《啸馀谱》《填词图谱》，只标句如"五字句""七字句"，而不顾句中之点读。万树始重句读，七字句中"上三下四"不同于"上四下三"，五字句中"上一下四"异于"上二下三"，如此之类，结构不可错乱，平仄亦不能混淆。其《词律·发凡》云："词中惟五言七言句最易混淆。七言有上四下三如唐诗一句者，若《鹧鸪天》'小窗愁黛淡秋山'、《玉楼春》'棹沉云去情千里'之类；有上三下四句者，若《唐多令》'燕辞归、客尚淹留'、《爪茉莉》'金风动、冷清清地'之类，易于误认。诸家所选明词，往往失调，故今于上四下三者不注，其上三下四者皆注豆字于第三字旁，使人易晓无误。整句为句，半句为读。'读'音'豆'，故借书'豆'字。其外有六字、八字语气折下者，亦用'豆'字注之。五言有上二下三如诗句者，若《一络索》'暑气昏池馆'、《锦堂春》'肠断欲栖鸦'之类；有一字领句而下则四字者，如《桂华明》'遇广寒宫女'、《燕归梁》'记一笑千金'之类，尤易误填，而字旁又不便注豆，此则多辨于注中，作者须以类推之。"

一为词字平仄，旧谱但据字而填，树则谓上声入声有时可以代平，而名词转折跌宕处，多用去声。

【笺证】

《啸馀谱》《填词图谱》等实皆平仄谱而非四声谱，万树《词律》渐分四声，细分上去，欲复词调字声之美。树论去声以去不可代上，且上去需连用。平止有一途，仄兼上去入三种，不可遇仄而以三声概填。夫一调有一调之风度声响，若上去互易，则调不振起，便成落腔尾句，尤为吃紧。更有一要诀，曰名词转折跌宕处多用去声。何也？三声之中，上入二者可以作平，去则独异。故万氏尝谓论声虽以一平对三仄，论歌则当以去对平上入也。当用去声者非去则激不起，用入且不可，断断勿用平上也。如此之类，甚为精当。

万氏论四声，与沈义父有暗合之处。沈氏《乐府指迷》云："腔律岂必人人皆能按箫填谱，但看句中用去声字最为紧要。其次如平声，却用得入声字替。上声字最不可用去声字替，不可以上、去、入尽道是侧声便用得，更须调停参订用之。"杜文澜注："按宋沈伯时《乐府指迷》云词中有用去声字者，不可以别声替。盖调贵抑扬，去声字取其激越也。"

夏承焘《唐宋词论丛》："万树著《词律》，但辨平仄四声，不及宫调律吕，四川先著尝著书诮之；学者读《词源》诸书，亦谓不明乐律即不足言词律。夫词固叶乐之文，然文人作此，往往不尽如乐工所为；且词家谈乐律，多好夸炫；《词源》'五音相生'诸篇，借古乐妆点，实与唐宋词乐不尽关切。"

一为旧谱五七字之句所注可平可仄，多改为诗句。树则谓古词抑扬顿挫，多在拗字，其论最为细密。

【笺证】

万树《词律·发凡》："谱见略有拗处，即改顺适。五七言句，必成诗语。并于万万不可移动者，亦一例注改。……学者不肯将古词对填，而但将谱字为据，信谱而不信词，犹之信传而不信经也。……如美成造腔，其拗处乃其顺处，所用平仄，岂慢然为之，至再至三耶？倘是慢然为之者，何其第二首亦复如前？岂亦皆慢然为之至再至三耶？方千里系美成同时，所和四声无一字异者，岂方亦慢然为之耶？后复有吴梦窗所作，亦无一字异者，岂吴亦慢然为之耶？更历观诸名家，莫不绳尺森然者，其一二有所改变，或系另体，或系传讹，或系败笔，亦当取而折衷，归于至当，乌可每首俱为窜易乎？"

夏承焘《作词法》:"词中拗句有时为全调音节所关,其平仄不可任意更改。明人作词谱常把拗句改作顺句,大为万红友所呵,我们不可蹈其覆辙。"

至于考调名之新旧,证传写之舛讹,辨元人曲词之分,斥明人自度腔之谬,考证尤一一有据。

【笺证】

万树《词律·自叙》:"其篇则取之唐宋,兼及金元,而不收明朝自度、本朝自度之腔。"

万树《词律·发凡》:"能深名词理,方可制腔。若明人则于律吕无所授受,其所自度,窃恐未能协律,故如王太仓之《怨朱弦》《小诺皋》、杨新都之《落灯风》《疑残红》《误佳期》等,今俱不收。至近日顾梁汾所犯《踏莎美人》,非不谐婉,亦不敢收,盖意在尊古辍新焉耳。"

按,清人多以明清自度曲为不然,如沈雄《古今词话》词话卷下云:"曹秋岳曰:乙丑夏日集澄辉堂,江子丹崖问明词去取以何为则,余曰:自《花间》至元季,调已盈千,安得再收自度?如王世贞之《怨朱弦》《小诺皋》,杨慎之《落灯风》《灼灼花》,屠隆之《青江裂石》《水漫声》。丹崖平日留心古调,询及明词如此。"汪筠《校明词综》云:"洪武名流未可双,中间才调亦心降。不应宴乐新书失,解事翻多自度腔。"杜文澜《憩园词话》卷一云:"元季盛行南北曲,竞趋制曲之易,益惮填词之艰,宫调遂从此失传矣。有明一代,未寻废坠,绝少专门名家,间或为词,辄率意为自度曲,音律因之益棼。"故张德瀛《词征》赞万氏《词律》不收明以后自度腔,最为有识。

虽其考核偶疏,亦所不免,如《绿意》之即为《疏影》,树方断断辨之,连章累幅,力攻朱彝尊之疏,而不知《疏影》之前为《八宝妆》,《疏影》之后为《八犯玉交枝》,即已一调复收,试取李甲、仇远词合之,契若

符节。

【笺证】

杜文澜《词律校勘记》:"《八宝妆》:《四库全书词律提要》云:'如《绿意》之为《疏影》,树方断断辨之,而不知《疏影》之前为《八宝妆》,《疏影》后之为《八犯玉交枝》,即已一调两收。'按李甲词与后《八犯玉交枝》所收仇远词字句皆同,惟李词第六、七句'空阶烟暝半开、斜月朦胧'为上六下四,仇词此二句作'擎空孤柱、翠倚高阁凭虚',则上四下六、'柱'字似叶为差异耳,然'暝'字亦可断句,决是一调。"

至其论《燕春台》《夏初临》为一调,乃谓《啸馀谱》颠倒复收,贻笑千古,因欲于张子野词"探芳菲走马"下添入"归来"二字为韵,而不知其上韵已用"当时去燕还来",一韵两用,其谬较一调两收为更甚。如斯之类,千虑而一失者,虽间亦有之。

【笺证】

万树《词律》卷十五:"此词疑有讹脱,惜无他篇可证。愚谓'探芳'句下或尚有叶韵语,盖'走马'句与'重帘人语'词意不连也。或谓'微'字、'飞'字、'归'字亦是叶韵。词中微、灰原通用,未知是否。按,《啸馀谱》于'春字题'内收《燕台春》,又于'宫室题'内收《燕春台》,将下二字颠倒,遂收两调。又,两处所载俱即张子野此篇,岂不贻笑千古。当日欲作谱示人,宁竟未一考邪?又于《燕春台》内少却'院落'二字,至所注之可平可仄两处互异,又不必言矣,真奇绝,奇绝!此调沈氏作《燕春台》,《图谱》作《燕台春》。若作《燕春台》,则'燕'字当作'燕会'之'燕',若作《燕台春》则是黄金台事,当作'幽燕'之'燕'。但旧草堂所载是《燕春台》,合当从之也。又按,《夏初临》一调与此相同,即载此后,以便考订。"

按，《词律》致误之由，杜文澜《词律校勘记》曰："《燕春台》，张先词。'殿角风微'句，'角'字《词谱》作'阁'。又'探芳菲走马天街'句，万氏落'天街'二字；又'拥笙歌灯火楼台'句，落'拥'字，'灯火'下误多'院落'二字，应遵《词谱》，并从《乐府雅词》删补。又按《四库全书词律提要》云：其论《燕春台》《夏初临》为一调，乃谓《啸馀谱》颠倒复收，因欲于张子野词'探芳菲走马'下添入'归来'二字为韵，而不知其上韵已用'当时去燕还来'，一韵两用，其谬较一调两收为更甚云云，总由万氏未知'走马'之下本有'天街'二字，故有此误耳。"

要之，唐、宋以来，倚声度曲之法，久已失传。明人臆造之谱，又递相淆乱，树推尊旧调，十得八九，其开辟榛芜之功，亦未可没矣。

【笺证】

秦巘《词系·发凡》："宫调不明，竟无一语论及，其缺一；调下不载原题，几不知词意所在，其缺二；专以汲古阁《六十名家词》《词综》为主，他书未经寓目，凭虚拟议，其缺三；调名遗漏甚多，其缺四。不论宫调，专以字数比较，是为舍本逐末，其失一；所录之词，未为定式，其失二；调名原多歧出，务欲归并，而考据不详，颠倒时代，反宾为主，其失三；所据之本不精，字句讹谬，全凭臆度，其失四；前后段字数，必欲比同，甚至改换字句以牵合，殊涉穿凿，其失五；《图谱》等书，原多可议，晓晓辩论，未免太烦，其失六。"

俞樾《重刻词律序》（《春在堂杂文》续编卷二）："《词律》之作，盖以有明以来，词学失传，举世奉《啸馀》《图谱》为准绳。但取其便乎吻，而不知其戾乎古，于是扫除流俗，力追古初，一字一句，皆取宋元名作，排比而求其律，律严而词之道尊矣。惟因行箧之中书籍无多，且成于康熙二十六年，其时《钦定词谱》未出，无所据依，故考订之疏犹或不免。"

俞樾《杜小舫重刻宋七家词序》(《春在堂杂文》三编卷三)："万氏之书,以律为主,而不论辞之工拙,故如黄山谷《望远行》之俳体,石孝友《念奴娇》之媟辞,亦具录之,非所以存大雅之遗音,示风骚之正轨也。"

陈匪石《声执》卷上："以句法平仄言律,不得已而为之者也。在南宋时,填词者已不尽审音,词渐成韵文之一体。有深明音律者,如姜夔、杨缵、张枢辈,即为众所推许,可以概见。及声律无考,遂仅有句法平仄可循,如诗之五七言律绝矣。万树《词律》,作于清康熙中。前乎万氏者,明有张綖《诗馀图谱》、程明善《啸馀谱》。清有沈际飞《词谱》、赖以邠《填词图谱》,触目瑕瘢,为万氏所指摘。证以久佚复出之各词集,万说什九有验。惟明人以五十九字以内为小令,五十九字至九十字为中调,九十字以上为长调,其无所据依,朱彝尊讥之,实先于万氏。万氏之书,虽不能谓绝无疏舛,然据所见之宋元以前词,参互考订,且未见《乐府指迷》,而辨别四声,暗合沈义父之说。凡所不认为必不如是,或必如何始合者,不独较其他词谱为详,且多确不可易之论,莫敢訾以专辄。识见之卓,无与比伦,后人不得不奉为圭臬矣。后乎万氏者,有《白香词谱》,有《碎金词谱》,既沿《词谱》体例,取材不丰。叶申芗《天籁轩词谱》,虽偶补万氏之阙,亦莫能相尚。清圣祖命王奕清等定《词谱》四十卷,后于万氏三十年,沿袭万氏体例。中秘书多,取材弘富。且成书于《历代诗馀》后,词人时代后先,已可考见。依次收录创调者,或最先之作者,什九可据。惟以备体之故,多觉泛滥,所收之调,涉入元曲范围,又不如万氏之严。同治间,徐本立参合所见之晚出各书,作《词律拾遗》。杜文澜又据王敬之、戈载订正万氏之本,并参己意,作《词律校勘记》。然词集孤本,续出不穷,不得谓徐、杜已竟其业也。

存目　词集

寿域词一卷 安徽巡抚采进本

宋杜安世撰。安世字寿域，京兆人。黄昇《花庵词选》又谓名寿域，字安世，未知孰是。《书录解题》载《寿域词》一卷，其事迹本末，陈振孙已谓未详。集内各调皆不载原题，无可参考。观振孙列之张先词后，欧阳修词前，则北宋人也。

【笺证】

　　杜安世，有云其字寿域者，如陈振孙《直斋书录解题》卷二一载《杜寿域词》一卷，谓"京兆安世寿域撰，未详其人，词亦不工"。《文献通考》卷二四六著录《杜寿域词》一卷，亦载"陈氏曰京兆杜安世寿域撰"。有云其名寿域者，如黄昇《唐宋诸贤绝妙词选》卷四："杜安世，名寿域。"又有云其自号寿域者，如徐光溥《自号录》云："寿域，杜安世。"《提要》所著录之两宋词人，杜安世生平最为暗晦。

　　按，晁说之《晁氏客语》云："杜安世词云：'烧残绛蜡泪成痕，街鼓报黄昏。'或讥其黄昏未到，得烧残绛蜡？或云荆公尊人作，曾有人以此问之，答曰：'重檐窣屋，帘幕蔽拥，不到黄昏已可以然烛矣。'后有小字注云："此词乃荆公尊人作，韩魏公尝以此赏杜，杜云：'乃王某作。'荆公时在座，闻语离席。"知杜安世与韩琦（1008—1075）同时，乃北宋中期人。

振孙称其词不甚工，今核集中所载八十六阕，往往失之浅俗，字句尤多凑泊。

【笺证】

丁丙《善本书室藏书志》卷四十："安世词颇伤浅弱，然如'喜轻渐初绽微和'之《折红梅》，'尊前一曲'之《卜算子》，《花庵词选》所收之《诉衷情》，未尝不婉约可诵。"

即所载《折红梅》一词，毛晋跋指为吴感作者，通体皆剽窃柳永《望梅词》，未可谓之佳制，振孙之言非过。

【笺证】

《折红梅》宋人即多以为乃吴感作，龚明之《中吴纪闻》卷一云："吴感字应之，以文章知名。天圣二年省试为第一，又中天圣九年书判拔萃科，仕至殿中丞。居小市桥，有侍姬曰红梅，因以名其阁，尝作《折红梅》词曰（词略）。"范成大《吴郡志》卷十四亦云："红梅阁在小市桥，天圣中殿中丞吴感所居。吴有姬曰红梅，因以名阁，又作《折红梅》词传于一时。"

至《菩萨蛮》第二首乃南唐李后主词，《凤衔杯》第二首乃晏殊词，惟结句增一"空"字为小异，晋皆未注。晋所称《诉衷情》一首见于《花庵词选》者，仅附载跋中，亦未补入集内。字句讹脱，尤不一而足。首尾仅二十馀纸，舛谬不可胜乙。晋殆亦忽视其词，漫不一校耶？

【笺证】

黄昇《唐宋诸贤绝妙词选》卷四收杜安世《诉衷情》。

毛晋《寿域词跋》："侪辈嗤其词不工，余初读其《诉衷情》云：（词略）。语纤致巧，未尝不工。此词载《花庵词选》，不载本集。本集载《折红梅》一首，龚希仲又谓是吴中丞红梅阁词，纪之甚详。"

冯煦《蒿庵论词》:"《寿域词》,《四库全书》存目,谓其字句讹脱,不一而足。今取其词读之,即常用之调亦平仄拗折,与他人微异。则是寿域有意为之,非尽校者之疏。"

后山词一卷安徽巡抚采进本

宋陈师道撰。师道有《后山丛谈》,已著录。

【笺证】

《四库全书总目》卷一四〇子部五〇小说家类一著录陈师道《后山谈丛》四卷,并云:"陆游《老学庵笔记》颇疑此书之伪……(洪)迈称其笔力高简,必传于后世,不云他人所赝托。迈去师道不远,且其考证不草草,知陆游之言未免失之臆断也。"按,《提要》此处云《后山丛谈》,当为《后山谈丛》。

其诗馀一卷,已附载集中。

【笺证】

《四库全书》本《后山集》卷二四为长短句一卷。

考陈振孙《书录解题》载《后山词》一卷,《宋史·艺文志》则称为《语业》一卷。

【笺证】

《直斋书录解题》卷二一著录长沙书坊所刻《百家词》本《后山词》一卷。《宋史·艺文志》所称《语业》一卷,南宋初王灼《碧鸡漫志》卷二已著录,云"陈无己所作数十首,号曰《语业》"。

而魏衍作《师道集记》,但及《丛谈》《理究》,不及其词,知宋时本集外别行也。

【笺证】

　　魏衍《彭城陈先生集记》:"衍从先生学者七年,所得为多。今又受其所遗甲、乙、丙稿,皆先生亲笔。合而校之,得古律诗四百六十五篇,文一百四十篇。诗曰五七,杂以古律;文曰千百,不分类。衍今离诗为六卷,类文为十四卷,次皆从旧,合二十卷,目录一卷,又手书之。窃惟先生之文简重典雅,法度谨严,诗语精妙,盖未尝无谓而作。其志意行事,班班见于其中,小不逮意则弃去,故家之所留者止此。……其阙方求而补诸,又有《解洪范》《相表》《阐微》《彰善》《诗话》《丛谈》,各自为集云。

　　按,胡仔《苕溪渔隐丛话前集》卷五一云:"无己自矜其词如此,今《后山集》不载其小词,世亦无传之者,何也?"《直斋书录解题》卷十七云:"魏衍作集序云离诗为六卷,类文为十四卷,今蜀本正如此。又言受其所遗甲、乙、丙稿,诗曰五七,文曰千百,今四明本如此。"胡仔(1110—1170)与陈振孙(1179—约1261)生年相差近六十年,则胡氏所云"今《后山集》"当刊行于南宋前期,陈氏所云"今蜀本""今四明本"当刊行于南宋后期,此三种版本皆未收其词。然陈师道词集并非如《提要》所云"宋时本集外别行",宋代另有一"临川本"即为与诗文等合刊,《直斋书录解题》卷十七著录《后山集》十四卷《外集》六卷《谈丛》六卷《理究》一卷《诗话》一卷《长短句》二卷,云"刘孝韪刊于临川",乃全集本。

胡仔《渔隐丛话》述师道自矜语谓:"于词不减秦七、黄九。"

　　【笺证】

　　陈师道《书旧词后》:"晁无咎云:'眉山公之词,盖不更此而知也。'余谓不然,宋玉初不识巫山神女而能赋之,岂待更而知也。余它文未能及人,独于词自谓不减秦七、黄九。"

　　胡仔《苕溪渔隐丛话前集》卷五一:"《后山诗话》云:'晁无咎

言："眉山公之词短于情，盖不更此境也。"余谓不然。宋玉初不识巫山神女而能赋之，岂待更而知也。余他文未能及人，独于词，自谓不减秦七、黄九。'"

今观其《渔家傲》词有云："拟作新词酬帝力，轻落笔，黄、秦去后无强敌"云云，自负良为不浅。

【笺证】

陈师道论词以黄、秦为高，除前引诸说外，《后山诗话》还云："退之以文为词，子瞻以诗为词，如教坊雷大师之舞，虽极天下之工，要非本色。今代词手，惟秦七、黄九尔，唐诸人不迨也。"

然师道诗冥心孤诣，自是北宋巨擘，至强回笔端，倚声度曲，则非所擅长。

【笺证】

释惠洪《冷斋夜话》卷二："予问山谷今之诗人谁冠，曰：'无出陈师道无己。'"

陆游《跋后山居士长短句》："唐末，诗益卑，而乐府词高古工妙，庶几汉魏。陈无己诗妙天下，以其馀作词，宜其工矣，顾乃不然，殆未易晓也。"

如赠晁补之舞鬟之类，殊不多见。

【笺证】

张邦基《墨庄漫录》："晁无咎谪玉山，过徐州，时陈无己废居里中。无咎置酒，出小姬娉娉舞《梁州》，无己作《减字木兰花》长短句云：'娉娉袅袅。芍药梢头红样小。舞袖低回。心到郎边客已知。　　金樽玉酒。劝我花前千万寿。莫莫休休。白发簪花我自羞。'无咎叹曰：'人疑宋开府铁石心肠，及为《梅花赋》，清艳殊不类其为人。无己清通，虽铁石心肠不至于开府，而此词已过于《梅花赋》矣。'"

其《诗话》谓:"曾子开、秦少游诗如词。"而不自知词如诗,盖人各有能有不能,固不必事事第一也。

【笺证】

陈师道《后山诗话》:"世语云:苏明允不能诗,欧阳永叔不能赋,曾子开、秦少游诗如词。"

王直方《王直方诗话》:"东坡尝以所作小词示无咎、文潜曰:'何如少游?'二人皆对云:'少游诗似小词,先生小词似诗。'陈无己云:'荆公晚年诗伤工,鲁直晚年诗伤奇。'余戏之曰:'子欲居工奇之间邪?'"

王灼《碧鸡漫志》卷二:"陈无己所作数十首,号曰《语业》,妙处如其诗,但用意太深,有时僻涩。"

杨慎《词品》卷三:"陈后山为人极清苦,诗文皆高古,而词特纤艳。"

冯煦《蒿庵论词》:"后山、蠙窟、审斋、石屏诸家,并娴雅有馀,绵丽不足,与卢叔阳、黄叔旸之专尚细腻者,互有短长。《提要》之论后山、石屏,皆谓其以诗为词,然后山笔力甚健,要非式之所可望也。"

哄堂词一卷 <small>江苏巡抚采进本</small>

宋卢炳撰。炳,字叔阳。

【笺证】

《直斋书录解题》卷二一:"《哄堂集》一卷。卢炳叔易撰。"

《文献通考》卷二四六经籍考七三:"《哄堂集》一卷,陈氏曰卢炳叔易撰。"

按,明清时多云其字叔阳,如黄虞稷《千顷堂书目》卷三二云:"卢炳《哄堂词》一卷。字叔阳。"朱彝尊《词综》卷十八云:"卢炳字叔阳,有《哄堂词》一卷。"沈辰垣《历代诗馀》卷一百七云:"卢炳字叔阳,自号丑斋,有《哄堂词》一卷。"陈振孙、马端临既云其字"叔易",当以宋人所记为是。

其履贯未详,时代亦无可考。陈振孙《书录解题》列词集九十二家,而总注其后曰:"自南唐二主词以下,皆长沙书坊所刻,号《百家词》。"其最末一家为郭应祥,振孙称嘉定间人,则诸人皆在宁宗以前,炳词次序犹在侯寘词后。寘绍兴中知建康,则炳亦南渡后人。集中有"庚戌正月"字,庚戌为建炎四年。

【笺证】

蔡幼学《缴程锡知兴国军韩杞权通判宁国府旨挥状》(《育德堂奏议》卷三)云:"近者前通判澧州卢炳,以边警之际,尝准指挥摄郡,将及满岁,宣劳稍多,处之武冈。"黄仲昭《(弘治)八闽通志》卷五五"选举"云:"政和二年……特奏名卢炳、戴天秩、谢锡、蔡庸、林几。"蔡幼学(1154—1217)乃南宋前中期人,其所记之卢炳及黄仲昭《(弘治)八闽通志》卷五五所记之政和二年(1112)特奏名进士卢炳,不知与《哄堂集》作者卢炳是否为同一人,待考。

故集中诸词多用周邦彦韵,其时代适相接也。

【笺证】

卢炳词用周邦彦韵的有《玉团儿·用周美成韵》《少年游·用周美成韵》《菩萨蛮·用周美成韵》。

其集,《书录解题》本作"哄堂词",毛晋刊本则作"烘堂"。按:唐赵璘《因话录》,御史院合座俱笑,谓之"哄堂"。炳盖谦言博笑,故以为名。若作"烘堂",于义无取,知晋所刊为误。

【笺证】

《直斋书录解题》本作"烘堂词",《提要》误。《文献通考》抄录《解题》时作"哄堂",当是误抄。

按,李肇《唐国史补》卷下云:"御史故事,大朝会则监察押班,常参则殿中知班,入阁则侍御史监奏。盖含元殿最远,用八品;宣政其次,用七品;紫宸最近,用六品。殿中得立五花砖,绿衣,用紫案褥之类,号为'七贵'。监察院长与同院礼隔,语曰:'事长如事端。'凡上堂,绝言笑,有不可忍,杂端大笑,则合座皆笑,谓之'烘堂'。烘堂不罚。大夫、中丞入三院,罚直尽放,其轻重尺寸由于吏人,而大者存之黄卷。三院上堂有除改者,不得终食,惟刑部郎官得终之。"卢炳词集名或有取于此,则应以"烘堂"为是。

炳盖尝仕州县,故多同官倡和之词。然其同官无一知名士,其颂祝诸作亦俱庸下。

【笺证】

蔡幼学《缴程锡知兴国军韩杞权通判宁国府旨挥状》云卢炳曾为澧州通判,后至武冈,蔡氏所记之卢炳或即词人卢炳耶?因履贯未详,未敢遽下断语。

至于《武陵春》之以"老"叶"头",《水龙吟》之以"斗""奏"叶"表",《清平乐》之以"皱"叶"好""笑",虽古韵本通,而词家无用古韵之例,亦为破格。他若《贺新郎》之"问天公、底事教幽独。待拉向,锦屏曲",《玉团儿》之"把不定、红生脸肉",《蓦山溪》之"鞭宝马,闹竿随,簇着花藤轿",皆鄙俚不文,有乖雅调,惟咏物诸作尚细腻熨贴,间有可观耳。

【笺证】

许昂霄《词综偶评》:"哄堂词下语用字,亦复楚楚有致。"

况周颐《餐樱庑词话》:"毛子晋跋《哄堂词》谓其善用僻字,如'祥溽''皱皽''褨子'之类。按《诗·墉风》:'是绁袢也。'《传》:'是当暑袢延之服也。'《类篇》:'袢延,衣热也。'邹浩诗:'清标藐冰壶,一见涤祥暑。'范成大诗:'祥暑骄骷杂瘴氛',祥溽,即祥暑也。'皴皵'音逡鹊，皮绉也。邹浩《四柏赋》：'皮皴皵以龙惊'，《尔雅·释木》：'大而皵楸，小而皵榆。'樊光云：'皵猪，皮也，谓树皮粗也。'禑，于眷切，音瑗。《玉篇》：'佩衿也。'《尔雅·释器》：'佩衿谓之禑玉，佩玉之带二属。'此类字未为甚僻。"

近体乐府一卷安徽巡抚采进本

宋周必大撰。必大有《玉堂杂记》，已著录。

【笺证】

《四库全书总目》卷七九史部三五职官类著录《玉堂杂记》三卷，并云："凡銮坡制度沿革，及一时宣召奏对之事，随笔纪录，集为此编。所纪如奉表德寿署名、赐安南国王嗣子诏书之类，皆能援引古义，合于典礼。其他琐闻遗事，亦多可资谈柄。"

此编凡词十二阕，已编入《文忠集》中。此乃毛晋摘录之本，刻于《六十家词》中者也。

【笺证】

周必大《文忠集》二百卷，乃开禧中（1205—1207）其子周纶所手定，其中卷一八五收《近体乐府》一卷。

毛晋《近体乐府跋》："南渡而下，诗之富实维放翁，文之富实维益公，先辈争仰为大家，与欧、苏并称，但卷帙浩繁，我明尚未副枣。余于寅卯间已镌放翁诗文一百三十卷有奇行世，而益公省斋诸稿二百卷仅得一抄本，句错字淆，未敢妄就剞劂，倘海内同志，或宋刻，或名家订本，肯不惜荆州之借，俾平园叟与渭南伯共成双璧，真艺林大胜事也。兹《近体乐府》数阕，特公剩技耳，先梓之，以当相征券。"

题下所注甲子，其可数者自丁亥至庚寅，大约不出四岁中所作。疑当

周纶编次全集时，已掇拾散佚之馀，非其完本矣。

【笺证】

《点绛唇》第三首《赴池阳郡会坐中见梅花赋点绛唇一首（丁亥九月己丑）》、《醉落魄》第一首《次江西帅吴明可韵醉落魄（庚寅四月）》，据周必大生平观之，丁亥、庚寅所指乃南宋乾道三年（1167）、乾道六年（1170）。

金谷遗音一卷_{安徽巡抚采进本}

宋石孝友撰。孝友字次仲，南昌人，乾道中进士。

【笺证】

《（万历新修）南昌府志》卷十七："乾道二年丙戌萧国梁榜，石孝友，南昌人。"

《宋诗纪事》卷五四："孝友字次仲，南昌人。乾道进士。以词名，有《金谷遗音》。"

其著作世不多见，《钓台集》载其七言绝句一首，亦无可采录。

【笺证】

《钓台集》二卷，明杨束编。杨束，建安人，官桐庐县知县。《钓台集》载有石孝友七言诗一首："桐江波上一羊裘，钓得声名隘九州。天子曷尝遗故旧，先生不肯事王侯。"此诗王象之《舆地纪胜》卷八载，《钓台集》或取于此也。

其词则至今犹传。《书录解题》载孝友《金谷遗音》一卷，与此本合。

【笺证】

《直斋书录解题》卷二一："《金石遗音》一卷，石孝友次仲撰。"

其词长调以端庄为主，小令以轻倩为工。而长调类多献谀之作，小令亦间近于俚俗。

【笺证】

杨慎《词品》卷二："次仲词在宋未著名，而清奇宕丽如此。宋之填词为一代独艺，亦犹晋之字、唐之诗，不必名家，而皆奇也。然奇而不传者何限？而传者未必皆奇，如唐之胡曾、宋之杜默，识者知笑之而不能靳其传，盖亦有幸不幸乎？"

裘君弘辑《西江诗话》卷四："石孝友，字次仲，南昌人，乾道进士。以词学著。其填词一卷曰《金谷遗音》，清奇逸丽，盖柳耆卿、周美成之亚也。"

冯煦《蒿庵论词》："《金谷遗音》小调，间有可采。然好为俳语，在山谷、屯田、竹山之间，而隽不及山谷，深不及屯田，密不及竹山，盖皆有其失，而无其得也。"

毛晋跋黄机词，恨《草堂诗馀》不载机及孝友一篇，跋孝友词又独称其《茶瓶儿》《惜奴娇》诸篇为轻倩纤艳。今考《茶瓶儿》结句云："而今若没些儿事，却枉了做人一世。"《惜奴娇》前一阕云："我已多情，更撞着多情底你。"后一阕云："冤家你教我如何割舍，冤家休直待教人咒骂。"直是市井俚谈，而晋乃特激赏之，反置其佳者于不论，其为颠倒，更在《草堂诗馀》下矣。

【笺证】

毛晋《竹斋诗馀跋》："《草堂诗馀》若干卷，向来艳惊人目，每秘一册，便称词林大观，不知抹倒几许骚人。即如次仲、几叔辈，不乏'宠柳娇花''燕昵莺眈'等语，何愧大晟上座耶？《草堂》集竟不载一篇，真堪太息。余随得本之先后，次第付梨，凡经商纬羽之士，幸兼撷焉。"

毛晋《金谷遗音跋》："余初阅蒋竹山集，至'人影窗纱'一调，喜谓周、秦复生，又恐白雪寡和。既更得次仲《金谷遗音》，如《茶瓶儿》《惜奴娇》诸篇，轻倩纤艳，不堕'愿奶奶兰心蕙性'之鄙俚，又不堕'霓裳缥缈''杂佩珊珊'之叠架,方之蒋胜欲,余未能伯仲也。"

又杨慎《词品》极称孝友《多丽》一阕,此集不载。详考其词,乃张翥所作。慎偶误记,今附辨于此,不复据以补入焉。

【笺证】

《多丽》载杨慎《词品》卷二,云"石次仲西湖《多丽》一曲"。张翥《蜕岩词》有此《多丽》词,为张翥词无疑。

白石词集一卷 安徽巡抚采进本

宋姜夔撰。夔有《绛帖平》,已著录。

【笺证】

《绛平帖》,见词集部分《白石道人歌曲》笺证。

是集为康熙甲午陈撰所刻,附于诗集之后。

【笺证】

陈撰《石帚词序》:"康熙甲午(1714)秋禊日,玉几山人陈撰书。"

曾时燦《白石诗词合刻序》(夏承焘《姜白石词编年笺校》):"白石道人自定诗一卷,仅一镂板于同时临安陈起,故流传绝鲜。近州钱吴氏《宋诗钞》,所收殆百家,顾是集独遗。此为钱塘陈氏玉几山房勘定本,最为完善。洎《石帚词》一卷,亦多世本所未见者。爰请合刻之广陵书局以行。他如《绛帖平》《续书谱》并诸杂文,将次第搜录编刊,以成全书焉。康熙戊戌(1718)五月,龙溪曾时燦二铭识。"

饶宗颐《词集考》:"洪正治本,雍正五年丁未歙县陔华洪正治序刊,实即洪氏得陈撰旧板而改其序跋付印。"

按,陈撰字楞山,号玉几,钱塘人。杭世骏《玉几山人小传》（《道古堂全集》文集卷三四）云：“玉几山人者,钱塘陈撰楞山也,自言鄞人,家世系出勾甬,居杭非一世矣。……诗有逸才,天然高澹,不琢自雕。”李斗《扬州画舫录》卷十二云：“陈撰,字楞山,号玉几,浙江钱塘人。自言鄞人,家世系出勾甬。性孤洁,举博学鸿词不就。工诗,著《绣铗秋吟集》。”

凡五十八阕,较毛晋汲古阁本多二十四阕。然其中多意为删窜,非其旧文。

【笺证】

江炳炎《江炳炎自跋抄本》（夏承焘《姜白石词编年笺校》）：“白石词世不多见,洪陔华先生获藏本刻于真州,于是近日词人稍知南宋有姜夔尧章者。第字画讹舛,颇多缺失。”

夏承焘《姜白石词编年校笺·版本考》：“予从朱彊村先生假得灵鹣阁所藏此本,镌刻甚精,词共五十八阕,自度曲无旁谱,末《庆宫春》一阕止馀首六句,而较陶钞多出《越女镜心》二阕、《暮山溪》二阕、《点绛唇》三阕、《湘月》二阕、《催雪》一阕、《月上海棠》一阕,其非姜词,时具显证。其书缪戾疏陋处,与四库提要存目讥陈撰本无一不符。”

杜泽逊《四库存目标注》：“清康熙五十七年曾时灿刻《白石诗集》一卷附《白石词集》一卷。辽图藏本题‘宋番阳姜夔尧章著’。半叶十行,行十九字,白口,左右双边。末有康熙甲午玉几山人陈撰跋。凡收词五十八阕,写刻极精,当即馆臣所据之本。钤‘月生曾读’、‘徐’、‘元辂’、‘醉月楼’等印记。《存目丛书》据以影印。北图亦有是刻。”

如毛本《暗香》《疏影》二调,并注“仙吕宫”字,且《暗香》题下有小序四十九字,述制调之由,此本佚之,仅《疏影》题下注“仙吕宫”三字。

【笺证】

毛刻《宋名家词》卷十八《白石词·暗香》:"辛亥之冬,余载雪诣石湖。止既月,授简索句,且征新声,作此曲子。石湖把玩不已,使工妓隶习之,音节谐婉,乃名之《暗香》《疏影》。"

毛先舒《填词名解》:"《暗香》,仙吕宫,宋姜夔自度咏梅曲也。《疏影》,仙吕宫调也,宋姜夔自度咏梅词,详《惜红衣》解。余以为陈刻少小序或为疏漏,然《疏影》下无宫调注,恐如小序所言,此二曲一套,为免赘述,仅注一,此做法与《白石道人歌曲》同。"

又《鹧鸪天》第三阕题下毛本有"十六夜出"四字,《忆王孙》题下毛本有"鄱阳彭氏小楼"六字,《齐天乐》结句有原注十一字,此本并佚,殊为疏漏。又《齐天乐》题下毛本注"蟋蟀,中都呼为促织"八字,此本则注俗名"正宫黄钟宫"五字,又注"促织"二字。《鬲溪梅令》毛本注曰"仙吕调",此本乃讹作《高溪梅》,又讹注为"仙宫调"。

【笺证】

毛先舒《填词名解》:"《鬲溪梅令》,仙吕调,宋姜夔自度曲也。"万树《词律》卷五《鬲溪梅令》:"此白石自度腔也。"《花草萃编》误作李之仪词,"鬲"作"高"。

《湘月》一首,毛本题下注:"即《念奴娇》之鬲指声也。"文义甚明。此本乃以"鬲指"二字为调名,注曰:"一名《湘月》。"皆谬戾无理。

【笺证】

万树《词律·发凡》:"白石《湘月》一调,自注'即《念奴娇》鬲指声',其字句无不相合。今人不晓宫调,亦不知'鬲指'为何义,若欲填《湘月》,即仍是填《念奴娇》,不必巧徇其名也,故本谱不另收《湘月》调。"

方成培《香研居词麈》卷二《论鬲指声》:"盖《念奴娇》本大石调,即太簇商,双调为仲吕商。律虽异而同是商音,故其腔可过。

太簇商当用四字，仲吕当用上字，今姜词不用四字住，而用上字住。箫管四上字中间只隔一孔，笛四上字两孔相联，只在隔指之间。又此两调毕曲，当用一字、尺字，亦在隔指之间，故曰隔指声也，能吹竹便能过腔。正此之谓，所以欲过腔者，必缘起韵及两结字眼用四字不谐，配以上字，声方谐婉，故不得不过耳。"

江顺诒《词学集成》卷三："《念奴娇》《湘月》，填词者虽不知过腔为何事，而欲并为一词，歌者能不问太簇之用四字，大吕之用上字，而并为一曲乎？吾恐《念奴娇》词之字，吹之四字而协者，吹之上字而未必协也。"

其中"咏草"《点绛唇》一阕，撰跋称："复见于逋翁集中，援据无征，难以臆定。"不知《草堂诗馀》载此词，实作林逋。宋人所题，必非无据。且《草堂诗馀》不及夔词，尤足征不出于夔撰，亦考之未审。

【笺证】

唐圭璋《宋词互见考》："《点绛唇》（金谷年年）原词见《苕溪渔隐丛话后集》卷二十一，洪正治本姜白石诗词集误作姜夔词。"

至于《长亭怨慢》题下自注"桓大司马"云云，乃误以庾信《枯树赋》末六句为桓温本语，则夔之记忆偶讹，又非校刊者之过矣。

【笺证】

陈本《长亭怨慢》题下注："桓大司马云：'昔年种柳，依依汉南。今看摇落，凄怆江潭。树犹如此，人何以堪！'此语予深爱之。"

按，《世说新语》卷上："桓公北征经金城，见前为琅邪时种柳，皆已十围，慨然曰：'木犹如此，人何以堪！'攀枝执条，泫然流涕。"庾信《枯树赋》（《庾子山集》卷一）云："桓大司马闻而叹曰：'昔年种柳，依依汉南。今看摇落，凄怆江潭。树犹如此，人何以堪！'"

别本白石词一卷江苏巡抚采进本

宋姜夔撰。此本为毛晋《六十名家词》中所刻。

【笺证】

杜泽逊《四库存目标注六·集部下》："明崇祯毛氏汲古阁刻《宋名家词》本。北大、上图等藏。民国上海博古斋影印毛刻《宋名家词》本。内蒙古图书馆藏有清初汲古阁抄本。清光绪十四年钱塘汪氏重刻汲古阁《宋名家词》本。北大、上图等藏。民国二十四年至二十五年上海贝叶山房排印《中国文学珍本丛书》第一辑《宋六十名家词》本。清华、辽图等藏。民国中国书局排印《四部备要·宋六十名家词》本。绍兴鲁迅图书馆藏明蓝格钞《百名家词》本，作《白石先生词》一卷。北京图书馆藏明石村书屋蓝格钞《宋元明三十三家词》本，作《白石先生词》一卷。半叶十行，行十八字，白口，四周双边。版心下刻'石村书屋'。北京大学藏明黑格钞《宋元名家词》本，作《白石词选》一卷。半叶九行，行十五字，白口，左右双边。版心下刻'紫芝漫抄'。南京图书馆藏《宋二十家词》本。按《白石道人歌曲》四卷，《别集》一卷，《四库全书》收录，《提要》云：'从宋椠翻刻，最为完善。'"

凡三十四阕，较康熙甲午陈撰刊本少二十四阕，盖第据《花庵词选》所录，仅增《湘月》一阕、《点绛唇》一阕而已。

【笺证】

毛晋《白石词跋》："白石词盛行于世，多逸'五湖旧约'及'燕雁无心'诸调。前人云花庵极爱白石，选录无遗。既读《绝妙词选》，果一一具载，真完璧也。范石湖评其诗云：'有裁云缝月之妙手，敲金戛玉之奇声。'予于其词亦云。萧东夫于少年客游中，独赏其词,以其兄之子妻之。不第而卒,惜哉!"

夏承焘《姜白石编年校笺》:"黄昇选花庵《中兴以来绝妙词》,刻于淳祐九年,后嘉泰壬戌钱刻白石歌曲四十馀年,载白石词止三十四阕,于各词小序间多删削。毛晋刻六十一家词时,陶钞未出,遂误以花庵所录为'真完璧',所刻一依花庵,误处亦仍不改。"

文溪词一卷安徽巡抚采进本

宋李昴英撰。昴英有《文溪集》,已著录。

【笺证】

《四库全书总目》卷一六四集部一七别集类一七著录李昴英《文溪存稿》二十卷,并云:"是集为元至元间其门人李春叟所辑,凡奏稿杂文一百二十二篇,诗词一百二十五首。明成化中重刻,陈献章为之序。其文质实简劲,如其为人。诗间有粗俗之语,不离宋格而骨力犹健,亦非靡靡之音。盖言者心声,其刚直之气,有自然不掩者矣。"

此本为毛晋所刊,卷首题宋李公昴撰,卷后跋语称《花庵词选》作名昴英,字俊明。杨慎《词品》作名公昴,字昴英,资州盘石人。晋有家藏本作名公昴,字俊明云云。

【笺证】

杨慎《词品》卷五:"李公昴,名昴英,号文溪,资州盘石人。送太守词'有脚艳阳难驻'一词得名,然其佳处不在此。文溪全集,予家有之,其《兰陵王》一首绝妙,可并秦、周。"

毛晋《文溪词跋》:"《花庵词选》云李俊明名昴英,号文溪。升庵《词品》云李公昴名昴英,资州盘石人。余家藏《文溪词》又云名公昴,字俊明,番禺人,未知孰是。"

饶宗颐《词集考》卷五:"昂英(1201—1257),字俊明,号文溪,番禺人。宝庆三年廷对第三。累官龙图阁待制、吏部侍郎,封番禺开国男,食邑三百户,宝祐三年劾巨阉不行,留疏辞归。昂英为崔菊坡门人,直声甚著。有集十卷,其文简劲,诗、词并骨力遒健。词题中之王子文,乃著《贵耳集》张端义之外祖。杨慎谓李公昂名昂英,资州人,乃误记;毛晋刻词,又题作李公昂(《千顷堂书目》云一作公昂);《四库提要》已辟其强诬。事迹详《广州人物志》卷九。"

考昂英附见《宋史·黄雍传》。

【笺证】

昂英《宋史》无传,附见《宋史》卷四二四《黄师雍传》(《总目》误黄师雍为黄雍),云其因劾史嵩之等权臣而去国,"善类日危矣"。

其《文溪集》载始末甚详,不云别名公昂。且今本黄昇《词选》亦实作昂英,不知晋所据词选当属何本。

【笺证】

李春叟《重刻李忠简公文溪集序》云:"先生,名昂英,字俊明。"《文溪存稿》所载奏议、题跋、记、序、书、状、判、行状、祭文、墓志铭、杂著等,均自称"昂英"而不称"公昂"。

至杨慎资州盘石人之说,观词内所述,惟有岭南,无一字及于巴蜀。慎引为乡人,尤为杜撰。原集具在,何可强诬?其词集本分为二卷,此本合为一卷,字句舛谬非一,亦不及集本之完善。盖慎与晋均未见文溪全集,故有此辗转讹异也。

【笺证】

《文溪词》共三十首,均为李昂英在江西、广东任职和归隐所作,无一字提及巴蜀,如《摸鱼儿·五羊郡圃筑壮猷堂落成》《贺新郎·陪广帅方右史登越台》《水龙吟·癸丑江西持宪自寿》等。杨慎,四川新都(今成都市新都区)人,祖籍庐陵。

空同词一卷安徽巡抚采进本

宋洪瑹撰。瑹字叔玙,自号空同词客。

【笺证】

黄昇《中兴以来绝妙词选》卷十:"洪叔玙,名瑹,自号空同词客。"

沈辰垣《历代诗馀》卷一〇六:"洪瑹,字叔玙,自号空同词客,有《空同词》一卷。"

此集仅词十六首。据毛晋跋语,乃全自黄昇《绝妙词选》中摘出别行,非完帙也。卷末咏渔父《清平乐》一阕,据《花庵词选》,本连久道词,且载其本事甚明,因二人之词相连,遂误入之瑹词中,实止十五首耳。

【笺证】

黄昇《中兴以来绝妙词选》卷十录《空同词》一卷凡十五首。毛晋误连可久《清平乐》(渔父)为空同词,《中兴以来绝妙词选》卷十有载:"连可久,名久道,江湖得道之士也。十二岁已能作诗,其父携见熊曲肱,适有渔父过前,令赋《渔父》词,曲肱赠以诗,且谓此子富贵中留不住。后果为羽衣,多往来西山。"

洺水词一卷安徽巡抚采进本

宋程珌撰。珌有《洺水集》,已著录。诗馀二十一阕,已载集中。

【笺证】

《四库全书总目》卷一六二集部一五别集类著录《洺水集》三十卷,并云:"珌立朝以经济自任,诗词皆不甚擅长。俞文豹《吹剑录》称其省试《红药当阶翻》诗'黄麻方草罢,红药正花翻'一联,亦未为佳句。至于论备边蠲税诸疏,则拳拳于国计民瘼,详明剀切,利病井然,盖所长在此不在彼也。"《洺水集》第三十卷乐府收程珌词二十一阕。

此毛晋摘出别行之本也。

【笺证】

毛晋《洺水词跋》:"尝读《宋史》,详其功业,恨未得全集读之。癸酉中秋,衍门从秦淮购得端明《洺水集》二十六卷,虽考之伊子志中卷次,遗逸甚多,而大略已概见矣。先辈称其宗欧、苏而长于文章,洵哉!急梓其诗馀二十有一调,以存其人云。"

珌文宗欧、苏,其所作词亦出入于苏、辛二家之间,中多寿人及自寿之作,颇嫌寡味。

【笺证】

毛晋《洺水词跋》:"先辈称其宗欧、苏而长于文章。"

案:程珌寿人或自寿之作有《水调歌头·戊戌自寿》《生虚词·寿张司门》《沁园春·寿王运使》《沁园春·寿李通判》《壶中天·寿丘枢密》《水龙吟·寿李尚书》《喜迁莺·寿李文昌》《喜迁莺·寿李尚书》《喜迁莺·寿薛枢密》《柳梢青·寿薛尚书》《贺新郎·寿李端明》《宝鼎现·寿李端明》《念奴娇·丙子自寿》《倾杯乐·丁亥自寿》《醉蓬莱·寿王司直》《醉蓬莱·丙申自寿》《西江月·壬辰自寿》《西江月·癸巳自寿》《满庭芳·戊戌自寿》共十九首,其词现存四十阕,知其词近半为寿人或自寿之作。

至《满庭芳》第二阕之萧、歌通叶,《减字木兰花》后阕之好、坐同韵,皆系乡音,尤不可为训也。

【笺证】

刘师培《文说·和声篇》:"后世韵书既设,通叶亦宽……若昌黎之诗,以'城'叶'江',杜牧之曲,以'信'叶'深',姜夔以'阴'叶'云',陆游以'寄'叶'水',或数韵通叶,或四声失调,则又用韵之失矣。"

风雅遗音二卷编修汪如藻家藏本

宋林正大撰。正大字敬之,号随庵。

【笺证】

朱彝尊《词综》卷二二:"林正大,字敬之,号随庵,嘉泰中人,著有《风雅遗音》。"

沈辰垣《历代诗馀》卷一〇七:"林正大字敬之,号随庵,嘉泰时人。著有《风雅遗音》四卷。"

据卷首易嘉猷序,盖开禧中为严州学官,其里籍则不可考。

【笺证】

易嘉猷《风雅遗音跋》:"嘉伏典崖严陵,泮宫林先生相与过从,公馀,得倡酬之乐。一日出示一编,目曰《风雅遗音》。乃随庵以古今诗文□长短句。开卷细观,盖平时所诵前贤往哲名章大篇,其中所寓水光山色、月白风清、园翁溪友、渔郎樵子、楼台亭榭、花果酒茗,凡清逸之趣,□备目前……开禧乙丑八月朔庐陵易嘉猷允生跋。"

丁丙《善本书室藏书志》卷四十:"此本为明初据南宋本重刊,尚多嘉泰甲子陈子武一序,云居士实永嘉林君正大敬之,为道州史君之子,尚书吏部开府之孙,生长华胄,恪守诗礼,体《易》'随时'之义,故自号曰随庵,是正大乃永嘉人也。"

李裕民《四库提要订误》:"景定《严州续志》卷三《州学教授题名》曰:'林式之,嘉泰二年(1202)八月二十日到任,开禧二年

（1206）二月十八日满。'式之与正大当即一人，但不知二者孰是，抑或一人自有二名？"

是编皆取前人诗文，隐括其意，制为杂曲。每首之前，仍全载本文，盖仿苏轼隐括《归去来词》之例。

【笺证】

林正大《风雅遗音序》："世尝以陶靖节之《归去来》、杜工部之《醉时歌》、李谪仙之《将进酒》、苏长公之《赤壁赋》、欧阳公之《醉翁记》类凡十数，被之声歌，按合宫羽，尊俎之间，一洗淫哇之习，使人心开神怡，信可乐也。而酒酣耳热，往往歌与听者交倦，故前辈为之隐括，稍入腔律，如《归去来》之为《哨遍》，《听颖师琴》为《水调歌》，《醉翁记》为《瑞鹤仙》。掠其语意，易繁而简，便于讴吟，不惟可以燕寓欢情，亦足以想象昔贤之高致。予酷爱之，每辄效颦而忘其丑也。余暇日阅古诗文，撷其华粹，律以乐府，时得一二，裒而录之，冠以本文，目曰《风雅遗音》。是作也，婉而成章，乐而不淫，视世俗之乐固有间矣。岂无子云者出，与余同好，当一唱三叹而有遗味焉？嘉泰壬戌日南至，随庵林正大敬之书。"

高儒《百川书志》："《风雅遗音》二卷，宋随庵林正大敬之以六朝唐宋诗文四十一篇括意度腔，以洗淫哇，振古风，更冠本文于前。"

然语意蹇拙，殊无可采。

【笺证】

张綖《草堂诗馀别录》："坡翁出狱后，忧患之馀，思致其乐，自和狱中春字韵诗云：'馀年乐事最关身'，因以渊明《归去来词》按入《哨遍》，背负大瓢，行歌乞食田野中，回视曩时富贵，不啻春梦，趣不在词也。后人不悟此意，将凡古人文词俱檃括为词，如刻本《风雅遗音》，略无意致，殊为可厌。噫！效颦捧心，不类久矣。"

夏承焘《天风阁学词日记》:"校《风雅遗音》两卷完。用韵颇杂,又非永嘉乡音,破句律平仄处亦甚多。佳者不过十首左右,有二三首几不成韵语也。"

卷末有徐釚跋云:"《风雅遗音》上下卷,南宋刊本,泰兴季沧苇家藏书。灵寿傅使君于都门珠市口购得,遂付小史钞录。林序阙前七行,卷末《清平调》逸其半。皆旧时脱落,今亦仍之。"此本字画讹阙,盖又从釚本传写云。

【笺证】

杜泽逊《四库存目标注》:"今宋本不知飘落何所,即徐釚家钞宋本亦不知何在,可见者唯明刻耳。"

后村别调一卷 安徽巡抚采进本

宋刘克庄撰。克庄有《后村集》,已著录。

【笺证】

《四库全书总目》卷一六三集部一六别集类十六著录《后村集》五十卷,并云:"其诗派近杨万里,大抵词病质俚,意伤浅露,故方回作《瀛奎律髓》极不满之,王士禛《池北偶谈》亦论其诗与四六皆好用本朝故事,与王义山《稼村集》同讥。然其清新独到之处,要亦未可尽废。……文体雅洁,较胜其诗。题跋诸篇,尤为独擅。盖南宋末年江湖一派盛行,诗则汩于时趋,文则未失旧格也。"

其诗馀已附载集中,毛晋复摘出别刻。

【笺证】

毛晋《后村别调跋》:"所撰《别调》一卷,大率与辛稼轩相类。杨升庵谓其壮语足以立懦,余窃谓其雄力足以排傲。"

丁丙《善本书室藏书志》卷四十著录明钞本《后村诗馀》二卷

并云："门人迪功郎新差昭州司法参军林秀发编次。……毛氏《六十家词》所刊改题《后村别调》。此为明时钞本，核其格式，尚从宋本出也。"

克庄在宋末，以诗名。

【笺证】

林希逸《后村集序》（《后村集》卷首）："吾师一日得之，喜甚，呼而语仆曰：'子于诗喜义山、禹锡二氏，是编犹有刘、李所未到者。'余受而味之，曰：'此世所称二刘诸孙者耶？此章泉、涧泉诸老之所畏者耶？此水心所谓可建大将旗鼓者耶？'……诗虽会众作而自为一宗，文不主一家而兼备众体。摹写之笔工妙，援据之论精详。其错综也严，其兴寄也远。或春容而多态，或峭拔以为奇。融贯古今，自入炉鞲。有《穀梁》之洁，而寓《离骚》之幽；有相如之丽，而得退之之正。霜明玉莹，虎跃龙骧，闳肆瑰奇，超迈特立。千载而下，必与欧、梅六子并行，当为中兴一大家数也。"

叶适《题刘潜夫南岳诗稿》："刘潜夫年甚少，刻琢精丽，语特惊俗，不甘为雁行比也。今四灵丧其三矣。……而潜夫思益新，句愈工，涉历老练，布置阔远，建大将旗鼓，非子孰当？"

吴之振《宋诗钞》卷八九："后村年甚少，刻琢精丽，与之并驱。已而厌之，谓诸人极力驰骤，才望见贾岛、姚合之藩而已。欲息唐律，专造古体。……后村感其言而止，然自是思益新，句愈工，涉历老练，布置阔远。论者谓江西苦于丽而冗，莆阳得其法而能瘦、能淡、能不拘对，又能变化而活动，盖虽会众作而自为一宗者也。"

其所作词，张炎《乐府指迷》讥其直致近俗，效稼轩而不及。

【笺证】

此语不见今本张炎《词源》和《乐府指迷》，较早见于杨慎《词品》卷五："刘克庄字潜夫，号后村，有《后村别调》一卷，大抵直致近俗,效稼轩而不及也。梦方孚若《沁园春》云:(词略。)举一以例他词类是。其咏菊《念奴娇》后段云:'尝试铨次群芳,梅花差可,伯仲之间耳。佛说诸天金色界,未必庄严如此。尚友灵均,定交元亮,结好天随子。篱边坡下,一杯聊泛霜蕊。'亦奇甚。《送陈子华帅真州》云:'记得太行兵百万,曾入宗爷驾御。今把做、握蛇骑虎。''堪笑书生心胆怯,向车中、闭置如新妇。空目送,孤鸿去。'壮语,亦可起懦。"杨慎并未言此乃张炎语,至清《历代诗馀》《古今词话》等始云此乃张炎语。

今观是集,虽纵横排宕,亦颇自豪。然于此事究非当家,如赠陈参议家舞姬《清平乐》词"贪与萧郎眉语,不知舞错伊州"者,集中不数见也。

【笺证】

毛晋《后村别调跋》:"《别调》一卷,大率与辛稼轩相类。杨升庵谓其壮语足以立懦,余窃谓其雄力足以排奡云。"

沈雄《古今词话》词评卷上:"'贪与萧郎眉语,不知舞错伊州''除是无身方了,有身常有闲愁',此后村悟语也。杨慎谓为壮语,足以立懦,信然。"

芸窗词一卷 江苏巡抚采进本

宋张矩撰。矩字方叔,南徐人。其始末不可考。

【笺证】

陈起《江湖后集》卷八:"矩字方叔,南徐人。"

按,刘瑄《诗苑众芳》云:"华阳张氏,名矩,字方叔,号芸窗,有诗集并乐府行于世。"同书又载其子张绍文及孙张元道之诗,且云:"华阳张氏,家茅峰之东,名绍文,字庶成,号樵寄翁,芸窗之子。"

"华阳张氏,名元道,字道元,号烟霞子,一号益斋,樵寄翁之子。"

又按,倪灿《宋史艺文志补》云张矩"润州人",南徐、润州皆系今江苏镇江古称,南朝宋改称南徐,隋开皇十五年改置润州。

观集中"被檄出郊"《青玉案》词,有"六朝旧事,一江流水"句,又"和上元王仇香猷、含山邵梅仙有涣叙别"《浪淘沙》词,有"钟阜石城何处是"句,知尝官于建康。又"次虚斋先生雨花宴"《水龙吟》词,有"何时脱了尘埃墨绶"句,则官乃县令也。

【笺证】

张矩于淳祐五年三月初二日至淳祐八年二月间任建康令,同年或最迟次年改任句容令。周应合《(景定)建康志》卷二七官守志四"诸县令"云:"张矩,淳祐五年三月初二日到任。赵汝宁,淳祐八年二月十二日到任,十一年三月初八日任满。"赵宏恩《(乾隆)江南通志》卷二十舆地志:"句容县,吴赤乌二年筑子城,周三百九十丈。唐天祐八年,县令邵全迈修筑。宋淳祐六年令张矩重筑,后圮。"

其词诸家选本罕见采录。此本为毛晋所刻,亦不详其所自。

【笺证】

毛晋《芸窗词跋》:"方叔,南徐人,与了翁、虚斋相友善。最喜作次韵小令,惜诸家词选不载,余偶得《芸窗词》全帙。"

词仅五十首,而应酬之作凡四十三首。四十三首之中,寿贾似道者五,寿似道之母者二,其馀亦大抵谀颂上官之作,尘容俗状,开卷可憎。

【笺证】

厉鹗《南宋杂事诗》卷六:"《芸窗词》,张矩作也。中多寿贾相词,称为鬘相。"

《宋名家词》收《芸窗词》五十首,应酬之作共四十三首,仅《青玉案·被檄出郊题陈氏山居》《西江月·春事三分》《水龙吟·寄兴》《水龙吟·昼长帘幕低垂》《念奴娇·三间何在》《摸鱼儿·荼蘼》《祝英台近·赋牡丹》七首非应酬之作。应酬词中,寿贾似道词五首为《凯歌·为鄈相寿》《沁园春·思昔买臣》《木兰花慢·豆花轻雨霁》《满江红·淮海波澄》《满江红·玉垒澄秋》,寿贾似道母两首乃《千秋岁·鹤城秋晓》《贺新凉·萸菊香凝雾》。

　　张矩宝祐中任江东制置使参议,机宜文字。时贾似道居淮阃,张矩有寿词五首呈贾似道,并有《瑞鹤仙·次韵陆景思喜雪》和《摸鱼儿·九日登平山和赵子固帅机》二首。张矩又有《题赵子固水仙图》诗云:"紫府川妃夜宴还,玉盘金碗落人间。香肌不受缁尘污,依约风前响珮环。"赵孟坚,字子固,海盐人,宋宗室。有《乙未春初解漕幕兼职访秋壑西湖探韵得柳字》《送马上娇图与秋壑监丞》《秋壑纳室庆席诸友分韵》和《问梅寄贾秋壑先生》,和贾似道早年论交。陆景思、张矩、赵孟坚三人其时均在扬州贾似道门上,相互唱和揄扬,鉴赏书画,蔚然成风。(参张春晓《贾似道及其文学交游研究》)

惟小令时有佳语,毛晋跋称其《摸鱼儿》之"正挑灯、共听夜雨",《浪淘沙》之"小楼燕子话春寒",《青玉案》之"秋在黄花羞涩处",《水龙吟》之"苦被流莺,蹴翻花影,一栏红露"诸句,固自稍稍可观,然不能掩其全集之陋也。

　　【笺证】

　　毛晋《芸窗词跋》:"余偶得《芸窗词》全帙,如'正挑灯、共听夜雨',幽韵不减陆放翁;如'小楼燕子话春寒',艳态不减史邦卿;至如'秋在黄花羞涩处',又'苦被流莺,蹴翻花影,一栏红露'等语,直可与秦七、黄九相雄长。或病其饶贫寒气,毋乃太贬乎。"

烟波渔隐词二卷永乐大典本

宋宋伯仁撰。

【笺证】

陈思《两宋名贤小集》卷三四五:"宋伯仁,字器之,苕川人,有《雪岩集》《马塍稿》。"

嵇璜《续文献通考》卷一九五:"宋伯仁《西塍集》一卷。伯仁,字器之,湖州人,嘉熙中为盐运司属官。臣等谨案:是编卷首题《雪岩吟草》,下注《西塍集》,是《雪岩》乃全集总名,《西塍》特其一种耳。"

陆心源《宋伯仁传》(《仪顾堂集》卷十三):"宋伯仁,字器之,号雪岩,苕川人。举宏词科,历监淮扬盐课。伯仁锐意功名,有击楫之概,而禄位不显。语多慷慨,然能出之以和易。自谓随口应声,如败草翻风,枯荷闹雨,低昂疾徐,因势而出。嘉熙丁酉,寓京遭爇,侨居西马塍,与高菊磵、孙花翁、施芸隐交友酬倡,号《西塍集》。素有梅癖,辟圃以栽,筑亭相对,著《梅花喜神谱》。钱唐俞桂赠诗有:'诗与梅花一样清,江湖久矣熟知名'句。"

伯仁有《西塍集》,已著录。

【笺证】

《四库全书总目》卷一六四集部一七别集类一七著录《西塍集》一卷,并云:"其诗有流丽之处,亦有浅率之处,大致不出四灵馀派。《自序》称:'随口应声,高下精粗,狂无节制。低昂疾徐,因势而出。虽欲强之而不可。'足知其称意挥洒,本乏研练之功,然点缀映媚,时亦小小有致,盖思清而才弱者也。"

其书盖作于淳祐元年,取太公、范蠡、陶潜诸人,各系以词一首。又有

潇湘八景、春夏四时景亦系以词,调皆《水调歌头》也,后附《烟波渔具图》,凡舟笛蓑笠之属,各系以七绝一首,绝句小有意致,词殊浅俗。

【笺证】

吕午《宋雪岩诗集序》(《竹坡类稿》卷一):"晚唐诗盛行于时,雪岩酷好之,至有轻轩冕之意。每诵其编,令人欲尽弃人间事,从而久吟弄于山颠水涯、烟霞缥缈之间。如'桥影分溪月,柳丝绾住东风脚'句,尤清新可爱。今捧辟书渡淮,恐此事便废,尽出右锦囊,手自删改,得百篇,将锓之梓,与江湖诸人相角逐,而属予序其首。惟是侨寓马城,过从绝少,幸雪岩亦卜筑于此,论交虽晚,欢如平生。兹又别去,能不介介于怀耶?虽然,尊酒重论,岂无他日?淳祐二年五月二十三日,竹坡吕某序。"

杨士奇《文渊阁书目》卷三著录《烟波渔隐词》一部六册,至清《四库全书总目》著录入存目,其他目录类书甚少著录。杨士奇《文渊阁书目》卷二、傅维鳞《明书》卷七六志十七、黄虞稷《千顷堂书目》卷十二、倪灿《宋史艺文志补》等均著录宋伯仁《烟波图》一卷,盖从词集中析出别行也。

蕉窗葭隐词一卷 编修汪如藻家藏本

旧本题元吴琯撰。前后无序跋,不知琯为何许人。诸家书目皆不著录,诸选本亦绝不及之。详考其词,皆明刘基之作。盖奸巧书贾钞基词以售伪,嫁名于明代编辑《古今逸史》之吴琯。既而觉集中舒穆尔(按,"舒穆尔"原作"石抹",今改正。)元帅之类,不似明人,又增题一元字,并其人而伪之耳。

【笺证】

嵇璜《续文献通考》卷一九八经籍考:"《蕉窗葭隐词》一卷,不著撰人名氏。臣等谨案:旧本题元吴琯撰。琯里贯无考,核其词,皆明刘基之作,盖书贾托名售伪者。"

按,刘基乃明代著名词人。王世贞《艺苑卮言》卷九云:"我明以词名家者,刘诚意伯温秾纤有致,去宋尚隔一尘。"

又按,《古今逸史》,明隆庆间吴琯所辑正史以外的重要史籍。全书分逸志、逸记两门。记风土、地理、宫室入志类,又分合志分志;记人物史实入于记类,又分纪、世家和列传。是书《凡例》云:"入正史则可补其阙,出正史则可拾其遗","六朝之上,不厌其多,六朝之下,更严其选","是编所书,不列学宫,不收秘阁,山馋家出,几亡仅存,毋论善本,即全本亦稀,毋论刻本,即抄本多误。故今所集幸使流传,少加订证,何从伐异党同,愿以保残守阙云耳。"(《元明善本丛书十种》)

乐府遗音五卷浙江汪启淑家藏本

明瞿佑撰。

【笺证】

曹学佺《石仓历代诗选》卷三六二明诗初集八二:"瞿佑字宗吉,钱塘人。以荐历仁和临安教谕,升周府右长史,有《存斋诗集》。"

过庭训《本朝分省人物考》卷四二:"瞿佑字宗吉,钱塘县人。学博才赡,风致俊朗。年十四乡人张彦复命赋鸡,诗美甚,遂知名,杨廉夫称其为千里驹。洪武中以荐授仁和训导,转临安教谕,升周府右长史。师道振举,辅弼有法。永乐间以诗祸编管保安,久之释归,复原职,内阁办事。年八十七卒。所著有《春秋贯珠》《诗经正葩》《阅史管见》《鼓吹续音》《存斋诗集》行世,其不及载者尤众。"

王兆云《皇明词林人物考》卷二:"瞿佑,字宗吉,钱塘人。累官周王左长史。虽长于填词,而诗亦清新可观。"

佑有《四时宜忌》,已著录。

【笺证】

《四库全书总目》卷六七史部二三时令类存目著录《四时宜忌》一卷,并云:"此书记十二月所宜所忌,历引《孝经纬》《荆楚岁时记》《玉烛宝典》,而兼及于《济世仁术》《法天生意》《指月录》《白云杂忌》诸书,甚至道家符录亦皆载入。征引虽博,究不免伤于芜杂。"

是集自卷一至卷二皆古乐府,自卷三至卷五皆词曲。

【笺证】

陈敏政《乐府遗音序》:"乃伏而读之,则见其五七言古近体,可与唐之储、王诸作者并驾;而长短句、南北词,直与宋之苏、辛诸名公齐驱。"

其古乐府绮靡软熟,近于温、李,不出元末习气。

【笺证】

田汝成《西湖游览志馀》卷十二:"宗吉风情丽逸,见之诗篇者,往往有歌扇舞裙之兴,金公素谓之司空见惯者,诚然也。夏时正修《杭州府志》,独不录其诗词,而白、苏、杨、萨,偎红倚翠之篇,悉皆裒采,岂非贵耳而贱目者哉?……乃今瞿、马之名,照耀文苑,当年牢落,安足叹耶?"

朱彝尊《静志居诗话》卷八:"瞿宗吉以《香奁八题》见赏于杨廉夫。自是以后,从而效之,拾西昆之唾馀,杂以鼓词院曲之秽字,诵之欲呕。吴人刘钦谟倡无题诗,初不见好,而一时和者纷纷。"

沈德潜《说诗晬语》卷下:"咏物小小体也,而老杜咏房兵曹胡马,则云:'所向无空阔,真堪托死生。'德性之调良,俱为传出。郑都官咏《鹧鸪》则云:'雨昏青草湖边过,花落黄陵庙里啼。'此又以神韵胜也。彼胸无寄托，笔无远情，如谢宗可、瞿佑之流，直猜谜语耳。"

词欲兼学南、北宋，反致夹杂不纯。

【笺证】

陈霆《渚山堂词话》卷二："宗吉工诗词，其所作甚富。然予所取者，止十馀阕。惜其视宋人风致尚远。"

沈雄《古今词话》词评卷下："《乐府纪闻》曰：'宗吉少为杨廉夫所知，父士衡以鞋杯行酒令，赋《沁园春》称善，廉夫为延誉于四方。永乐中，以诗祸谪戍保安。尝居西湖富清楼，制《摸鱼子》十首，曰《西湖十景》，梅深张子成赋《应天长》，草窗周公谨赋《木兰花慢》，皆晚宋名家。惜工夫有馀而气韵不足，故每篇末必寓以伤感焉。'"

玉霄仙明珠集二卷浙江郑大节家藏本

明吴子孝撰。子孝字纯叔，长洲人。吏部尚书一鹏子。嘉靖己丑进士，官至湖广布政司参议。

【笺证】

皇甫汸《明朝列大夫湖广布政使司右参议吴公墓表》："公讳子孝，字纯叔，别号海峰，晚更龙峰。自延陵而降，世为长洲山塘里人。生而颖悟绝伦，考文端公爱之甚。五岁占对，七龄赋诗。……壬午举应天，越己丑，皇上临御之八年也，天下士举于南宫者三百二十人，吾苏十有六人，公为之首。及赐第，选为翰林庶吉士。……(癸亥)七月八日避暑虎丘，再宿疾作，返舍危坐，挥药不御，申旦长逝矣。距生弘治丙辰正月十一日，春秋六十有九。……所著有《说守》《问马集》《仁恕堂日录》《玉涵堂集》《明珠集》《防敌论》及序记碑铭若干卷行于世,重修宋史,杀青未就,以俟后人。"

沈德符《万历野获编》卷十五:"嘉靖八年己丑三甲进士吴子孝,为南京吏部尚书一鹏之子。"

钱谦益《列朝诗集小传》丁集上:"子孝,字纯叔,长洲人。文端公一鹏之子也。选翰林庶吉士,出为工部主事,历光禄寺丞,迁湖广参议,提督太和山。"

《明史》卷一九二《吴一鹏传》:"吴一鹏,字南夫,长洲人。弘治六年进士。迁庶吉士,授编修。……素衔一鹏异己,乃出为南京吏部尚书,加太子少保。居二年,南京官劾诸大臣王琼等不职,一鹏与焉,遂乞致仕。给廪如故事。卒赠太子太保,谥文端。子子孝,湖广参政。"

《江南通志》称其"议论英发,为文章宏肆浩博"。

【笺证】

皇甫汸《题吴纯叔坚白藏稿》:"吴光禄《坚白藏稿》六卷共诗若干首,皆从宦两都、予告家居及游楚越时作也。……三百而下,靡不殚心;六代以还,并能经目。遂乃蓄藻于建安,腾声于天宝,希躅于少陵,泛驾于长庆,兼综潘、陆,妙契陶、韦。故其缀词婉以丽,其御气雄以健,其抒思优以俊,其援事典以则,其振响和以平,才情信美而兴寄尤深矣。"

钱谦益《列朝诗集小传》丁集上:"子孝髫时侍文端公,命赋傀儡中妇人,应口成诗,坐客绝倒。议论秀发,手不释卷,为文章弘衍浩博。《玉涵堂稿》十卷,皇甫子循点定,摘其佳句数十联,以为无谢英灵。"

赵宏恩《(乾隆)江南通志》卷一六五人物志"吴子孝":"议论秀发,为文章弘衍浩博。"

此乃所作词集,凡一百八十餘阕,颇具凄惋之致,而造诣未深,不能入

宋人阃奥。

【笺证】

顾梦圭《玉霄仙明珠集序》："顾其才情逸迈,复以馀兴,制新词若干首,出以示余。余爱其意态流动,似艳而实雅,无一语蹈袭前人。……公自题此帙曰《明珠》。余谓明珠暂沦于渊,而烨然照乘之辉,终不可掩。"

郑振铎《西谛书话·劫中得书续记》："明刊本明人词集最为罕见。《四库全书》一部未收,仅于《存目》著录瞿佑《乐府遗音》、吴子孝《玉霄仙明珠集》及施绍莘《花影集》三部。"

按,《四库全书》所收此集为北京图书馆藏明嘉靖刻本,然该词集中所录词共二百零一阕,非《总目》中所指一百八十余阕。

花影集五卷内府藏本

明施绍莘撰。绍莘字子野,华亭人,自号峰泖浪仙。

【笺证】

施绍莘《花影集》卷三《西佘山居记》："予字子野,好为小词。……天启六年岁在丙寅五月五日峰泖浪仙施绍莘记。"

嵇璜《续文献通考》卷一九八经籍考:"施绍莘《花影集》五卷。绍莘字子野,华亭人,自号峰泖浪仙。"

是集前二卷为乐府,后三卷为诗馀,多作于崇祯中。

【笺证】

沈士麟《秋水庵花影集序》："乙丑之秋,又将挂孤篷,渡浙水而西……子野将予水湄……已而阅予行装,见予诸行卷,因曰:'吾亦有数首,欲乞子一言,以行于世。'开缄出之,则《花影集》也。"

施绍莘《秋水庵花影集·赠薛小涛》自序："乙丑春半,清明景和……用是短章寄意,永令花事传疑。长曲歌成,而三生案定矣。"

按,乙丑乃明熹宗天启五年(1625),非崇祯中。

大抵皆红愁绿惨之词,所谓亡国之音哀以思也。

【笺证】

沈雄《古今词话》词话卷下:"孙执升曰:'顾宋梅常言词以艳冶为正,则宁作大雅罪人,弗带经生气。词至施子野《花影集》,旖旎极矣。宋梅独痛删之,良以词之视曲,其道甚远。词之去曲,其界甚微,又不能不为词家守壁耳。'"

顾彦容《秋水庵花影集序》:"其险邃似桃迷秦涧,桂被蜀岩,别构奇观,杳无俗状。其娟秀似孤山万树,楚蜿数丛……其骄冶似平泉杏闹,金谷草熏……其绵婉又似贞娘墓古,妃子亭荒。"

蓼花词一卷江西巡抚采进本

国朝余光耿撰。光耿有《一溉堂诗集》,已著录。

【笺证】

《四库全书总目》卷一八三集部三六别集类存目著录余光耿《一溉堂诗集》一卷,并云:"光耿之父懋衡为明万历壬辰进士……懋衡与邹元标、冯从吾等讲学,同罹党祸。光耿承其父教,淡泊自守,故诗格亦朴实平近,不尚藻采。"

《清朝文献通考》卷二三四《经籍考》:"《一溉堂诗集》一卷,余光耿撰。光耿,字介遵,婺源人,康熙初诸生,《江南通志》作举人。"

其父懋衡,于明末遭党祸。

【笺证】

万斯同《明史》卷三三六《余懋衡传》:"余懋衡字持国,婺源人。万历二十年进士,除永新知县……懋衡以珰势方张,诸正人去国,遂坚卧不起。既而奸党张讷丑诋讲学诸臣,以懋衡、从吾及孙慎行为三大头目,遂遭削夺。"

陈鹤《明纪》卷五一:"(天启五年)八月壬午,张讷请毁东林、关中、江右、徽州诸书院,痛诋邹元标、冯从吾、余懋衡、孙慎行,并及侍郎郑三俊、毕懋良等,从之。元标等并削夺,杨涟等系狱。"

光耿少而孤苦,中多感慨,往往托填词以自遣。

【笺证】

余光耿《满江红·示儿》:"眼底今宵,一样是、黄花绿醑。怎抵得、笑声灯影,故山鸡黍。拜起空怜伊仆数,凄凉转触吾心绪。溯干支、回首几逢壬,浑羁旅。　　壬戌也,龙山住。壬子也,龙山度。更壬寅飘泊,江天驿路。万里灵椿挥泪别,摇摇风木悲终古。向汝年、早历尽人间,孤儿苦。"

冯金伯《词苑萃编》卷八引董云舫语:"介遵先生公车北上,初以文投桐城望溪方公,一见倾倒。后有文酒之会,适颁时宪书,先生即席赋《玉女迎春慢》一词,座上名流尽皆辍笔,一时名噪都下。然先生竟艰一第,郁郁以孝廉卒。当时评者,谓先生词跻于昔贤,不在白石、梅溪之下,方诸时杰,应侪乌丝、竹垞之间。"

冯金伯《词苑萃编》卷八引方玫士语:"介遵咏物诸词,研摹刻画,托寄高远,巧不伤雅,浓不病华。"

《满江红》诸作,思亲忆弟,寄兴颇深。

【笺证】

余光耿《满江红·思亲》:"缥缈门闾,指天外、碧山红树。向此日、画屏低展,板舆轻御。盏润香筩新酿秫,盘深软荐初肥芋。拥一窗、儿女两家欢,吾无与。　　安阳橄,云霄阻。和靖志,饥寒误。浪非驴非马,不成出处。蒜发已侵游子鬓,莱衣镇隔高堂暮。笑年年、杯炙恋他人,真何苦。"

余光耿《满江红·怀二兄》:"雁影东西,秋风系、一般憔悴。辜负了、楼头高卧,旧时豪气。世界抛荒杯斝外,英雄物色屠沽里。抚娇儿、知复对黄花,怜游子。(有侄与余同日生。)崔卢望,休重倚。袁刘事,粗能记。鼓鲸波千叠,又来平地。(兄今岁罹意外之祸。)忧患于君应得力,飘流似我浑无味。问空山、寒雨可容人,联姜被。"

其以"蓼花"名者,殆亦取多难集蓼之意欤。

【笺证】

《诗经·周颂·小毖》:"予其惩,而毖后患。莫予荓蜂,自求辛螫。肇允彼桃虫,拚飞维鸟。未堪家多难,予又集于蓼。"程俊英《诗经译注》:"集蓼:草本植物,其味苦辣,古人常以之喻辛苦。此句喻自己又陷入困境。"

方玫士《蓼花词序》:"嗟乎! 介遵与余俱已年逾四十矣,家有白发郁郁,终年不能博一第为门闾欢。琵琶鸣咽,同病相怜,正不知此一往,吾两人相见何时。尚如今日否? 不落寞否? 人生转瞬,不能逆料,临歧把卷,不又将叹盛会之不易得也。"

玉山词 无卷数　浙江巡抚采进本

国朝陆次云撰。次云有《八纮绎史》,已著录。

【笺证】

《四库全书总目》卷七八史部三四地理类存目七著录陆次云《八纮译史》四卷《纪馀》四卷,云是书"专录荒外诸国。古事皆采摭史传,复见不鲜;近事多据《瀛涯胜览》《职方外纪》诸书,亦多传闻失实……亦皆耳剽之谈,不为确据"。

秦瀛《己未词科录》卷六:"陆次云字云士,浙江钱塘人。拔贡生,授河南郏县知县。丁忧,起复,补江南江阴县知县。著有《尚论持平》二卷《析疑待正》二卷《事文标异》一卷《八纮译史》四卷《纪馀》四卷《八纮荒史》一卷《峒溪纤志》三卷《志馀》一卷《澄江集》十卷《皇清诗选》六十卷《玉山词》六卷《北墅绪言》五卷《湖壖杂记》一卷。”

按,清人颇为推许陆次云诗,如秦瀛《己未词科录》卷六引《杭州府志》云其“诗极排奡,独出新意”,沈德潜《清诗别裁集》卷十五评其诗“本真性情出之,故语多沉着,而所选诗转在宋元,以之怡情,不以之为宗法也”。

是集凡小令五十九,长调十八,中调九。尤侗、秦松龄为之选评。次云《北墅绪言》有《属友人改正诗馀姓氏书》,盖因《西泠词选》借名刻其词三首,故力辨之。高士奇称其自处甚高。今观所作,乃往往多似元曲,不能如书中所称周、秦、苏、辛体也。

【笺证】

陆次云《属友人改正诗馀姓氏书》(《北墅绪言》卷四):“远越家山,忽经四载,蒙寄《西陵词选》一册,启函甚喜,如晤故人。乃展卷,未几,忽见鄙人名姓,所载有《望江南》《蝶恋花》《贺新郎》三阕……不知《词苑》所录,如周、秦、苏、辛,虽并齐名,而各有本色,使取诸公所著,易氏而传,即脍炙艺林而不愿也……如此陋习,仆久鄙之,今无故而身自蹈之,如颜汗何!幸即为改正,庶不掩作者之善,释仆袭美之羞。”

沈雄《古今词话》词评卷下:“宋实颖曰:‘余读云士所题三异人祠壁,一往情深,至其倚声,便请以三先生句还赠之,如忠愍之‘野树含烟迷寺迥,寒山被雪倚窗明’,忠肃之‘暗香直入蛟龙窟,绝胜飘零点翠苔’,正学之‘能采风雅无穷意,始是乾坤绝妙词’,以拟玉山之风格,其谁曰不可。’沈雄曰:‘陆令君风雅专家,蕴藉处正是其生动处。'"

炊闻词二卷副都御史黄登贤家藏本

国朝王士禄撰。士禄有《读史蒙拾》,已著录。

【笺证】

《四库全书总目》卷六五史部二一史钞类存目著录王士禄编《读史蒙拾》一卷,云:"是书取诸史新颖之语,标数字为题,而录其本文于后,亦洪迈《经史法语》之类。然书止一卷,聊以寓意而已,实未竟其事。曰'蒙拾'者,取刘勰《文心雕龙·辨骚篇》'童蒙者拾其香草'句也。"

是集本名《炊闻卮语》,前有士禄自序,称:"兀兀圜扉,不殊邯郸一枕,故取杜陵诗语断章而命之。其文无谓,其绪无端,故系之以卮。"此本改题《炊闻词》,而目录末有附记,称初名《炊闻卮语》,殆士禄晚所自改,而序则未改耶?是集皆其以科场磨勘事系狱时作,初本一百二十首,后删二首,增五十五首,为一百七十三首。

【笺证】

王士禄《炊闻词自序》:"康熙甲辰三月,余以磨勘之狱入羁于司勋之署。于时,捕檄四出,未即对簿。伏念日月旷邈,不有拈弄,其何以荡涤烦懑,支距幽忧?忆自髫齿颇耽词调,虽未能研审其精妙,聊可藉彼抗坠,通此蕴结。因取《花间》《尊前》《草堂》诸体,稍规模为之。日少即一二,多或六七,漫然随意,都无约限。既检积稿,遂逾百篇,因录而存之,识时日焉。……其客岁使豫道中旧作二十许篇,亦附见焉。曰'炊闻'者,兀兀南冠,不殊邯郸一枕,故取杜陵诗语,断章而命之也。其文无谓,其绪无端,系之以卮,抑又宜矣。"

陈维崧《王西樵炊闻卮语序》(《陈迦陵文集》卷二):"甲辰春

三月，吏部王先生以蜚语下羁所。越数月，事大白，先生南浮江淮，出其诗若干篇、词若干篇，令维崧读之，词则所谓《炊闻卮语》者是也。……故其所遇最穷，而为词愈工。客曰：善穷愁而后工，向者不信，乃今知之。虽然，必愁矣而后工，必愁且穷矣而后益工，然则词顾不易工，工词亦不易哉！"

王士禄《炊闻词》目次后附记："初本名《炊闻卮语》，凡一百二十首。删二首、增五十五首，其九十五调、一百七十三首。"

其中如《渔歌子》之"逐鹭征凫下远洲"，《生查子》之"阶怜好月痴"，《点绛唇》之"雨瀰空庭"，《卜算子》之"暗烛影疑冰"，皆未免失之珷琢，为过于求奇之病，非词家本色。然大抵才思新颖，不肯蹈袭，故常如《南柯子》之"窗午"一首，《昭君怨》之楼外一首，《两同心》之咏鸳鸯后半阕，皆足与作者颉颃。其《满江红》叠韵九首，亦见才思之富。

【笺证】

尤侗《炊闻词序》："今遇西樵于邗上，出《炊闻卮语》读之。静情艳致，撮花草之标，似未肯放阮亭独步，何也？古人佳句，多在歌眉舞袖、酒粘花压之间，乃西樵羁縻请室，八月南冠，他人书空咄咄，尚不能堪，而弄笔所至，兴会乃尔。观其胸中空濬，若无一物，以视邹生书、嵇生诗，相去何如？"

沈雄《古今词话》词评卷下："邹程村曰：'西樵考功《无题》诸诗，丽情逸致，已见一斑，所撰《然脂》百馀卷、《朱鸟轶事》数帙，大为彤管纪胜，而《炊闻卮语》亦复新艳自矜，尤悔庵为之叙，更为赏识不倦也。'"

已载入孙默《十六家词》中，故仅附存其目焉。

【笺证】

孙默所编《十五家词》卷十、卷十一收王士禄《炊闻词》。

南耕词六卷岁寒词一卷_{浙江巡抚采进本}

国朝曹亮武撰。亮武有《南耕草堂诗》,已著录。

【笺证】

《四库全书总目》卷一八一集部三四别集类存目八著录《南耕草堂诗稿》,并云曹亮武"填词有名于时,诗不多见。此集乃其读书庐山时所作,凡一百八首,题曰《第二集》。后又附以甲子岁诗十八首,题曰《第三集》,盖残阙不完之稿也。集中有谢文德翼作诗序诗,而集首只有蒋超、陈维崧二序,德翼序当在第一集内,今佚之也"。

《南耕词》先刻五卷,其第六卷乃丧偶后所作,续刻于后,而以《悼亡词》十阕附之。

【笺证】

吴白涵《南耕词跋》:"及读至悼亡十阕,其哀怨悱恻,几不欲生,使读者亦留连反复不能已。"

《岁寒词》则康熙癸亥、甲子两年所作,其同里陈枋遍和之,名《荆溪岁寒词》,亦附刻集内。

【笺证】

陈枋字次山,宜兴人,乃王士禛门人、陈维崧从侄。王士禛《带经堂集》卷五一《北征日纪》云:"门人宜兴陈枋赍其从叔其年检讨遗集,其年弟安平令宗石刻此集,属予序,请至再三,未暇报也。"

按,曹亮武本拟与陈维崧共作《岁寒词》,后因故未果。曹亮武《南乡子序》即云:"向与其年兄共拟作《岁寒词》,未及一二,而其年应召入都,遂成永诀。今拈是题,不禁人琴之感,故后段及之。"

亮武以倚声擅名,与陈维崧为中表兄弟,当时名几相埒。其缠绵婉约之处,亦不减于维崧,而才气稍逊。故纵横跌宕,究不能与之匹敌也。

【笺证】

　　陈维崧《南耕词跋》云:"南耕与余少同学,长以诗文相切劘。余好为长短句,数以咻南耕,南耕顾薄之,弗肯为。"

　　陈维岳《南耕词跋》:"南耕及仆,中表兄弟行也。南耕仅小仆二岁,少日共读书南山中,相得欢甚。后仆饥驱,常久客四方,竟不得时时把臂,每念之,恨惘如失。今年春北归,遇杲亭,乃尽见《南耕词》,倾赏击节之馀,因感叹予两人唱酬之寡,又以见仆之流落,虽小艺,尚未成,不及南耕者不止一事也。"

　　王昶《国朝词综》卷十四:"曹亮武字渭公,宜兴人,有《南耕词》六卷《荆溪岁寒词》一卷。"

情田词三卷<small>给事中邵庾曾家藏本</small>

国朝邵瑸撰。瑸初名宏魁,字柯亭。大兴人。康熙己卯举人。

【笺证】

　　邵大业《情田词跋》:"先伯父讳弘魁,改讳瑸,字殿先,号柯亭。先君昆弟四人,先伯父其长也。我先世为馀姚人,自先伯父登顺天己卯榜,始为大兴人。先伯父殁世早,业未及侍伯父,自幼时闻先君言,伯父长身白晰,美髭须,性至孝,其于兄弟间怡怡如也,生平无疾言遽色。"

　　按,邵之旭《情田词跋》云:"先君生于顺治丁酉五月十五日,卒于康熙己丑十一月二十四日,享年五十三岁。"邵履嘉《情田词序》亦云:"己丑仲冬,先君捐馆。"知邵瑸生于顺治十四年(1657),卒于康熙四十八年(1709)。又,著名词人龚翔麟乃邵瑸妻舅,王士禛《诰授光禄大夫光禄寺卿龚公佳育墓志铭》(钱仪吉《碑传集》卷四十)即云:"子一,翔麟,好学有文,中康熙二十年顺天乡试副榜,候补主事。女一,嫁举人馀姚邵瑸。"

又按,《清朝文献通考》卷二三七经籍考、阮元《两浙輶轩录补遗》卷二均云其"字柯亭",误,当如其侄邵大业《情田词跋》所云"号柯亭",其字则为"殿先"。阮元云其馀姚人,《清朝文献通考》则云其大兴人。阮元《两浙輶轩录补遗》卷二云:"俞宝华曰:'柯亭因随父北游,遂寄居顺天。孙笠塘承遗命,守先人坟墓,复归姚江。'"知邵瓀原为浙江馀姚人,后因寄居顺天,故改籍大兴(今属北京)。至其中举时间,嵇曾筠《(雍正)浙江通志》卷一四三、阮元《两浙輶轩录补遗》卷二等均云其"康熙十四年乙卯科"举人,亦误,当如邵大业《情田词跋》及官修《清朝文献通考》卷二三七经籍考所云"康熙己卯举人"。

官新河县教谕,迁昌邑知县。

【笺证】

邵大业《情田词跋》:"邑人为立祠尸祝之,至今新河、昌邑之人有能言伯父遗泽者。"

《清朝文献通考》卷二三七经籍考:"瓀初名宏魁,字柯亭。大兴人。康熙己卯举人。官新河县教谕,迁昌邑县知县。"

邵瓀于康熙四十一年(1702)壬午任昌邑知县,邵之旭《情田词跋》:"父壬午授山东昌邑县前令。"

其填词之学出于朱彝尊。

【笺证】

邵瓀《情田词跋》:"畴囊客白门,朱竹垞、龚翔麟雅爱填词,一唱迭和者为沈融谷覃九、李武曾耕客,余慕之而未作也。"

此集乃乾隆癸酉其子履嘉所刊也。

【笺证】

《情田词》初编为二卷,乃康熙十九年庚申(1680)自编词集。邵瓀《情田词跋》(清乾隆十七年石帆花屋刻本《情田词》)云:"畴曩客白门，朱竹垞、龚蘅圃雅爱填词，一唱迭和者为沈融谷覃九、李武曾耕客，余慕之而未作也。未几，耕客过瞻园，余始与之同赋，次为二卷，题曰《情田》。按其岁为庚申。"康熙四十七年戊子（1708），龚翔麟携残卷《情田词》来昌邑，邵瓒复补缀为二卷，其《情田词跋》即云："从此浮沉垂三十年，畿南奔走，词不复作，即向所制已化为烟云，不知销归何所，每览诸君子倚声，不禁神往焉。昨蘅圃游东莱，始出余旧本，然只一卷，又大半涂抹，不复完好矣。昼帘无事，补缀成之，仍其卷为二。……康熙戊子年腊八日。"按，邵瓒子邵履嘉《情田词序》云："康熙丁亥小阳春五日，龚侍御田居舅氏，自浙西省先君于昌邑署，携先君白门所著《情田词》一卷来，将补《浙西六家词》之后而为七。先人感其意，于政暇及谢政后足成三卷。"云事在康熙四十六年丁亥（1707），当是邵履嘉误记。乾隆十七年壬申（1752），邵履嘉同弟邵之旭、邵之楷、堂弟邵大业校订、刊刻《情田词》三卷，邵履嘉《情田词序》云："今壬申，同堂弟大业守开封，嘉与之旭、之楷两弟咸在郡舍，始得合谋付梨枣，成先志焉。"

澹秋容轩词一卷 江苏巡抚采进本

国朝范青撰。青有《筜轩诗集》，已著录。是集为青所自编，凡小令十一阕，中调二十七阕，长调十七阕。又附入太仓许旭和词一首。

《四库全书总目》卷一八一集部三四别集类存目八著录《筜谿集》七卷，并云是集分《北游草》《北游续草》《峡游草》《金陵草》《归田草》诸目。第一卷有《挽制府范承谟诗》十首，间载承谟殉难事迹，其末首有云"炙鸡过酹君知否，十九人中是一人"，盖尝为承谟之客者也。

《清朝文献通考》卷二三四经籍二四："《筜溪集》七卷，范青撰，青字筜坚，上海人。"

四香楼词钞无卷数　江苏巡抚采进本

国朝范缵撰。缵有《四香楼诗钞》,已著录。

【笺证】

《四库全书总目》卷一八四集部三七别集类存目一一著录《四香楼集》四卷,未有著录《四香楼诗钞》。《总目》云范赞诗"源出晚唐而参以南宋,如'蜂憎绿蚁晴偷蜜,燕觅青虫昼哺雏''一潭水聚三更月,四野山围小阁灯''三秋树老蝉声尽,八月江寒雁影迟''蝉声送过秋多少,鹤梦凭他夜短长'之类,皆绰有思致,而格调未高。陈元龙序称其长堪舆学,盖尝馆于元龙家。相传《格致镜原》即其所纂,亦博洽之士也"。

按,赵宏恩《(乾隆)江南通志·艺文志》云"《四香楼集》六卷,娄县范缵"。

是集小令、中调、长调各自为编,而不分卷数。

【笺证】

《清朝文献通考》卷二三七《经籍考》、《清通志》卷一百四《艺文略》著录《四香楼词钞》,无卷数,范缵撰。

按,王昶《国朝词综》卷十七云:"范缵字武功,江南华亭人,监生,以孙械士赠监察御史。有《四香楼词钞》三卷。"云《四香楼词钞》有三卷,应是析小令、中调、长调为三,并非实有三卷耳。

大抵宗法周、柳,犹得词家之正声,而天然超妙不及前人,未免有雕镂之迹。至如《南歌子》第二首之类,虽脂粉绮罗,诗馀本色,要亦稍近于亵也。

【笺证】

陈元龙《四香楼诗钞序》:"其诗词刿鉥生新,巧不可阶,俪体之文,缜密而动宕,如织锦贯珠。"

冯金伯《国朝画识》卷八引《墨林韵语》:"范武功缵,号笏溪。诗词最工,兼善山水。"

彭蕴璨《历代画史汇传》卷五十引《江南通志》:"范缵字武功,居笏溪,即为号。娄县人。国子生,善山水,博学强记,于书无不窥。人有乞画者,例酬一棉衣,每岁积数十袭,以待冬月施贫者。工书法,诗文词亦工。品行粹美,学问奥博。著《四香楼集》及《词钞》。"

存目　词选

方壶词三卷水云词一卷<small>编修汪如藻家藏本</small>

《方壶词》，宋汪莘撰。

【笺证】

程敏政《新安文献志》卷八七载李以申《汪居士莘传》："筑室柳溪之上，囿以方渠，自号方壶居士。每醉必浩歌赋诗以宣其郁积。有《柳塘诗词》传于世。"

嵇璜《续文献通考》卷一九八经籍考："汪莘《方壶词》三卷。"

《水云词》，宋汪元量撰。

【笺证】

嵇璜《续文献通考》卷一九八经籍考："汪元量《水云词》一卷。"

莘词本载所著《方壶存稿》中。

【笺证】

汪灿、汪尚和《安徽休宁西门汪氏族谱》卷四："（汪莘）所著有《方壶存稿》，从孙尚和编，璨、显应校订，刻梓传于世。"

朱彝尊《词综》卷十八："汪莘字叔耕，休宁人。嘉定间下诏求言，扣阍三上书，不报，为杨慈湖、朱晦庵、真西山诸公所叹服。后筑室柳溪,自号方壶居士,有《方壶存稿》词二卷。孙山甫云:'柳塘长短句似坡翁,不受音律束缚。'程洺水曰:'叔耕蕴霞笺玉滴之奇,而忧深思远,未易遽班之贺白也。'"

按,丁仁《八千卷楼书目》卷十五云:"《方壶存稿》八卷,宋汪莘撰,抄九卷本,刊四卷本。"八卷本卷一为书辨序说颂,卷二为赋歌行,卷三至卷七为古今体诗,卷八为词,附录李以申所撰传及交游往来书。前有程珌、孙嵘叟、王应麟三序,后有宇文十朋、史唐卿、刘次皋、汪循四跋。蒋元卿《皖人书录》云:"是集系自编,初名《柳塘集》,嘉定元年刊,至明已不多存,裔孙灿等辑为八卷,万历重刊。"《北京图书馆古籍珍本丛刊·宋别集类》有《方壶存稿》九卷,卷八、卷九为诗馀。雍正九年(1731),汪栋合九卷本为四卷,卷一古诗,卷二律诗,卷三为赋、颂、杂文,卷四为词,卷首有孙嵘叟、王应麟、刘次皋序。

元量词亦载所著《湖山类稿》中。

【笺证】

《四库全书总目》卷一六五集部一八别集类一八著录汪元量《湖山类稿》五卷《水云集》一卷,并云:"黄虞稷《千顷堂书目》载《湖山类稿》十三卷《水云词》三卷,久失流传。此本为刘辰翁所选,只五卷。前脱四翻,间存评语。近时鲍廷博因复采宋遗民录、补入辰翁元序,合水云集刻之。以二本参互校订,诗多重复,今亦姑仍原本焉。"

此本乃休宁汪森从二集摘出合刊者。

【笺证】

汪森《湖山类稿后序》:"汪水云《湖山类稿》五卷,为刘辰翁批点,无叙引及镂刻年月,卷首脱落四版,集中字句间有漫漶而不可读者。因检钱虞山所藏云间旧钞二百二十馀首,互为参订,复者去之，阙者存之，编为外稿，附于五卷之末。又从《宋遗民录》取乃贤、刘辰翁、文天祥、马廷鸾、周方、赵文、李珏诸序，并录之以置简编。”

稽瑛《续通志》卷一六三艺文略：“《方壶词》三卷《水云词》一卷，宋汪莘、汪元量撰。”

《方壶词》前有自序，则宋嘉定元年尝刊版别行故也。

【笺证】

汪莘《方壶先生集》卷三《诗馀序》：“唐宋以来，词人多矣，其词主乎淫，谓不淫非词也。余谓词何必淫，顾所寓何如耳。余于词所爱喜者三人焉：盖至东坡而一变，其豪妙之气隐隐然流出言外，天然绝世，不假振作；二变而为朱希真，多尘外之想，虽杂以微尘，而其清气自不可没；三变而为辛稼轩，乃写其胸中事，尤好称渊明。此词之三变也。余平昔好作诗，未尝作词。今五十四岁，自中秋之日至孟冬之月，随所寓赋之，得三十篇，乃知作词之乐过于作诗，岂亦昔人中年丝竹之意耶！每水阁闲吟，山亭静唱，甚自适也，则念与吴中诸友共之，欲各寄一本，而穷乡无人佣书，乃刊木而模之，盖以寄吾友尔，匪敢播诸众口也。嘉定元年仲冬朔日，柳塘汪莘叔耕书。”

鸣鹤馀音八卷 内府藏本

旧本题仙游山道士彭致中编，不详时代。

【笺证】

虞集《非非子幽室志》（《道园学古录》卷五十）云：“予游宜春之仰山，以十一月至家，而岫云前一月化去矣，至元五年己卯岁之十月二十七日也，得年六十。未没时，遍与所识书别，略无怛意。其弟子彭致中瘗诸山下，予至其墓前，致中以志幽为请。”虞集

（1272—1348）为元初人，知彭致中亦为元初人。

采辑唐以来羽流所著诗馀，至元而止。朱存理《野航存稿》有此诗跋，疑为明初人也。

【笺证】

《续文献通考》卷一九八经籍考著录彭致中《鸣鹤馀音》八卷，云："致中里贯无考。臣等谨案：是编采辑唐以来羽流所著诗馀，至元而止。旧本题仙游道士彭致中编。考朱存理《野航存稿》有此书跋，以为明初人也。"《续通志》卷一六三艺文略八著录《鸣鹤馀音》八卷，云："旧题道士彭致中编，不详时代。"

案：彭致中为元朝人。《正统道藏·太玄部》收录《鸣鹤馀音》，云："元彭致中集，九卷。"曹寅《楝亭书目》卷四著录《鸣鹤馀音》抄本一册，云："元仙游山道士彭致中集，八卷，道园虞集序。"《钦定词谱》卷八《黄鹤洞仙》亦云："调见元彭致中《鸣鹤馀音》词。"

所录多方外之言，不以文字工拙论，而寄托幽旷，亦时有可观。

【笺证】

《鸣鹤馀音》"采辑唐以来羽流所著诗馀"，如冯尊师、虞集、吕洞宾、丘长春、马丹阳等人之词，多道教术语。

词林万选四卷内府藏本

旧本题明杨慎编。慎有《檀弓丛训》，已著录。

【笺证】

《四库全书总目》卷二四经部二四礼类存目二著录《檀弓丛训》二卷，云此书盖慎在滇中，"采郑、孔、贺、陆、黄、吴诸家注义，以补陈澔《集传》所未备。……边地无书，姑以点勘遣日，原不足以言诂经也"。

此本为嘉靖癸卯楚雄府知府任良幹所刊,盖慎戍云南时,良幹得其本也。前有良幹序,称"慎藏有唐、宋五百家词,暇日取其尤绮练者四卷,皆《草堂诗馀》之所未收"云云。

【笺证】

任良幹《词林万选序》尾署曰:"时嘉靖癸卯季春吉,奉政大夫守楚雄府桂林任良幹书。"嘉靖癸卯乃明世宗嘉靖二十二年(1543)。其序有云:"张于湖、李冠之《六州歌头》,辛稼轩之《永遇乐》,岳忠武之《小重山》,虽谓之古之雅诗可也。填词之不可废者以此。升庵太史公家藏有唐宋五百家词,颇为全备,暇日取其尤绮练者四卷,名曰《词林万选》,皆《草堂诗馀》之所未收者也。……依绿水,泛芙蓉,不足为其丽也;茹九畹之灵芝,咽三危之瑞露,不足为其甘也;分织女之机丝,秉鲛人之绡杼,不足为其巧也。盖经流水之听,受运风之斤者矣。遂假录一本,好事者多快见之,故刻之郡斋,以传同好云。"

考《书录解题》所载唐至五代自赵崇祚《花间集》外,惟《南唐二主词》一卷,冯延巳《阳春录》一卷,此外别无词集。南、北宋则自《家宴集》以下,总集、别集不过一百七家。

【笺证】

《直斋书录解题》所载南北宋词集,自《家宴集》以下凡一一七家,非《总目》所云一百七家。

明末毛晋穷搜宋本,只得六十家耳。慎所藏者何至有五百馀家?此已先不可信。

【笺证】

毛晋编有《宋六十名家词》九十卷,又称《宋名家词》,自北宋晏殊《珠玉词》至南宋卢炳《哄堂词》,实收两宋词人六十一家,每家之后各附跋语。

且所录金、元、明人皆在其中,何以止云唐、宋? 序与书亦不相符。

【笺证】

《词林万选》凡四卷,收六十九人词二百三十三首,其中唐五代十一人,宋代四十六人,金代七人,元代四人以及明代高启等。

又其中时有评注,俱极疏陋,如晏几道《生查子》云:"看遍颍州花,不似师师好。"注曰:"此李师师也。"虽与颍州不合,然几道死靖康之难,得见李师师,犹可言也。又秦观《一丛花》题下注曰:"师师,子野、小山、淮海词中皆见,岂即李师师乎?"考师师得幸徽宗,虽不能确详其年月,然刘羽《汴京书事》诗曰:"辇毂繁华事可伤,师师垂老过湖湘。缕衣檀板无颜色,一曲当年动帝王。"则南渡以后师师流落楚南,尚追随歌席。计其盛时,必在宣、政之间。张先登天圣八年进士,为仁宗时人。苏轼为作"莺莺燕燕"之句时已八十馀矣。秦观则于哲宗绍圣初业已南窜,后即卒于藤州,未尝北返,何由得见师师?

【笺证】

杨武泉《四库全书总目辨误》:"夏承焘《二晏年谱》(载《唐宋词人年谱》中)以晏几道卒于崇宁五年,下云:《四库提要》词林万选条云:'几道死靖康之难。'此不见于他书。叔原生天圣末,下推至靖康,已九十左右,此说当不可信。按翟耆年《籀史》,叔原之子溥,靖康初,守河北,御金人战死,《提要》误属叔原耳。"

丁传靖《宋人轶事汇编》:《汴都平康记》云:"秦少游《淮海词》'赠汴城李师师'词云:'远山眉黛长,细柳腰肢袅。妆罢立春风,一笑千金少。归去凤城时,说与青楼道。看遍颍川花,不似师师好。'"则"不似师师好",乃秦少游词。《词林万选》以此《生查子》词属之晏几道。亦为可疑,不仅《总目》误以晏几道之子溥死靖康之难为晏几道死难也。

按,晏几道生于宋仁宗宝元元年(1038),卒于宋徽宗大观四年

（1110），享年七十三岁。参涂木水《关于晏几道的生卒年和排行》（《文学遗产》1997 年第 1 期）

慎之博洽，岂并此不知耶？

【笺证】

游居敬《翰林修撰升庵杨公墓志铭》："余莅之滇弥月，前太史升庵先生杨公以书至，并惠所著《海口碑》并《晏公庙碑刻》。余读所为文，古雅奥丽，灿然若珠璧，鉥目刿心，作而曰：兹秦汉之轨也。余垂髫时，聆公名，及宦游四方，搢绅学士谈先生博雅而奇若不容口，今验之，信然。"

袁宏道《枕中十书序》："人有言曰：'胸中无万卷书，不得雌黄人物。'然书至万卷，不几三十乘乎？除张司空外，更几人哉！予于汉刘向、唐王仆射、宋王介甫、苏子瞻见之，然自子瞻迄今又三百馀岁矣，予于杨升庵、李卓吾见之。"

王世贞《艺苑卮言》卷五："明兴，称博学、饶著述者，盖无如杨用修。"

其所选录，欲搜求隐僻，亦不免雅俗兼陈。毛晋跋称："尝慕此集，不得一见，后乃得于金沙于季鸾。"疑慎原本已佚，此特后来所依托耳。

【笺证】

毛晋《跋词林万选》（《词苑英华》本《词林万选》）："余向慕用修先生《词林万选》，不得一见。金沙于季鸾贻予一帙，前有任良幹序，不啻咽三危之露而聆秋竹积雪之曲矣。但据序云，皆《草堂》所未收者，盖未必然。其间或名、或字、或别号、或署衔，却有不衫不履之致。惜乎紫子点照之误，黝郁魄托之音，向来莫辨。其尤可摘者，如'曾晏桃源深洞'一词，本名《忆仙姿》，苏东坡始改为《如梦令》，即用修《词品》亦云：'唐庄宗自度曲，或传为吕洞宾，误也。'复作吕洞宾《如梦令》，何耶？又'东风捻就腰儿细'一词，亦脍炙人口,旧注云:'有名妓侍燕开府,一士人访之,相候良久,遂赋此词,投诸开府,开府喜其艳丽,呼士人,以妓与之。'《草堂续集》编入无名氏之列,兹混作东坡,且调是《玉楼春》,乃于首尾及换头处增损一字,名《踏莎行》,向疑后人妄改。及考'鞋袜辋两'云云,仍是用修传镂。至于姓氏之逸,谱调之淆,悉注之本题之下。以质诸季篁,得毋笑余强作解事耶?"

唐词纪十六卷通行本

明董逢元撰。逢元,字善长,常州人。

【笺证】

稽璜《续文献通考》卷一九八经籍考:"董逢元《唐诗纪》十六卷。逢元字善长,常州人。"

是编成于万历甲午,虽以唐词为名,而五季十国之作居十之七。

【笺证】

稽璜《续通志》卷一六三《艺文略》、万斯同《明史》卷一三七志一百十一均著录《唐词纪》十六卷。《唐词纪》选词上起隋代,历唐五代而迄于宋元,凡收词九百四十八首,其中所录南宋和元词仅数首。《唐词纪》选词二十首以上词人中,唐四家,共计一百五十四首。五代十国十一家,共四百七十首。知《唐词纪》选录重点在五代。(参甘松《明代词学演进研究——以唐宋词选的接受为视角》)

盖时代既近,末派相沿,往往皆唐之旧人,不能载分畛域。犹之录唐诗者,载及王周、徐铉,犹有说可通。

【笺证】

《全唐诗》卷七六五:"王周,登进士第,曾官巴蜀。诗一卷。

胡震亨云:'唐、宋《艺文志》并无其人,惟《文献通考》载入唐人集目中。今考《峡船诗序》引陆鲁望《茶具》诗,其人盖在鲁望之后。而诗题纪年有戊寅、己卯两岁,近则梁之祯明,远则宋之太平兴国也。自注地名,又有汉阳军、兴国军,为宋郡号,殆五代人而入宋者。'"

《全唐诗》卷七五一:"徐铉,字鼎臣,广陵人。十岁能属文,与韩熙载齐名,江东谓之韩徐。仕吴为秘书郎,仕南唐历中书舍人、翰林学士、吏部尚书,归宋为散骑常侍,坐贬卒。铉文思敏速,凡所撰述,往往执笔立就。精小学,篆隶尤工。集三十卷,今编诗六卷。"

按,由旧朝入新朝者,归属实难。譬如李煜(937 — 978),以建隆元年(960)宋立国为界,其处五代二十三年,处宋十八年,相去不远。更有甚者,开宝八年(975)李煜归宋后所作椎心泣血之名篇佳作,南唐词耶?抑宋词耶?故后世以是否仕新朝为据分唐界宋,亦实属无奈之举。据此,王周、徐铉皆曾仕宋,王周更于真宗大中祥符五年(1012)中进士(《乾道四明图经》卷一二),实属宋人,《唐词纪》以之入选,究属不伦。

至于隋炀帝《望江南》词,无论证以段安节《乐府杂录》,知《海山记》为依托,即绳以断限之义,亦名实相乖,漫无体例矣。

【笺证】

段安节《乐府杂录》:"《望江南》,始自朱崖李太尉镇浙西日,为亡妓谢秋娘所撰,本名《谢秋娘》,后改此名。亦曰《梦江南》。"

《四库全书总目》卷一四三子部五三小说家类存目一著录《海山记》一卷,并云:"《海山记》述隋炀帝西苑事。所录炀帝诸歌,其调乃唐李德裕所作《望江南》调,段安节《乐府杂录》述其缘起甚详。大业中安有是体?考刘斧《青琐高议》后集载有此记,分上下二篇,其文较详,盖宋人所依托。"

周中孚《郑堂读书记》："按《海山记》凡一篇,皆于《隋书·炀帝本纪》之外,按年别记轶事,间涉怪诞,尚属诸书所有,惟所录炀帝《湖上曲》《望江南》八阕,乃李文饶所作之调,何得先见于大业中? 此其依托之明证也。"

且不以人序,不以调分,而区为景色、吊古、感慨、宫掖、行乐、别离、征旅、边戍、佳丽、悲愁、忆念、怨思、女冠、渔父、仙逸、登第十六门,已为割裂无绪。又或以词语而分,或以词名而分,忽此忽彼,茫无定律,尤为治丝而棼。

【笺证】

嵇璜《续文献通考》卷一九八经籍考:"董逢元《唐诗纪》十六卷。臣等谨案:是编不以人序,不以调分,所列十六门,割裂无绪,至以郭茂倩为元人,则他可概见。"

按,《唐词纪》卷一景色类选词一百二十六首,卷二吊古类选词五十二首,卷三感慨类选词三十八首,卷四宫掖类选词四十三首,卷五行乐类选词一百四十一首,卷六别离类选词四十首,卷七征旅类选词三十五首,卷八边戍类选词十二首,卷九佳丽类选词五十八首,卷十悲愁类选词六十首,卷十一忆念类选词八十一首,卷十二怨思类选词一百七十八首,卷十三女冠类选词十五首,卷十四渔父类选词二十四首,卷十五仙逸类选词十七首,卷十六登第类选词八首,合九百四十八首。《唐词纪》分类或以题材,或以情感,或以人物,忽此忽彼,割裂无绪,允为《提要》所讥。

卷首列《词名微》一卷,略作解题,罕所考证。至以郭茂倩为元人,则他可概见矣。

【笺证】

《唐词纪》十六卷《词名微》一卷,抄本见《四库全书存目丛书》。《词名微》共收一百一十调,先列调名,后作解说,列收录阕数。

宋名家词 无卷数　江苏巡抚采进本

明毛晋编。晋有《毛诗陆疏广要》，已著录。

【笺证】

《四库全书总目》卷十五经部一五诗类一著录毛晋《毛诗陆疏广要》二卷，并云："明季说《诗》之家，往往簸弄聪明，变圣经为小品。晋独言言征实，固宜过而存之，是亦所谓论其世矣。"

词萌于唐，而盛于宋。

【笺证】

王灼《碧鸡漫志》卷一："盖隋以来，今之所谓曲子者渐兴，至唐稍盛。今则繁声淫奏，殆不可数。古歌变为古乐府，古乐府变为今曲子，其本一也。"

张炎《词源》卷下："古之乐章、乐府、乐歌、乐曲，皆出于雅正。粤自隋唐以来，声诗间为长短句，至唐人则有《尊前》《花间集》。迄于崇宁，立大晟府，命周美成诸人讨论古音，审定古调，沦落之后，少得存者，由此八十四调之声稍传。而美成诸人又复增演慢曲、引、近，或移宫换羽为三犯、四犯之曲，按月律为之，其曲遂繁。"

当时伎乐，惟以是为歌曲。而士大夫亦多知音律，如今日之用南北曲也。

【笺证】

王世贞《弇州四部稿》卷一五二："三百篇亡而后有骚赋，骚赋难入乐，而后有古乐府。古乐府不入俗，而后以唐绝句为乐府。绝句少宛转，而后有词。词不快北耳，而后有北曲。北曲不谐南耳，而后有南曲。"

王世贞《艺苑卮言》卷三："曲者词之变。自金、元入中国，所用胡乐，嘈杂凄紧，缓急之间，词不能按，乃更为新声以媚之。"

俞彦《爰园词话》："词亡然后南北曲作……今世歌者，惟南北曲，宁如宋犹近古。"

金、元以后，院本杂剧盛，而歌词之法失传。

【笺证】

陶宗仪《南村辍耕录》卷二五："唐有传奇，宋有戏曲、唱诨词，金有院本、杂剧、诸宫调。"

顾梧芳《尊前集序》："不幸金元僭据神州中区，污染北鄙风气，由是曲度盛而词调微。"

李葵《花草粹编叙》："盖自诗变而为诗馀，又曰雅调，又曰填词，又变而为金元之北曲矣。当其变词也，彼唐末宋初诸公，竭其聪明智巧，抵于精美。所谓曹刘降格为之，未必能胜者，亦诚然矣。北曲起，而诗馀渐不逮前，其在于今，则益泯泯也。"

徐渭《南词叙录》："元初，北方杂剧流入南徼，一时靡然向风，宋词遂绝。……今之北曲，盖辽、金北鄙杀伐之音，壮伟狠戾，武夫马上之歌，流入中原，遂为民间之日用。宋词既不可被弦管，南人亦遂尚此，上下风靡，浅俗可耻。"

然音节婉转，较诗易于言情，故好之者终不绝。

【笺证】

张炎《词源》卷下："簸弄风月，陶写性情，词婉于诗。盖声出莺吭燕舌间，稍近乎情可也，若邻乎郑卫，与缠令何异也。"

王世贞《艺苑卮言》卷一："词者乐府之变也。昔人谓李太白《菩萨蛮》《忆秦娥》，杨用修又传其《清平乐》二首，以为词祖，不知隋炀帝已有《望江南》词。盖六朝诸君臣，颂酒赓色，务裁艳语，默启词端，实为滥觞之始。故词须宛转绵丽，浅至儇俏，挟春月烟花于闺帷内奏之。一语之艳，令人魂绝，一字之工，令人色飞，乃为贵耳。至于慷慨磊落、纵横豪爽，抑亦其次，不作可耳。作则宁为大雅罪人，勿儒冠而胡服也。"

王世贞《艺苑卮言》卷三："其婉娈而近情也，足以移情而夺嗜。其柔靡而近俗也，诗啴缓而就之，而不知其下也。之诗而词非词也，之词而诗非诗也。"

于是音律之事变为吟咏之事，词遂为文章之一种。其宗宋也，亦犹诗之宗唐。

【笺证】

刘祁《归潜志》卷十三："亡友王飞伯言：唐以前诗在诗，至宋则多在长短句，今之诗在俗间俚曲也。"

罗宗信《中原音韵序》："世之共称唐诗、宋词、大元乐府，诚哉！学唐诗者，为其中律也；学宋词者，止依其字数而填之耳。"

江顺诒《词学集成》卷二："吴西林云：'词之兴也，先有文字，从而宛转其声，以腔就词者也。洎乎传播久，音律确然，继起诸人，不得不以辞就腔，于是必遵前词字脚之多寡，字面之平仄，号曰填词。或变易前词，仄字而平，平字而仄，要于音律无碍。或前词字少而今多之，则融洽其字于腔中，或前词字多而今少，则引伸其字于腔外，亦于音律无碍。盖当时作者述者，皆善歌，故制词度腔，字之多寡平仄参焉。今则歌法已失传，音律之故不明，变易融洽引伸之技，何由而施。操觚家按腔运辞，兢兢尺寸，不易之道也。'"

先著《词洁·发凡》："盖宋人之词，可以言音律，而今人之词，只可以言辞章。宋之词兼尚耳，而今之词惟寓目。"

明常熟吴讷，曾汇宋元百家词，而卷帙颇重，抄传绝少。

【笺证】

《明史》卷一五八《吴讷传》："吴讷，字敏德，常熟人。父遵道，任沅陵簿,坐事系京师。讷上书乞身代,事未白而父殁,讷感奋力学。"

朱彝尊《词综·发凡》:"唐、宋以来作者,长短句每别为一编,不入集中,以是散佚最易。常熟吴氏讷汇有《宋元百家词》,抄传绝少,未见全书。近日毛氏晋刻有汲古阁六十家宋词,颇有裨于学者。"

惟晋此刻,搜罗颇广,倚声家咸资采掇。

【笺证】

吴昌绶《宋金元词集见存卷目》:"词家专集不易孤行……其汇刻最备者,前惟汲古阁,后止四印斋耳。"

唐圭璋《全宋词·编订说明》:"明吴讷有《唐宋名贤百家词》,当时未刻,今存传抄本和商务印书馆排印本,内宋词亡佚十家,尚存七十家。明末毛晋汲古阁刊《宋名家词》六集六十一家,为宋以后大规模刊刻词集之始,其书流传最广。"

唐圭璋《宋词版本考序》:"自昔视词为小技,故集中多不刻词。即有单刻本行世,亦随刻随佚,鲜有人珍藏,故词集流传至今者殊少。而所流传者,又皆残缺错乱,无一完善之本……后人网罗散失、汇刻宋词,以明毛晋之功为最伟。"

所录分为六集,自晏殊《珠玉词》至卢炳《哄堂词》,共六十一家,每家之后各附以跋语。其次序先后,以得词付雕为准,未尝差以时代。且随得随雕,亦未尝有所去取。故此外如王安石《半山老人词》,张先《子野词》,贺铸《东山寓声》,以暨范成大《石湖词》,杨万里《诚斋乐府》,王沂孙《碧山乐府》,张炎《玉田词》之类,虽尚有传本,而均未载入。盖以次开雕,适先成此六集,遂以六十家词传,非谓宋词止于此也。

【笺证】

王象晋《毛子晋诸刻题跋引》(《汲古阁书跋》):"子晋既刻其所藏书若干种,各为之题词行世矣,友人爱其书,尤爱其题词,劝子晋盍单行之,于是又有题词之刻……或剔前人之隐,或揭后人之鉴,或单词片句,扼要而标奇;或明目张胆,核讹而黜谬。平章千古,荟萃百家,用意良已勤矣。"

毛晋辑刻《宋六十名家词》乃现存刻印最早的一部宋词总集,原六集,九十一卷,每集刻十家,第六集为十一家,故实为六十一家……从本书所收两宋词集及编排次序来看,他在汇刻之初并无完整的计划,第一集刻晏元献等十家,第二集刻周美成等十家,以后随收随刻直至六集;书名初作《宋名家词》,至第六集刻成,方有《宋六十名家词》之称……毛晋不仅汇刻宋人词集,他还对所收的六十一家词逐一写了跋语,其中陈亮的《龙川词》有跋二篇。(参上海古籍出版社 1989 年版《宋六十名家词》出版说明)

按,胡玉缙《四库全书总目提要补正》卷六十云:"瞿氏目录有宋刊残本《东山词》,云:'宋贺铸撰,旧为汲古毛氏藏书,不解《六十家词》本何未刻入也?'"汲古阁所藏宋词未雕者,上海图书馆藏有《汲古阁未刻词》,著录为彭元瑞辑,清光绪中江标抄本,有江氏跋,其中收有二十六家,多出宋人四家,即黄裳《演山先生词》、李纲《梁溪词》、姚勉《雪坡词》、胡铨《澹庵长短句》。(参邓子勉《宋金元词籍文献研究》)

其中名姓之错互,篇章字句之讹异,虽不能免,而于诸本之误甲为乙,考证厘订者亦复不少。故诸家词集虽各分著于录,仍附存其目,以不没晋搜辑校刊之功焉。

【笺证】

黄丕烈《士礼居藏书题跋记》:"汲古阁刻书富矣。每见所藏底本极精,曾不校,反多臆改,殊为恨事。"

叶德辉《书林清话》卷七:"(毛晋)刻书不据所藏宋元旧本,校勘亦不甚精,数百年来,不免贻佞宋者口实。"

叶恭绰《毛刻宋六十家词勘误序》:"汇刻宋词始于虞山毛氏。虽编校疏舛,犹夫明人刻书遗习,然天水一代词集藉是而存者不渺,实有宋词苑之功臣也。毛氏所刊止于六集六十一家,然初意似非限此……遂不克谓之完璧,然甄采之功匪可没也。自《彊村丛书》出,人手一编,毛刻或沦桃庙,但若无此基础恐古微老人亦未易奏功。斯又先河后海,论者所宜知者矣。"

唐圭璋《宋词版本考序》:"后人网罗散失、汇刻宋词,以明毛晋之功为最伟。然而卷数之改动、首数之增删,字数之讹脱,致大失原本面目,亦不能无讥焉。"

吴熊和师《唐宋词通论》:"《宋六十名家词》对保存两宋词集,有着重要贡献。但它并不是最完善的宋词汇刻,后人常为之遗憾。一是甄采未博。毛晋随得随雕,止于六集六十一家。后复辑宋词百家,元词二十家,其子毛扆(斧季)因'叹床头金尽,不能继志',欲重刊而未果。二是编校殊疏。如词人名姓之互错,篇章字句之讹异,时或不免。近人朱居易尝作《毛刻宋六十名家词勘误》一书,专摘其疏舛。清末光绪间,经王鹏运倡导,校刻校辑宋金元人词,一时蔚为风气。名椠秘抄,逐一问世,汇刻词籍遂踵毛氏而掩过之。"

秦张诗馀合璧二卷 内府藏本

明王象晋编。象晋有《群芳谱》,已著录。

【笺证】

《四库全书总目》卷一一六子部二六谱录类存目著录《群芳

谱》三十卷,并云:"是书凡《天谱》三卷、《岁谱》四卷、《谷谱》一卷、《蔬谱》二卷、《果谱》四卷、《茶竹谱》三卷、《桑麻葛苎谱》一卷、《药谱》三卷、《木谱》三卷、《花谱》三卷、《卉谱》二卷、《鹤鱼谱》一卷,略于种植而详于疗治之法与典故艺文,割裂饾饤,颇无足取。圣祖仁皇帝诏儒臣删其踳驳,正其舛谬,复为拾遗补阙,成《广群芳谱》一书,昭示万世。"

是书乃以宋秦观《淮海词》、明张綖《南湖词》合为一编,以二人皆产于高邮也。

【笺证】

嵇璜《续文献通考》卷一九八经籍考著录王象晋《秦张诗馀合璧》二卷:"臣等谨案:是书以宋秦观《淮海词》、明张綖《南湖词》合为一编,以二人皆产于高邮也。"

《四库全书总目》卷二百集部五三词曲类存目著录《诗馀图谱》三卷《附录》二卷并云:"末附秦观词及綖所作词各一卷,尤为不伦。"

然一古人、一时人,越三四百年而称为合璧,已自不伦。况綖词何足以匹观,是不亦老子、韩非同传乎?

【笺证】

按,秦观生于宋仁宗皇祐元年(1049),卒于宋徽宗元符三年(1100)。张綖生于明宪宗成化二十三年丁未(1487),卒于明世宗嘉靖二十二年癸卯(1543)。顾璘《南湖墓志铭》云:"君生于成化丁未二月二十二日,以嘉靖癸卯五月五日卒,得年五十有七。"二人生年相差四百三十八年。

又按,秦观乃宋代词坛巨擘,历来享有盛誉。如陈师道《后山诗话》云:"退之以文为诗,子瞻以诗为词,如教坊雷大使之舞,虽极天下之工,要非本色。今代词手,唯秦七、黄九尔,唐诸人不逮也。"

叶梦得《避暑录话》卷下云："秦观少游亦善为乐府,语工而入律,知乐者谓之作家歌。"张綖《诗馀图谱·凡例》云："词体大略有二:一体婉约,一体豪放。婉约者欲其词情蕴藉,豪放者欲其气象恢弘,盖亦存乎其人。如秦少游之作,多是婉约,苏子瞻之作,多是豪放。大抵词体以婉约为正。"张綖之贡献不在词之创作,而在词谱之创立。

又按,张綖甚是推尊乡先贤秦观,曾刊刻秦观集行世。张綖《嘉靖己亥刊秦少游先生淮海集序》云："綖每进见搢绅先生,未有不询及秦公者。流风遗韵,隐然如高山巨川,人皆识其为一乡之望,乃知地以人而胜也。然公没已数百年,而盛乐不泯,亦以文之有传焉耳。北监旧有集板,岁久漫漶。近日山东新刻不全。予乃以二集相校,刻之郡斋。"此本即《四库全书总目》卷一五四集部七著录之《淮海集》四十卷《后集》六卷《长短句》三卷:"盖嘉靖中高邮张綖以黄瓒本及监本重为编次云。"

群贤梅苑十卷大理寺卿陆锡熊家藏本

旧本题松陵朱鹤龄编。

【笺证】

赵宏恩《(乾隆)江南通志》卷一六三人物志:"朱鹤龄字长孺,吴江诸生。嗜古博学,注杜甫、李商隐诗,时称详赡。晚年潜心六经,长于笺疏之学,考证精核。所著有《毛诗通义》《尚书埤传》诸编。"

鹤龄有《尚书埤传》,已著录。

【笺证】

《四库全书总目》卷一二经部一二书类二著录《尚书埤传》十七卷,云是书"诠释义理,而不废考订训诂,斟酌于汉学、宋学之间,较书肆讲义,则固远胜焉"。

此乃所辑宋人咏梅之词,然详勘其书,乃取宋黄大舆《梅苑》而颠倒割裂之。一卷、二卷即黄书之六卷七卷,而三卷则如其旧,四卷后八调移为第五卷之首,而五卷中删除九调。六卷、七卷即黄书之一卷、二卷,至八卷则又如其旧。九卷后五调移冠十卷之首,而十卷删去十调,颠倒错乱,殆书贾售伪者为之,鹤龄不至于斯也。

【笺证】

官修《清通志》卷一百四艺文略:"《群贤梅苑》十卷,旧题朱鹤龄编,今订为伪本。"

选声集三卷附词韵简一卷内府藏本

国朝吴绮撰。绮有《岭南风物记》,已著录。

【笺证】

《岭南风物纪》一卷,首二条叙气候,次十条叙石,次六十条叙草木花竹,次十七条叙鸟,次五条叙兽,次六条叙虫,次十七条叙鳞介,次三条叙布,次三条叙香,次二条叙酒,次四条叙蔬谷,次十五条叙杂事。《四库全书总目》卷七十史部二六地理类三著录此书,并云吴绮"本文士,故是书所叙述率简雅不支,与范成大《桂海虞衡志》可相伯仲。"

是编小令、中调、长调各一卷,皆五代宋人之词。标举平仄以为式。其字旁加方匡者皆可平可仄之字,馀则平仄不可易者也,其法仍自《填词图谱》而来。其第一体第二体之类,亦从其旧。

【笺证】

《填词图谱》六卷《续集》二卷,清赖以邠撰。是书取法张綖《诗馀图谱》,取古词为谱,以黑白圈标记平仄。《清朝文献通考》

卷二三七经籍考云万树《词律》"纠正《啸馀谱》及《填词图谱》之误，并推求诸家词集之舛异，俱一一有据，精确不刊"。万树《词律》多有驳之者，如《填词图谱》云蔡伸《十六字令》"首句本作五字，今作三字断"，《词律》卷一批云："古无此体，不知所谓古者何人之词？五字断句有何考据？且引蔡词云于五字用韵起，则尤可笑。"

后附《词韵简》一卷，皆祖沈谦、毛先舒之说，盖取便携阅而已，无大创作也。

【笺证】

明末清初人沈谦、毛先舒皆长于韵学。沈谦作《词韵略》，分韵十九部：东董、江讲、支纸、鱼语、佳蟹、真轸、庚梗、侵寝、元阮、覃感、萧筱、歌哿、麻马、尤有、屋沃、觉药、质陌、物月、合洽。前十四部为舒声韵，内分平仄，含平上去三声，如"支纸"韵平上去三声，平声包括四支、五微、八齐、十灰（半），仄声包括上声四纸、五尾、八荠、十贿（半），去声四置、五味、八霁、九泰（半）、十一队（半）。是书用平水韵韵目来表示十九部之分合。毛先舒好谈韵学，著《韵学指归》，以为字有声、有音、有韵，而韵为尤要，顾韵有六说：一穿鼻，二转辅，三敛唇，四抵腭，五直喉，六闭口。又撰《唐韵四声表》《词韵》《南曲韵》（《清史列传》卷七十《毛先舒传》）。

蕉雨轩诗馀汇选八卷两淮盐政采进本

国朝陈澍编。澍字雨夏，嘉兴人，岁贡生。是集汇选唐、宋、元人之词，凡二千六百首有奇。其书犹澍所手抄，盖旧未刊印之本也。

【笺证】

《清朝文献通考》卷二三八经籍考著录《蕉雨轩诗馀汇选》八卷："陈澍选。澍字雨夏，嘉兴人，岁贡生。"

粤风续九四卷两淮盐政采进本

国朝吴淇编。

【笺证】

汤斌《江南镇江府海防同知冉渠吴公墓志铭》(沈云龙《近代中国史料丛刊》第九二辑):"公姓吴氏,讳淇,字伯其,别号冉渠。先世山西洪洞人,明初迁睢州,居大麓冈……顺治乙酉,登乡荐。壬辰,中会试,不就廷对。里居六载,益肆力于学。天文、历法、律吕、音韵、易占、勾股、算术,及西洋奇器之学,无不精诣。戊戌,入都问历法于钦天监,考乐器于太常寺,穷思,几废寝食,一切应酬俱废。成进士甲次,例得京职。会改新制,授推官,得广西浔州。……公生于明万历四十三年五月三十日,卒于康熙十四年二月二十五日,得年六十一。"

淇为浔州推官时,采其土人歌谣,又附猺、狼、獞歌数种,汇为一编。

【笺证】

吴淇《粤风续九序》:"友人示余以所辑粤风四种,种种各臻其妙,遣词构思迥出寻常词人意表,益信深山穷谷之中,抱瑾握瑜之馀波犹在云,遂分列四卷,总勒一编,名曰《粤风续九》。"知此书为吴淇友人所辑,吴淇分卷而已。

王士禛《渔洋诗话》卷下:"西粤风俗淫佚,男女婚媾,皆以歌辞相酬和。同年吴冉渠(淇)尝撰《粤风续九》一卷,凡民歌、猺、獞、狼、蜑、布刀、扇歌皆具。词虽侏僸,而颇有乐府清商《子夜》《读曲》之遗。"

其云续九者,屈原有《九章》《九歌》,拟以此续之也。

【笺证】

吴淇《粤风续九序》：“粤西轸翼，荆州之野，楚之馀也。虽僻处南陲，然而江山所钟，流风所激，岂无有猎其美秭、拾其芳草者乎？……按屈平《离骚》之外有《九歌》，又有《九章》。其从宋玉作《九辨》，其后王褒《九怀》，刘向《九叹》，王逸《九思》，皮日休《九讽》，鲜于侁《九诵》，人不皆楚，辞皆楚也。或曰：‘以《骚》断《诗》，是已，乃以区区峒岷之歌续《骚》也，能免续貂之讥乎？’曰：‘楚国，天下莫大焉。北起江汉，其首也；南部诸粤，其尾也。《诗》虽无楚风，然《汉广》《江有汜》见于二南，实居十五国之首。夫楚之首既足首列风，而楚之尾又何不可尾《九歌》乎？’”

《粤风续九·师童歌》：“师童歌者，巫觋乐神之词也。粤人信巫，称巫为师童，其迎神送神皆有歌，而乐神之歌多情语。按之楚三闾大夫作《九歌》，亦本楚巫之词，而满堂美人，含睇宜笑，情语居半。盖以阴阳道殊，须假灵修之理以接之，非亵也。”

前有淇自序。卷首有孙芳桂撰《刘三妹传》，云是始造歌者。其说荒怪，不足信也。

【笺证】

《粤风续九·刘三妹传》：“歌仙名三妹，其先汉刘晨之苗裔，流寓贵州西山水南村。父尚义，生三女，长大妹，次二妹，皆善歌，早适有家，而歌不传。少女三妹，生于唐中宗神龙五年乙酉。甫七岁，即好笔墨，聪明敏捷，时呼为‘女神童’。年十二，通经史，善为歌，父老奇之，试之顷刻立就。十五，艳姿初成，歌名益盛，千里之内，闻风而来，或一日，或二日，率不能和而去。十六，其父纳邑人林氏聘，来和歌者，终日填门，虽与酬答不拒，而守礼甚严也。十七，将于归，有邕州白鹤乡少年张伟望者，美丰容，读书、解音律，造门来访，言谈举止，皆合歌节，乡人敬之，筑台西山之侧，令两人登台为三日歌。……观之人留为歔欷。自此迭唱迭和，番更不穷，不沿旧辞，不夙构，时依瑶诸种人声音为歌词，各如其意之所欲出。虽彼之专家弗逮也。于是观众者益多，人人忘归矣。三妹因请于众曰：'此台尚低，人声喧杂，山有台，愿登之为众人歌七日。'遂易前服，作淡妆。少年皓衣玄裳，登山偶坐而歌。山高，词不复辨，声更清邈，如听钧天之响矣。至七日，望之俨然，弗闻歌声，众命二童子上省，还报曰：'两人化石矣！'共登山验之，遂以为二人仙去，相与罗拜。时玄宗开元十三年乙丑正月中旬也。至今粤人会歌，盛于上元，盖其遗云。"

东白堂词选初集十五卷_{内府藏本}

国朝佟世南编。世南字梅岑，辽阳人。

【笺证】

《清朝文献通考》卷二三八经籍考："《东白堂词选初集》十五卷，佟世南编。世南字梅岑，辽阳人。"

王昶《国朝词综》卷四："佟世南字梅岑，满洲旗人。有《东白堂词》一卷。曹秋岳云：'东白词缠绵婉约，当与柳屯田、秦淮海争长。'"

以唐宋诗馀有《花间》《草堂》诸集，而明词选本向无善者。本朝词家虽有《倚声》《今词》二选，而搜罗未富。因与陆进、张星耀商榷去取，合前明、昭代词人所著，汇为一编。

【笺证】

康熙十七年（1678），张星耀与佟世南、陆进于杭州合编《东白堂词选初集》十五卷。佟世南《东白堂词选初集小引》云："我朝定鼎三十年来，词人蔚起，浓丽者仿佛二唐，流畅者居然北宋，第好尚不同,趋舍各异。予尝欲订一选以为词学正法。戊午春适游武林,晤陆子莨思、张子砥中,言有水乳之合,遂共搜散帙以图付梓。"陆进《东白堂词选序》亦云:"余既与俞子季琭竣事《西陵词选》,方将搜辑散帙,汇为一书,以成大观。适佟子梅岑远来白下,而张子砥中归自吴门,相与商榷,共成斯举。"

其曰《初集》者,以所见未广,尚当续成二集也。

【笺证】

既云初集,当有二集之举。《东白堂词选·凡例》即云:"词选既成,余与砥中南北分途。或谓余曰:'风流云散,二集之举将托之空言耶?'莨思曰:'不然。二集之成,正在斯矣。'余问其故,莨思曰:'我辈是选,盖以步履数椽,未得旷观海内之大,故所选西陵人氏与天下士相半。今则河北名词,砥中收拾囊中;江南奇句,梅岑又投之箧底;两浙三吴佳稿,予将遍征。则半载之后又将成帙,不几比初集更盛矣哉。'余与砥中闻是言,遂大笑扬帆而去。"欲广搜全国佳词而汇为一编,惜乎此集未知何因并未面世。

卷首冠以张星耀《词论》十三则,又总列作者爵里凡三百七十一人,采摭颇为繁富。而甄录未精,不免良莠杂陈之病。

【笺证】

佟世南、陆进、张星耀《东白堂词选初集》十五卷选录明清三百七十四家词人共一千六百八十九首词,见《四库全书存目丛书》集部第四百二十四册。

孙麟趾《绝妙近词凡例》(《清词序跋汇编》卷十一):"词推宋七家为最,其派约分四种。张星耀所选《东白堂集》非不广博,但专取缠绵一路,喁喁唧唧,如小儿女语,一时学者以此为佳。迄今沿此派者,守一腻字,以为金针。窃念七家中惟史邦卿出笔最腻,然其品不高。外此如白石、美成、玉田、圣与、梦窗皆不入于腻。是集惟取高超，阅者谅之。”

名家词抄无卷数　浙江范懋柱家天一阁藏本

国朝聂先撰。

【笺证】

曾王孙《百名家词钞序》云：“一日，聂子晋人索余同董《百家词钞》，余愕然曰：‘余安知词哉？’然亦常从采山、竹垞诸公，窃窥词学之藩篱，间与考古论今。……余虽不敢望济南之月旦，而汇集海内之词华，表彰艺林之骚雅，则晋人之功居多。”故此书实由聂先、曾王孙合作完成，聂先之功居首而已，《蕙风词话》卷五即云：“国初，曾王孙、聂先辑百名家词。”

先字晋人，庐陵人。

【笺证】

聂先《百家名词钞例言》：“庐陵乐读居士聂先晋人识。”

曾王孙《名家词钞序》：“一日，聂子晋人索余同董《百家词钞》。”

《清朝文献通考》卷二三八经籍考：“《名家词钞》无卷数，聂先编。先字晋人，庐陵人。”

所选自吴伟业、龚鼎孳以下凡三十家。考卷首曾王孙序，称“百家名词”，与集中所载之数不符。又云“词体之变迁，选者之诠次，例言自能详之”，而卷端亦无例言，似乎未完之本矣。

【笺证】

曾王孙《百名家词钞序》：“一日，聂子晋人索余同董《百家词钞》。……观百家之词，即见百名公于一堂。”

按：《名家词钞》分批多次刊印，传世数量众多，版本杂芜。初刻在康熙二十年前后,直至康熙二十八年仍在补刻新进词集。四库称《名家词钞》"所选自吴伟业、龚鼎孳以下凡三十家",可推测其所选底本应为初刻之本,所选词家较少。今上海图书馆、国家图书馆善本库所藏《百名家词钞》均有百卷本,与"百家名词"之名相符,可作为参照,其他残本可供补缺。关于《百名家词钞》版本源流及现有藏书情况,可参闵丰《〈百名家词钞〉版刻源流探考》。

林下词选十四卷两淮马裕家藏本

国朝周铭撰。铭字勒山,松江人。

【笺证】

《清朝文献通考》卷二三八经籍考:"《林下词选》十四卷,周铭选。铭字勒山,松江人。"

丁绍仪《国朝词综补》卷十:"周铭字勒山,吴江人。诸生。有《华香词》。"

叶昌炽《奇觚庼诗集》卷下:"松江周铭《林下词选》十四卷,皆女子之作,四库附存目。"

是集题曰《林下》,盖取《世说》所载谢道韫事也。

【笺证】

刘义庆《世说新语》卷下:"谢遏绝重其姊,张玄常称其妹,欲以敌之。有济尼者,并游张、谢二家,人问其优劣,答曰:'王夫人神情散朗,故有林下风气;顾家妇清心玉映,自是闺房之秀。'"

《林下词选·凡例》:"闺秀之词杂见诸书,从来苦无专选。殊不知帏房旖旎之习,其性情与词较近,故诗文或伤于气骨,而长短句每多合作。考其声律,艳其风韵,定非丈二将军所能按弦而合节也。今裒成一集,觉珠联璧合,耳目顿新。"

其书采取女子之作，自宋、元、明以及国初，编次颇为无绪。

【笺证】

《林下词选》凡十四卷，卷一至卷四为宋词，卷五为元词，卷六至卷九为明词，卷十至卷十三为清词，卷十四为补遗。《林下词选·凡例》云："兹选既始于宋，而宋以前尚有一二杰作未能割弃，故另为补遗一卷，并传遗失，编者附焉。"

《林下词选》所选宋元明词按时间先后编排，国朝词则随到随梓，故编次颇显无绪。《林下词选·凡例》即云："选家爵里、世系，所以审时会、定风气也。而闺媛讫无可考，非如王公大人、词林墨客胪陈于方册传志者，可一披览而悉也。兹于宋元明，则约略次第，直以鄙意先后之。而国朝诸秀，大率随到随梓，甲乙出于无心，览者无怪其错杂。"

末卷以《减字木兰花》词题为南齐苏小小，亦沿田艺蘅之误而不能正也。

【笺证】

《四库全书总目提要》卷一九二集部总集类存目二著录《诗女史》十四卷《拾遗》二卷，并云："明田艺蘅编……甚至拾遗之首冠以南齐苏小小词，其词乃《减字木兰花》，尤为可异。艺蘅未必至此，毋乃书肆所托名耶？"

浙西六家词十卷 浙江汪启淑家藏本

不著编辑者名氏。

【笺证】

康熙龚氏玉玲珑阁刻本《浙西六家词》署名龚翔麟，时人亦多记乃龚翔麟编，如厉鹗《东城杂记》卷下云："玉玲珑，宋宣和花岗石也，上有字纪岁月，苍润嵌空，叩之声如杂佩。本包涵所灵隐山庄旧物,沈氏用百夫牵挽之力致之庾园。后归龚侍御翔麟,因以名其阁焉。侍御为太常卿佳育子,风流淹雅,少日喜为乐章,出入梅溪、白石诸公。太常开藩江左,署有瞻园。禾中朱检讨彝尊、李征士良年、上舍符、沈明府皥日、上舍岸登,皆在宾榻,酒阑棋罢,相与唱和,刻《浙西六家词》行于时。"龚翔麟《消息·橘雨初消》(《红藕庄词》卷二)云:"刻《六家词》竟,怀竹垞、柘西、南溆在日下,秋锦在濠上,效陈西麓叶平体。"朱彝尊《鱼计庄词序》云:"曩予与同里李十九武曾,论词于京师之南泉僧舍,谓小令宜师北宋,慢词宜师南宋。武曾深然予言。是时,僧舍所作颇多,钱唐龚蘅圃遂以吾两人所著刻入《浙西六家词》。"李符《江湖载酒集序》云:"于是其友蘅圃虑其稿之散漫而易失,亟授剞氏,盖先诗与文以行矣。"均可证《浙西六家词》编者为龚翔麟。

所选为国朝朱彝尊、李良年、沈皥日、李符、沈岸登、龚翔麟之词。翔麟,仁和人,其五人皆嘉兴人,故称浙西六家。

【笺证】

　　朱彝尊《黑蝶斋词序》:"秀水朱彝尊。"

　　李良年《秋锦山房词》卷一:"嘉兴李良年,字武曾。"

　　李符《红藕庄词序》:"嘉兴李符。"

　　沈皥日《柘西精舍集》卷一:"平湖沈皥日,字融谷。"

　　沈岸登《黑蝶斋词》卷一:"平湖沈岸登,字覃九,一字南溆。"

　　龚翔麟《柘西精舍集序》:"吾友沈子融谷,工于词久矣。戊午春来,游集庆,与于相遇秦淮之上。……钱唐龚翔麟。"

凡彝尊《江湖载酒集》三卷,良年《秋锦山房词》一卷,皥日《柘西精舍词》一卷,符《耒边词》二卷,岸登《黑蝶斋词》一卷,翔麟《红藕庄词》一卷,前有宜兴陈维崧序。

【笺证】

陈维崧《浙西六家词序》:"锦衣仓北,六朝之山色千堆;骠骑桁南,万古之江流一幅。狮儿去后,大有新亭;燕子飞时,还存空巷。则有彩毫公子,粉署郎官,续汉上之题襟,效机中之纤锦。衙香熏罢,只顾笺愁;椽烛烧馀,惟图制恨。玉玲珑小阁,滴粉搓酥;红菡萏山庄,啼花怨鸟。更值公叔华宗,相君贵胄;常栖莲幕,别署竹垞。……宜兴陈维崧其年撰。"

存目　词话

乐府指迷一卷_{编修程晋芳家藏本}

旧本题宋张炎撰,炎有《山中白云词》,已著录。

【笺证】

　见词集部分《山中白云词》。

陈继儒《续秘笈》载此书,题曰西秦张玉田。玉田者,炎之别号;西秦者,炎祖张俊之祖贯,实一人也。

【笺证】

　周麟之《海陵集》卷二三《张循王神道碑》:"公讳俊,字伯英。其先凤翔人,五世祖徙秦川,子孙遂为秦州三阳人。"

　《宋史》卷三六九《张俊传》:"张俊,字伯英,凤翔府成纪人。"

　厉鹗《宋诗纪事》卷八十:"炎字叔夏,号玉田,又号乐笑翁,循王诸孙,本西秦人,家临安,生于淳祐间,宋亡,落魄纵游,工为长短句。"

其书分《词源》《制曲》《句法》《字面》《虚字》《清空》《意趣》《用事》《咏物》《节序》《赋情》《离情》《令曲》杂论十四篇,而附以杨万里《作词五要》五则。

【笺证】

阮元《词源二卷提要》(《揅经室集》卷三)："宋张炎撰。炎有《山中白云词》,《四库全书》已著录。是编依元人旧钞影写。上卷详论五音十二律,律吕相生,以及宫调、管色诸事,厘析精允,间系以图,与姜白石歌词、九歌、琴曲所记用字纪声之法,大略相同。下卷历论音谱、拍眼、制曲、句法、字面、虚字、清空、意趣、用事、咏物、节序、赋情、离情、令曲、杂论、五要十六篇,并足以考见宋代乐府之制。自明陈仲醇改窜炎书,刊入《续秘笈》中,而又袭用沈伯时《乐府指迷》之名,遂失其真。微此,几无以辨其非。盖前明著录之家,自陶九成《说郛》广录伪书,自后多踵其弊也。"

胡玉缙《四库全书总目提要补正》卷六十:"案此编乃陈继儒改窜张炎《词源》一书,而袭用沈义父《乐府指迷》之名,详阮元《揅经室外集·词源》下。又《作词五要》为杨守斋作,守斋名缵,字继翁,号守斋,又号紫霞翁,非杨万里也。"

《杂论》中称周草窗所选《绝妙好词》,惜版不存,墨本亦有好事者藏之。

【笺证】

吴熊和师《宋人选宋词十种跋》："此书前六卷,选词均在十家以上(卷一有二十八家,卷三有三十家),而卷七仅周密、王沂孙、赵与仁、仇仁近四家,仇仁近词又仅二首,以下皆残缺无存,盖所传抄本已非完帙。此书卷四施岳《步月》茉莉词后,有周密评语一则,道光本复有周密论张炎春水、孤雁二词一则,《历代诗馀》卷一一七、一一八,又数引《草窗词选》《草窗词评》,论及黄铢、李清照等女词人,疑原书间有词评,卷八则兼录女流之词,此或为八卷本之原貌。惜此八卷本沉埋已久,无从踪迹,而《历代诗馀》所引诸条,亦莫知其由来矣。"

又称元遗山极称辛稼轩词,殆成于北游大都之后欤？

【笺证】

张炎《词源》卷上：“元遗山极称稼轩词。及观遗山词,深于用事,精于炼句,风流蕴藉处不减周、秦,如双莲、雁丘等作,妙在模写情态,立意高远,初无稼轩豪迈之气,岂遗山欲表而出之,故云耳？”

按,元遗山因酷爱东坡词而兼喜稼轩词,如《遗山自题乐府引》云：“客有谓予者云：‘子故言宋人诗大概不及唐,而乐府歌词过之。此论殊然。乐府以来,东坡为第一,以后便到辛稼轩。此论亦然。东坡、稼轩即不论,且问遗山得意时,自视秦、晁、贺、晏诸人为何如？’予大笑,拊客背云：‘那知许事,且啖蛤蜊。’客亦笑而去。”又如其《新轩乐府引》云：“唐歌词多宫体,又皆极力为之。自东坡一出,情性之外,不知有文字,真有‘一洗万古凡马空’气象。……坡以来,山谷、晁无咎、陈去非、辛幼安诸公,俱以歌词取称,吟咏情性,留连光景,清壮顿挫,能起人妙思,亦有语意拙直,不自缘饰,因病成妍者,皆自坡发之。”

又按,张炎北游大都,有如下诸说：一为十年说,即张炎于元世祖至元十七年庚辰（1280）北游,至元二十七年庚寅（1290）南归。龚翔麟《山中白云词跋》云：“若舒（岳祥）序所称‘北游燕蓟’,盖在少壮时,迨至元庚寅始返江南,而年已四十馀矣。”龚氏玉玲珑阁本《台城路》《疏影》题序各有“庚辰秋九月之北”“庚寅岁北归”,知张炎于元世祖至元十七年庚辰（1280）北游,至元二十七年庚寅（1290）南归,此为十年说。王昶、张惠言、胡适等人持十年说。二为一年说,即张炎于至元二十七年庚寅北游,次年即辛卯岁南归。江昱疏证《台城路》曰：“曾心传《题日观葡萄》自序,以至元庚寅入京,玉田固同行之侣。此题‘辰’字当是‘寅’字之讹。”（朱祖谋《彊村丛书》）又据《疏影》题序原注“别本‘庚寅’作‘辛卯’”,并比勘曾心传等人北游行迹,校定为"辛卯",从而甄辨张炎于至元二十七年庚寅北游,次年即辛卯岁归南。朱孝臧、许增、冯沅君、吴则虞、杨海明、黄畲、吴熊和师等持此说。三是谢桃坊《张炎词集辨证》(《文献》1988年第3期)的十一年说。四是孙虹认为张炎一生曾两次北游:初次北游在宋恭帝德祐二年(1276)或景炎二年(1277),景炎三年(1278)秋天南归;影响广泛的北游一年说,实为张炎的再次北游。(参孙虹《张炎北游事迹发覆》,《文学遗产》2018年第2期)

《续秘笈》所刻以此书为上卷,而以陆辅之所续为下卷。陆书末有原跋,曰"此本还在沈伯时《乐府指迷》之后。古雅精妙,较是输他一着"云云。

【笺证】

张炎《乐府指迷》(明宝颜堂秘籍本)后有跋语云:"此本还在沈伯时《乐府指迷》之后,古雅精妙,较是输他一着也。若新巧清丽,是册亦未可少元跋。"

秦恩复《词源跋》:"别有《词源》二卷,上卷研究声律,探本穷微。下卷自《音谱》至《杂论》十五篇,附以杨守斋《作词五要》,计有六目。元明收藏家均未著录。陈眉公《秘笈》只载半卷,误以为《乐府指迷》。又以陆辅之《词旨》为《乐府指迷》之下卷。至本朝云间姚氏,又易名为沈伯时,承讹袭谬,愈传而愈失其真。此帙从元人旧钞誊写,误者涂乙之,错者刊正之,其不能臆改者,姑仍之,庶与《山中白云》相辅而行。读者当审字以协音,审音以定调,引伸触类,各有会心,洵倚声家之指南也。嘉庆庚午三月谷雨后五日,澹生居士秦恩复跋。"

考宋沈义父,字伯时,有《乐府指迷》一卷,今载陈耀文《花草粹编》中。跋但称沈书,而无一字及此书,则此书晚出,跋者未见龚翔麟刻

《山中白云词》附载此书。殆后人所增入，非其旧也。

【笺证】

王鹏运《乐府指迷校本跋》："右宋沈义父《乐府指迷》一卷。按，明人刻本乃合玉田生《词源》下卷与陆友仁《词旨》为一书，非沈氏原本也。此卷附刻《花草粹编》，凡二十有八则，明代刻书，往往意为删节，其为足本与否，非所敢知。以世罕流传，校刻以贻同志。至卷中得失，《四库提要》论之详矣。"

胡玉缙《四库全书总目提要补正》卷六十："案此编乃陈继儒改窜张炎《词源》一书，而袭用沈义父《乐府指迷》之名。"

吴熊和师《唐宋词通论》："《乐府指迷》宋元旧本无传，明时附刻于万历十一年（1583）陈耀文《花草粹编》卷首。清时有《晚翠楼丛书》本，《百尺楼丛书》本，《四印斋所刻词》本，皆源出于《花草粹编》，释本有蔡祯（嵩云）《乐府指迷笺释》。"

曹溶《学海类编》收此书，较此本多一《北轩居士跋》，其跋误以胡震亨《唐音癸签》与胡应麟《诗薮》合为一书，已极疏舛。

【笺证】

今查清道光十一年（1831）晁氏板印本曹溶《学海类编》五十二册与1920年涵芬楼影印本《学海类编》第五十册卷第十，收此书，然未见《北轩居士跋》；又查清翁方纲《学海类编目录》未见张炎《乐府指迷》；再查陈世隆《北轩集》（其二）传跋篇，亦无《北轩居士跋》。此跋或已佚，或馆臣误记。

又收金粟头陀《制曲十六观》一卷，后有睡庵居士跋。金粟头陀，元顾阿瑛；睡庵居士，明汤宾尹也。而其文全抄此书，惟每条之末增"制曲者当作此观"一句，语语雷同，竟不一检，尤可怪矣。

顾瑛《金粟道人顾君墓志铭》："金粟道人姓顾名德辉，一名阿瑛，字仲瑛，世居吴。"

万期同《明史》卷三八六《顾德辉传》："顾德辉，字仲瑛，昆山人。家世素封，轻财结客，豪宕自喜。年三十始折节读书，师友硕彦，益购古书、名画、彝鼎、秘玩，欣赏不倦。筑别业于茜泾西，曰玉山佳处，晨夕与客置酒赋诗，其中四方文学士若河东张翥、会稽杨维祯、天台柯九思、永嘉李孝光，方外士若张伯雨、于彦成、琦元璞辈，咸主其家。其园池亭榭之盛、图史之富暨饩馆声伎，并冠绝一时。而德辉才情妙丽，与诸名士亦略相当，风流文采，照映江左。尝举茂才，授会稽教谕，辟行省属官，皆不就。张士诚据吴，欲强以官，去隐于嘉兴之合溪。……士诚再辟之，遂断发庐墓，自号金粟道人。及吴平，父子并徙濠梁，以洪武二年卒。所著诗曰《玉山璞稿》。刻交游诗自杨维祯而下四十馀家，曰《草堂雅集》，并传于世。"

朱彝尊《静志居诗话》卷十六："汤宾尹字嘉宾，宣城人，万历乙未赐进士第二，授翰林院编修，历中允，谕德，掌司业事，迁右庶子，改升南国子监祭酒，有《睡庵集》。"

赵宏恩《(乾隆)江南通志》卷一六七人物志："汤宾尹，字嘉宾。宣城人。万历乙未冠南宫，廷对第二，授翰林编修，仕至南祭酒，以制举业名天下。"

沈曾植《菌阁琐谈》："顾仲瑛《制曲十六观》，全抄玉田《词源》下卷，略加点窜，以供曲家之用。于此见元人于词曲之界，尚未显分，盖曲固慢词之演化者也。"

词旨一卷 编修程晋芳家藏木

元陆辅之撰。

《词旨》撰者有"陆辅之""陆行直""陆友仁""陆韶"四说。卷端题陆辅之的有：明刻《重订欣赏编》本、《广百川学海》本、《古今诗话》本、《锦囊小史》本、乾隆27年《研北偶钞》本、嘉庆《诗触》本、道光

《诗触》本、道光六安晃氏木活字印《学海类编》本、光绪《四印斋所刻词》本、清刻《说郛》本、清抄本《词旨》、民国2年广益书局铅印《古今文艺丛书》本。卷端题"陆韶辅之"的是清乾隆刻本和光绪刻本《词旨》,其中光绪刻本卷端题名《词旨畅》,为清人胡元仪所著。卷端题"陆友仁"的,有道光三十年金山钱氏刻《艺海珠尘》本《词旨》。卷端题"陆行直辅之"的,有民国铅印本《词旨》和民国铅印《词话丛编》本《词旨》。(参杨靖《词旨作者及族谱文献的相关资料》,《文献》2012年第4期)。

　　按,以上四名中,"陆韶辅之""陆行直辅之"之称意味着陆辅之、陆韶、陆行直为同一人,当是名陆辅或陆行直,字辅之。然明宝颜堂秘籍本张炎《乐府指迷》卷下《词旨》卷端有序曰:"予从乐笑翁游,深达奥旨制度之法。因从其言,命韶暂作《词旨》,语近而明,法简而要,俾初学易于入室云。陆辅之识。"寻绎语气,又似《词旨》为陆辅之命陆韶所作,殊不可解,待考。

辅之有《吴中旧事》,已著录。

　　【笺证】

　　　　《四库全书总目》卷七〇史部二六地理类三著录《吴中旧事》一卷,并云:"此书纪其乡之轶闻旧迹,以补地志之阙。其体例则小说家流也。……盖杂记之书,志神怪,资谐笑,自唐已然,不足为友仁訾也。惟所载《鹿苑台铭记》云永和七年陆机建碑王羲之书,则二人时代邈不相及,殊失之于不考耳。此书刊本颇讹脱。今以《永乐大典》所载互校补正,备元人说部之一种,虽篇帙无多,要与委巷之谈异也。"

是编陈继儒《续秘笈》中,以为《乐府指迷》之下卷。

　　【笺证】

　　　　明宝颜堂秘籍本张炎《乐府指迷》有上、下二卷,卷上题为"白

云散人西秦张玉田纂,华亭仲醇陈继瑞、绣水天生沈德先校",实为
张炎《词源》下卷;《乐府指迷》卷下为《词旨》,卷端题"元陆辅之
识、沈天生、沈尊生同校"。

此本载曹溶《学海类编》中,则题曰《词旨》,莫详孰为本名,孰为改名。

【笺证】

《四库全书总目》卷一三四子部四四杂家类存目一一著录《学
海类编》,并云:"此编哀辑唐、宋以至国初诸书零篇散帙,统为正、
续二集,各分经翼、史参、子类、集馀四类。而集馀之中又分行谊、
事功、文词、纪述、考据、艺能、保摄、游览八子目,为书四百二十二
种。而真本仅十之一,伪本乃十之九。或改头换面,别立书名;或
移甲为乙,伪题作者。颠倒谬妄,不可殚述。或无赖书贾以溶家富
图籍,遂托名于溶欤?"

《学海类编·集馀三·文词》收《词旨》。《学海类编》亦收《乐
府指迷》,乃张炎《词源》下卷。

明自万历以后,诈伪繁兴。所纂丛书,往往改头换面,不可究诘。

【笺证】

顾炎武《日知录》卷二十:"万历间人多好改窜古书,人心之
邪,风气之变,自此而始。"

《四库全书总目》卷一四六子部五六《庄子翼》八卷提要:"明
人著书好夸博奥,一核其实,多属子虚,万历以后,风气类然。"

黄廷鉴《第六弦溪文钞》卷一《校书说二》云:"妄改之病,唐宋
以前,谨守师法,未闻有此。其端肇自明人,而盛于启、祯之代,凡
《汉魏丛书》以及《稗海》《说海》《秘笈》中诸书,皆割裂分并,句删
字易,无一完善,古书面目全失,此载籍之一大厄也。"

曹溶生于明末,故尚沿积习,以侈储藏之富也。

【笺证】

嵇曾筠《(雍正)浙江通志》卷一七九："曹溶,《槜李诗系》:字洁躬,号秋岳,秀水人。崇祯丁丑进士。官御史。国朝顺治间,历副都御史、户部侍郎,出为广东布政使,左迁山西阳和道。裁缺归里。卒,年八十三。溶肆力于文章,尤工尺牍,长笺小幅,人共宝之。诗与合肥龚鼎孳齐名,人称'龚曹'。晚筑室范蠡湖,名曰倦圃。多藏书。勤于诵览,辑《续献征录》六十卷、《崇祯五十辅臣传》五卷,外有《静惕堂诗文》三十卷。"

朱彝尊《竹垞诗话》:"(曹溶)征博文献,集三百年名公卿手书墨迹,装潢成册,多至七百家。"

王士禛《池北偶谈》卷十六:"秀水曹侍郎秋岳(溶),好收宋元人文集,尝见其《静惕堂书目》,所载宋集自柳开《河东集》已下凡一百八十家,元集自耶律楚材《湛然集》已下凡一百十有五家,可谓富矣。"

其目一曰"词说";二曰"属对";三曰"乐笑翁奇对";四曰"警句";五曰"乐笑翁警句";六曰"词眼";七曰"单字集虚词",不可解,似有残阙;八曰"两字",则有录无书矣。其言皆无甚高论,佚不足惜。

【笺证】

况周颐《蕙风词话》卷二:"词衰于元,当时名人词论,即亦未臻上乘,如陆辅之《词旨》所谓警句,往往抉择不精,适足启晚近纤妍之习。宋宗室名汝芜者,词笔清丽,格调本不甚高。《词旨》取其《恋绣衾》句:'怪别来、胭脂慵傅,被东风、偷在杏梢。'此等句不过新巧而已。余喜其《汉宫春》云:'故人老大,好襟怀消减全无。漫赢得、秋声两耳,冷泉亭下骑驴。'以清丽之笔作淡语,便似冰壶濯魄,玉骨横秋,绮纨粉黛,回眸无色。但此等佳处,犹为自词中出者,未为其至。如欲超轶王碧山、周草窗,伯仲姜白石、吴梦窗,而上企苏、辛，其必由性情学问中出乎!"

古今词话六卷_{浙江巡抚采进本}

国朝沈雄纂。雄字偶僧，吴江人。

【笺证】

曹溶《古今词话序》："岁在乙丑，余来金阊，偶僧沈子出示词话，丹崖江子，力为赞成。"

沈雄《古今词话·凡例》："戊辰新秋，吴江沈雄识于金之宝翰楼。"

是编所述，上起于唐，下迄康熙中年。杂引旧文，参以近人之论，亦间附己说，分词评、词辨、词品三门。征引颇为寒俭，又多不著出典。所引近人之说，尤多标榜，不为定论。

【笺证】

《古今词话》为词话汇编，多采录前人论词话词之语，采录己说之处亦颇多，体例介于编撰之间。采录前人之语时，或在其首注书名，如"《曲洧旧闻》曰""《教坊记》曰"等；或注作者名，如"陈后山曰""朱晦庵曰"等。其出于己说者，则书"沈雄曰"。沈雄别有《柳塘词话》一书，凡引自该书者，则书"《柳塘词话》曰"。其中"沈雄曰"共一百四十五则，"《柳塘词话》曰"共一百则，合得二百四十五则，从中可以窥见沈雄词学观点。又因是书曾经休宁江尚质（丹崖）增辑，其中亦间杂江氏之说者，则称"江尚质曰"。

"词话"二卷，采录前人论词、话词之语共二百二十二则。上卷录唐、五代及宋人词话，下卷为金、元、明、清人词话。一表制词原委，一见命调异同。"词品"二卷，上卷九十五则，下卷三百零二则，共三百九十七则。沿用杨慎《词品》旧题，广搜诸家之说并详为分类而成。"词辨"二卷,考辨词调。徐鲁庵《词体明辨》只辨于名而不辨于实,沈氏乃博引诸说,分调考辨。上卷辨《十六字令》至《临江仙》等共六十九调,下卷辨《一翦梅》至《六州歌头》共五十调。依词调字数多寡编次,其调同名异者,则以小字注于本名之下,如《十六字令》下注《苍梧谣》《绛州春》。"词评"二卷,乃节取古今词家评论之语并分类汇辑而成。上卷选录评李白至五代鹿虔扆等共二十五家、北宋欧阳修至吴淑姬等共五十八家、南宋康与之至白玉蟾等共七十四家,下卷评金完颜璹至元杨维桢等共二十九家,明刘基至徐士俊等共五十家,清吴伟业至张轸等共五十五家。其间有父子、兄弟同为词家者,则附列于后,如秦湛附于秦观之后,王安礼附于王安石之后等。词家有词集行世者,则用小字著于名下,如温庭筠名下著《金荃集》,和凝名下著《红叶稿》等,足资参考。

四库馆臣所据浙江巡抚采进本为六卷本,有词评、词辨、词品三门,可称《古今词话》刍形。后又增入词话一门,且注明出处,并经江尚质增补,始具现在的规模。据统计,《古今词话》注书名者达一百三十馀种,注作者名者达一百四十馀人,合计二百八十馀种,征引可称繁富,《提要》所云"寒俭"有失偏颇。(参谭新红《清词话考述》)

古今词论一卷浙江汪启淑家藏本

国朝王又华撰。又华字静斋,钱塘人。

【笺证】

康熙十八年刻《词学全书》本《古今词论》:"钱塘王又华静斋校钞。"

《清朝文献通考》卷二三八经籍考:"《古今词论》一卷,王又华撰。又华字静斋,钱塘人。"

是编杂录论词之语。虽以古今词论为名,而古人仅十之一,近人乃十之九。

【笺证】

《古今词论》一卷,为王又华采录前人及时人论词之语而成的词话总集,计收录杨守斋、张玉田、王元美、杨升庵、徐天池、陈眉公、张世文、徐伯鲁、沈天羽、俞仲茅、刘公勇、贺黄公、卓珂月、顾宋梅、彭骏孙、董文友、邹程村、王阮亭、沈去矜、张祖望、李东琪、张砥中、李笠翁、毛稚黄、仲雪亭、查香山等二十六家凡九十一则词话。二十六人中,南宋二人,明八人,清初十六人,故虽以《古今词论》命名,实以清人词论为多,主要反映了浙西词派兴起之前清初诸家的论词之语。

《古今词论》所收词论重在论述词的体制、作法与旨趣,与徐釚《词苑丛谈》卷一论体制所辑有部分相同。而品评词家优劣的词话则所收甚少,至于专纪词坛轶闻琐事的词话,则一概不收,于此可见王氏辑录此书目的在于荟萃各家论词的精华,以示学者学习填词和探索词中旨趣的途径。

其编次征引之例,大抵依时代先后为序排列。凡引某家之说,即于所引第一则前称其姓名,而不云采自何书,如采自张玉田《词源》之说,即称"张玉田曰",不称其《词源》书名。所录最多者为毛稚黄之说,共十八则;次为贺黄公十一则,刘公勇十则;最少者如王元美、徐天池等仅一则。

所录诸家之中,张玉田、杨升庵等有词话专著行世,而徐天池、陈眉公等,则不曾有论词专书刊行,今赖此得以保存片羽。(参谭新红《清词话考述》)

填词名解四卷 浙江汪启淑家藏本

国朝毛先舒撰。先舒有《声韵丛说》,已著录。

【笺证】

《四库全书总目》卷四四经部四四小学类存目二著录毛先舒
《声韵丛说》一卷《韵问》一卷,云:"是编杂论三百篇及古来有韵之
文凡四十条,所见略与柴绍炳《古韵通》同。其《韵问》一卷,则设
为问答,以自畅其说也。"

掇拾古语,以牵合词调名义,始于杨慎《丹铅录》。

【笺证】

吴衡照《莲子居词话》卷一:"诗馀名义缘起,始见宋王灼《碧
鸡漫志》。至明杨慎《丹铅录》、都穆《南濠诗话》、毛先舒《填词名
解》,因而附益之。"

毛先舒《填词名解》一书,专门解说词调名,考证各调之始创者
与调名缘起。词调本为曲调,考释调名可知创调本意及其乐曲来
源,有益于选调填词及研究词曲历史。唐崔令钦《教坊记》曲名表
记开元、天宝间教坊所奏三百二十四曲,其后考稽唐宋词调者,大
都溯源至教坊曲。南宋初王灼著《碧鸡漫志》五卷,卷三至卷五考
述二十八词曲之源流演变,词调考证遂成词学研究中重要一门。
明杨慎著《词品》六卷,其卷一"词名多取诗名"诸条专为词名探
原,都穆《南濠居士诗话》、郭绍孔《词谱》等续作补充,至毛先舒推
衍增广而成《填词名解》,考证词调创作和调名本意遂有较为详备
的专书。《填词名解》凡四卷,卷一小令,卷二中调,卷三长调,卷四
补遗,所释共三百八十一调(不含毛先舒自度曲十五调)。其解说
虽未可尽信,然其释名时,兼及各调创调情况及音乐特点,对于了

解唐宋词调之构成与演变，自有其参考价值。编定于康熙五十四年(1715)的《钦定词谱》，其解说调名即多取资于《填词名解》。乾隆时汪汲作《词名集解》六卷，续编二卷，也以《填词名解》为基础。(参吴熊和师点校《词学全书·前言》)

先舒又从而衍之，附会支离，多不足据。

【笺证】

　　《填词名解》多被清初汇编类词话征引，如沈雄《古今词话》"词话"上卷、王奕清《历代词话》卷三、冯金伯《词苑萃编》卷十皆曾征引。李调元《雨村词话》卷四云《填词名解》四卷"能发前人所未发，较胜《图谱》"，似赞誉过甚，而谢章铤《赌棋山庄词话》卷三所云"此书多拾升庵、元瑞馀唾，牵强殊甚"也失之公允。要之，此书虽承前人馀绪而成，然其增广汇总之功自不可掩。(参谭新红《清词话考述》)

末附先舒自度十五曲，尤为杜撰。

【笺证】

　　明人好自度曲，如王世贞有《怨朱弦》《小诺皋》，杨慎有《落灯风》《灼灼花》，屠隆有《青江裂石》《水漫声》等。沿明人陋习，清初仍好自度曲，顾彩《草堂嗣响例言》即云："近见有创新调为自度曲者，虽才人不难自我作古，然亦无异于后人杜撰古乐府名目也。"清人对此批评最力，认为在宫调失传的情况下自度曲只是自欺欺人，谢元淮《填词浅说》即云："自度新曲，必如姜尧章、周美成、张叔夏、柳耆卿辈，精于音律，吐辞即叶宫商者，方许制作。若偶习工尺，遽尔自度新腔，甘于自欺而欺人，真不足当大雅之一噱。古人格调已备，尽可随意取填。自好之士，幸勿自献其丑也。"杜文澜《憩园词话》卷一也批评道："迨南度之末，张叔夏已有旧谱零落之叹。至元季盛行南北曲，竞趋制曲之易，益惮填词之艰，宫调遂从此失传矣。有明一代，未寻废坠，绝少专门名家。间或为词，辄率意自度曲，音律因之益夢。"其《词律校勘记序》亦云："故当日填词家虽自制之腔，亦能协律，由于宫谱之备也。元明以来，宫调失传，作者腔每自度，音不求谐，于是词之体渐卑，词之学渐废，而词之律则更鲜有言之者。七百年古调元音，直欲与高筑秸琴同成绝响。"万树《词律》即不收明人自度曲。

古乐府在声不在词。唐人不得其声，故所拟古乐府，但借题抒意，不能自制调也。所作新乐府，但为五七言古诗，亦不能自制调也。

【笺证】

元稹《乐府古题序》："《诗》讫于周，《离骚》讫于楚，是后诗之流为二十四名：赋、颂、铭、赞、文、诔、箴、诗、行、咏、吟、题、怨、叹、章、篇、操、引、谣、讴、歌、曲、词、调，皆诗人六义之馀。而作者之旨，由操而下八名，皆起于郊祭、军宾、吉凶、苦乐之际。在音声者，因声以度词，审调以节唱，句度短长之数，声韵平上之差，莫不由之准度。而又别其在琴瑟者为操、引，采民甿者为讴、谣，备曲度者，总得谓之歌、曲、词、调，斯皆由乐以定词，非选调以配乐也。由诗而下九名，皆属事而作，虽题号不同，而悉谓之为诗可也。后之审乐者，往往采取其词，度为歌曲，盖选词以配乐，非由乐以定词也。而纂撰者，由诗而下十七名，尽编为乐录、乐府等题，除铙吹、横吹、郊祀、清商等词在乐志者，其馀《木兰》《仲卿》《四愁》《七哀》之辈，亦未必尽播于管弦明矣。后之文人，达乐者少，不复如是配别，但遇兴纪题，往往兼以句读短长，为歌诗之异。……况自《风》《雅》至于乐流，莫非讽兴当时之事，以贻后代之人。沿袭古题，唱和重复，于文或有短长，于义咸为赘剩，尚不如寓意古题，刺美见事，犹有诗人引古以讽之义焉。曹、刘、沈、鲍之徒，时得如此，亦复稀少。近代唯诗人杜甫《悲陈陶》《哀江头》《兵车》《丽人》等，凡所歌行,率皆即事名篇,无复倚傍。予少时与友人乐天、李公垂辈,谓是为当,遂不复拟赋古题。昨梁州见进士刘猛、李馀各赋古乐府诗数十首,其中一二十章咸有新意,予因选而和之。其有虽用古题,全无古义者,若《出门行》不言离别、《将进酒》特书列女之类是也;其或颇同古义,全创新词者,则《田家》止述军输、《捉捕》词先蝼蚁之类是也。刘、李二子方将极意于斯文,因为粗明古今歌诗同异之旨焉。"

郭茂倩《乐府诗集》卷九十新乐府辞一:"凡乐府歌辞,有因声而作歌者,若魏之三调歌诗,因弦管金石,造歌以被之是也。有因歌而造声者,若清商、吴声诸曲,始皆徒歌,既而被之弦管是也。有有声有辞者,若郊庙、相和、铙歌、横吹等曲是也。有有辞无声者,若后人之所述作,未必尽被于金石是也。新乐府者,皆唐世之新歌也。以其辞实乐府,而未常被于声,故曰新乐府也。元微之病后人沿袭古题,唱和重复,谓不如寓意古题,刺美见事,犹有诗人引古以讽之义。近代唯杜甫《悲陈陶》《哀江头》《兵车》《丽人》等歌行,率皆即事名篇,无复倚旁。乃与白乐天、李公垂辈,谓是为当,遂不复更拟古题。因刘猛、李馀赋乐府诗,咸有新意,乃作《出门》等行十馀篇。其有虽用古题,全无古义,则《出门行》不言离别、《将进酒》特书列女;其或颇同古义,全创新词,则《田家》止述军输、《捉捕》请先蝼蚁。如此之类,皆名乐府。由是观之,自《风》《雅》之作,以至于今,莫非讽兴当时之事,以贻后世之审音者。傥采歌谣以被声乐,则新乐府其庶几焉。"

王灼《碧鸡漫志》卷一:"西汉时,今之所谓古乐府者渐兴,晋魏为盛。隋氏取汉以来乐器歌章古调,并入清乐,馀波至李唐始绝。唐中叶虽有古乐府,而播在声律,则勘矣。士大夫作者,不过以诗一体自名耳。"

其时采诗入乐者,仅五七言绝句,或律诗割取其四句。倚声制词者,初体如《竹枝》《柳枝》之类,犹为绝句。

【笺证】

刘禹锡《竹枝词序》:"四方之歌,异音而同乐。岁正月,余来建平,里中儿联歌《竹枝》,吹短笛击鼓以赴节,歌者扬袂睢舞,以曲多为贤。聆其音,中黄钟之羽,卒章激讦如吴声。虽伧儜不可分,而含思宛转,有《淇澳》之艳。昔屈原居沅、湘间,其民迎神,词多鄙陋,乃为作《九歌》,到于今荆、楚鼓舞之。故余亦作《竹枝词》九篇,俾善歌者扬之,附于末,后之聆巴歈,知变风之自焉。"

白居易《杨柳枝词八首》:"古歌旧曲君休听,听取新翻《杨柳枝》。"

欧阳修、宋祁《新唐书》卷一六八《刘禹锡传》:"(朗)州接夜郎诸夷,风俗陋甚,家喜巫鬼,每祠,歌《竹枝》,鼓吹裴回,其声伧儜。禹锡谓屈原居沅、湘间作《九歌》,使楚人以迎送神,乃倚其声,作《竹枝辞》十馀篇。于是武陵夷俚悉歌之。"

王灼《碧鸡漫志》卷一:"唐时古意亦未全丧,《竹枝》《浪淘沙》《抛球乐》《杨柳枝》,乃诗中绝句,而定为歌曲。"

胡震亨《唐音癸签》卷十三乐通二:"《竹枝》本出巴渝,其音协黄钟羽,末如吴声。有和声,七字为句。破四字,和云'竹枝';破三字,又和云'女儿'。后元和中,刘禹锡谪其地,为新词,更盛行焉。"

王奕清《钦定词谱》卷一《欸乃曲》:"《柳枝》《竹枝》,尚有存者,其语度与绝句无异,但于句末,随加'竹枝'或'柳枝'等语,遂即其语以名其歌。"

王奕清《钦定词谱》卷一《杨柳枝》:"盖乐府横吹曲有《折杨柳》名,此则借旧曲名,另创新声,后遂入教坊耳。此本唐人七言绝句。"

吴衡照《莲子居词话》卷一："唐七言绝歌法，必有衬字，以取便于歌。五言六言皆然，不独七言也。后并格外字入正格，凡虚声处，悉填成辞，不别用衬字，此词所繇兴已。沈存中云：'托始于王涯。'又云：'前贞元、元和间，为之者已多。'陆务观云：'倚声制辞，起于唐之季世。'"

　　谢章铤《赌棋山庄词话》卷七："词转于诗，歌诗有泛声，有衬字，并而填之，则调有长短，字有多少，而成词矣。故《竹枝》《柳枝》诸体，无非词，亦无非绝句也。然作谱者不录此体，则失词源；选集者尽录此体，又紊词界。若其人素不知按拍，而我于其诗卷中强拈此等作，名之曰词，列入词选，不独燕书郢说，顿失作者初心。而又词又诗，反令二十八字并无一定归宿。况沉香被诏，旗亭画壁，《采莲》《欸乃》之篇，《江南》《红豆》之曲，无不登之弦管，尽应厕之减偷。今独取竹枝、柳枝而入之，则抉择更为失平，然则选词之不必选此体也明矣。近鄞人袁陶轩钧撰《四明近体乐府》十四卷，自唐至国朝凡百六十人，然如唐之贺季真知章，元之袁伯长桷、葛逻禄乃贤易之，明之屠田叔本畯，国朝之陈玉几撰，羌无他作，只载《竹枝》《柳枝》一二篇，遂得谓之倚声家乎？"

继而《望江南》《菩萨蛮》等曲作焉，解其声，故能制其调也。

【笺证】

　　苏鹗《杜阳杂编》卷下："大中初，女蛮国贡双龙犀……其国人危髻金冠，璎珞被体，故谓之菩萨蛮。当时倡优遂制《菩萨蛮》曲，文士亦往往声其词。"

　　段安节《乐府杂录·望江南》："始自朱崖李太尉镇浙西日，为亡妓谢秋娘所撰。本名《谢秋娘》，后改此名。亦曰《梦江南》。"

　　王灼《碧鸡漫志》卷五《望江南》："白乐天作《忆江南》三首，第一《江南好》，第二、第三《江南忆》。自注云：'此曲亦名《谢秋娘》，每首五句。'予考此曲,自唐至今,皆南吕宫,字句亦同。止是今曲两段,盖近世曲子无单遍者。然卫公为秋娘作此曲,已出两名。乐天又名以《忆江南》,又名以《谢秋娘》。近世又取乐天首句名以《江南好》。"

至宋而传其歌词之法,不传其歌诗之法,故《阳关曲》借《小秦王》之声歌之,《渔父》词借《鹧鸪天》之声歌之,苏轼、黄庭坚二集可覆案也。

【笺证】

郭茂倩《乐府诗集》卷八十近代曲辞二:"《渭城》一曰《阳关》,王维之所作也。本《送人使安西》诗,后遂被于歌。刘禹锡《与歌者》诗云:'旧人唯有何戡在,更与殷勤唱渭城。'白居易《对酒》诗云:'相逢且莫推辞醉,听唱阳关第四声。'阳关第四声,即'劝君更尽一杯酒,西出阳关无故人'也。《渭城》《阳关》之名,盖因辞云。"

王奕清《钦定词谱》卷一《阳关曲》:"本名《渭城曲》。宋秦观云:'《渭城曲》绝句,近世又歌入《小秦王》,更名《阳关曲》。属双调,又属大石调。'按唐《教坊记》有《小秦王曲》,即《秦王小破阵乐》也,属坐部伎。"

曾慥《乐府雅词》卷中:"张志和《渔父词》云:'西塞山前白鹭飞,桃花流水鳜鱼肥。青箬笠,绿蓑衣,斜风细雨不须归。'顾况《渔父词》云:'新妇矶边月明,女儿浦口潮平。沙头鹭宿鱼惊。'东坡云:'玄真语极丽。'恨其曲度不传,加数语以《浣溪沙》歌之,云:'西塞山前白鹭飞,散花洲外片帆微。桃花流水鳜鱼肥。自芘一身青箬笠,相随到处绿蓑衣。斜风细雨不须归。'山谷见之,击节称赏,且云:'惜乎"散花"与"桃花"字重迭,又渔舟少有使帆者。'乃取张、顾二词合为《浣溪沙》云:'新妇矶边眉黛愁,女儿浦口眼波秋。惊鱼错认月沉钩。青箬笠前无限事,绿蓑衣底一时休。斜风细雨转船头。'东坡跋云:'鲁直此词清新婉丽,问其最得意处,以山光水色替却玉肌花貌,真得渔父家风也。然才出新妇矶,便入女儿浦,此渔父无乃太澜浪乎?'山谷晚年亦悔前作之未工,因表弟李如篪言《渔父词》以《鹧鸪天》歌之甚协律,恨语少声多耳,因以宪宗画像求玄真子文章,及玄真之兄松龄劝归之意,足前后数句云:'西塞山前白鹭飞,桃花流水鳜鱼肥。朝廷尚觅玄真子,何处如今更有诗?青蒻笠,绿蓑衣,斜风细雨不须归。人间欲避风波险,一日风波十二时。'东坡笑曰:'鲁直乃欲平地起风波也。'东湖老人因坡、谷互有异同之论,故作《浣溪沙》《鹧鸪天》各二阕云。"

吴衡照《莲子居词话》卷一:"唐七言绝歌法,若《竹枝》《柳枝》《清平调》《雨淋铃》《阳关》《小秦王》《八拍蛮》《浪淘沙》等阕,但异其名,即变其腔。至宋而谱之,存者独《小秦王》耳。故东坡《阳关曲》借《小秦王》之声歌之。《渔隐丛话》云:'小秦王必杂以虚声乃可歌。'此即《乐府指迷》所谓教师唱家之有衬字。其中二十八字为正格,馀皆格外字,以取便于歌,如古乐府'妃呼豨'云云。凡七言绝皆然,不独《小秦王》也。元人歌《阳关》衍至一百馀字,想亦借《小秦王》之声,非当时裂笛之旧已。"

惟词为当时所盛行,故作者每自度曲,亦解其声,故能制其调耳。然金元以来,南北曲行,而词律亡,作是体者不过考证旧词,知其句法平仄,参证同调之词,知某句可长可短、某字可平可仄而已。当时宫调,已茫然不省,而乃虚凭臆见,自制新腔,无谕其分析精微,断不能识。

【笺证】

王奕清《钦定词谱序》:"逮南渡后,宫调失传,而词学亦渐紊矣。夫词寄于调,字之多寡有定数,句之长短有定式,韵之平仄有定声,杪忽无差,始能谐合。否则音节乖舛,体制混淆,此图谱之所以不可略也。"

即人人习见之《白石词》，其所云《念奴娇》鬲指声者，今能解为何语乎？英雄欺人，此之谓也。

姜夔《湘月·序》："予度此曲，即《念奴娇》之鬲指声也，于双调中吹之。鬲指亦谓之过腔，见《晁无咎集》，凡能吹竹者，便能过腔也。"

存目　词谱词韵

诗馀图谱三卷附录二卷<small>副都御史黄登贤家藏本</small>

明张綖撰。綖有《杜诗通》，已著录。

【笺证】

《四库全书总目》卷一七四集部二七别集类存目一著录《杜诗通》十六卷《本义》四卷，并云："是编因清江范德机批点杜诗三百十一篇，每首先明训诂名物，后诠作意，颇能去诗家钩棘穿凿之说，而其失又在于浅近。《本义》四卷皆释七言律诗，大抵顺文演意，均不能窥杜之藩蓠也。"

是编取宋人歌词，择声调合节者一百十首，汇而谱之。

【笺证】

《诗馀图谱》三卷，卷一收小令六十四调，卷二收中调四十九调，卷三收长调三十六调，各调选录唐宋词一首，凡一百四十九调一百四十九首词。其中唐五代词十家，宋词四十二家，尚有无名氏词一家，缺一家。秦观词选入最多，有十四首，柳永词十一首。（曹济平《略论张綖及其〈诗馀图谱〉》）《提要》云"择声调合节者一百十首"，误。张綖《诗馀图谱·凡例》云："今所录为式者，必是婉约，庶得词体，又有惟取音节中调、不暇择其词之工者，览者详之。"

知其选调择词时偏重婉约词，故苏轼、辛弃疾词分别只有五首、六首。

各图其平仄于前，而缀词于后。有当平当仄，可平可仄二例。

【笺证】

王象晋《重刻诗馀图谱序》："图列于前，词缀于后，韵脚句法，犁然井然，一披阅而调可守，韵可循，字推句敲，无事望洋，诚修词家南车已。"

而往往不据古词，意为填注。于古人故为拗句以取抗坠之节者，多改谐诗句之律。

【笺证】

张綖《诗馀图谱·凡例》："词调各有定格，因其定格而填之以词，故谓之填词。今著其字数多少、平仄、韵脚，以俟作者填之，庶不至临时差误，可以协诸管弦矣。"双行小注云："诸调字有定数，而句或无常，盖取其声之协调，不拘拘句之长短，此惟习熟纵横者能之。"

又校雠不精，所谓黑圈为仄，白圈为平，半黑半白为平仄通者，亦多混淆，殊非善本，宜为万树《词律》所讥。

【笺证】

张綖《诗馀图谱·凡例》："词中当平者用白圈，当仄者用黑圈，平而可仄者白圈半黑其下，仄而可平者黑圈半白其下。其仄声又有上去入三声，则在审音者裁之，今不尽著。"

沈际飞《草堂诗馀·凡例》："维扬张世文《诗馀图谱》七卷，每调前具图，后系词，于宫调失传之日，为之规规而矩矩，诚功臣也。但查卷中，一调先后重出，一名有中调、长调而合为一调，舛错非一。钱塘谢天瑞更为十二卷，未见厘剔。吴江徐伯鲁以圈别黑白而易淆，而直书平仄，标题则乖。且一调分为数体，体缘何殊？

《花间》诸词未有定体,而派入体中,其见地在世文下矣。"

邹祗谟《远志斋词衷》:"南湖谱平仄差核,而用黑白及半黑半白圈,以分别之,不无鱼豕之讹。且载调太略,如《粉蝶儿》与《惜奴娇》,本系两体,但字数稍同,及起句相似,遂误为一体,恐亦未安。"

万树《词律·发凡》:"近日《图谱》踵张世文之法,平用白圈,仄用黑圈,可通者则变其下半,一望茫茫,引人入暗。且有校雠不精处,应白而黑,应黑而白者,信谱者守之,尤易迷惑。"

按,《诗馀图谱》虽校雠不精,所用黑白圈时有混淆,然其发凡起例之功自不可掩,故亦颇受人赞誉,如王象晋《秦张两先生诗馀合璧序》云:"取宋人诗馀汇而图之为谱,一时名公神情风度,规式意调,较若列眉,诚修词家功臣。"邹祗谟《远志斋词衷》云:"张光州南湖《诗馀图谱》,于词学失传之日,创为谱系,有荜路蓝缕之功。"

末附《秦观词》及绖所作词各一卷,尤为不伦。

【笺证】

张绖甚为推崇秦观,其《诗馀图谱·凡例》云:"词体大略有二:一体婉约,一体豪放。婉约者欲其词情蕴藉,豪放者欲其气象恢弘。盖亦存乎其人。如秦少游之作,多是婉约;苏子瞻之作,多是豪放。大抵词体以婉约为正。"时人亦有赞其词似秦少游者,朱曰藩《南湖诗馀序》即云:"先生从王西楼游,早传斯技之旨,每填一篇,必求合某宫某调,第几声出入第几犯,务俾抗坠圆美,合作而出。故能独步于绝响之后,称再来少游。"

啸馀谱十卷 副都御史黄登贤家藏本

明程明善撰。

【笺证】

万树《词律·自序》曰："维扬张氏据词而为图，钱塘谢氏广之，吴江徐氏去图而著谱，新安程氏辑之。"云《啸馀谱》乃程明善辑录之书，非其所自撰也。

明善，字若水，歙县人，天启中监生。

【笺证】

万斯同《明史·艺文志》著录程明善《啸馀谱》十卷并注云："歙县太学生。"

王圻《续文献通考》卷一九八经籍考："程明善《啸馀谱》十卷。明善字若水，歙县人，天启中监生。"

其书总载词曲之式，以歌之源出于啸，故名曰"啸馀"。

【笺证】

程明善《啸馀谱序》："人有啸而后有声，有声而后有律、有乐，流而为乐府、为词曲。皆其声之绪馀也……皆夫声音之道，神矣哉。"

王圻《续文献通考》卷一九八经籍考："明善是书总载词曲之式，以歌之源出于啸，故名'啸馀'。其著论殊多臆见。"

首列啸旨、声音度数、律吕、乐府、原题一卷，次诗馀谱三卷，致语附焉，次北曲谱一卷，中原音韵及务头一卷，次南曲谱三卷，中州音韵及切韵一卷。

【笺证】

孙兰《柳庭舆地隅说》卷下："《啸馀谱》论词曲，首之以啸旨。音欤？声欤？曰：啸亦音声也，其法亦有五声、七音，用齿、用唇、用舌、用鼻、用腭之异。"

考古诗皆可以入乐。

【笺证】

《啸馀谱·乐府原题·正声序论》：“古之诗曰歌行，后之诗曰古、近二体。歌行主声，二体主文，诗为声也，不为文也。浩歌长啸，古人之深趣。今人既不尚啸，而又失其歌诗之旨，所以无乐事也。凡律其辞，则谓之诗，声其诗，则谓之歌，作诗未有不歌者也。诗者，乐章也。或形之歌咏，或散之律吕，各随所主。而命主于人之声者，则有行、有曲，散歌谓之行，入乐谓之曲。主于丝竹之音者，则有引、有操、有吟、有弄，各有调以主之。摄其音谓之调，总其调亦谓之曲，凡歌行虽主人声，其中调者，皆可以被之丝竹。”

马瑞辰《毛诗传笺通释》卷一：“《诗》三百篇，未有不可入乐者。《虞书》曰：‘诗言志，歌永言，声依永，律和声。’歌、声、律皆承诗递言之。《毛诗序》曰：‘在心为志，发言为诗。’又曰：‘言之不足，故嗟叹之，嗟叹之不足，故永歌之。’此言诗所由作，即《虞书》所谓‘诗言志，歌永言’也。又曰：‘情发于声，声成文谓之音。’此言诗播为乐，即《虞书》所谓‘声依永，律和声’也。若非诗皆入乐，何以被之声歌且协诸音律乎？《周官》大师教六诗而云‘以六德为之本，以六律为之音’，是六诗皆可调以六律已。《墨子·公孟篇》曰：‘诵《诗》三百，弦《诗》三百，歌《诗》三百，舞《诗》三百。’《郑风·子衿》诗《毛传》云：‘古者教以诗乐，诵之、歌之、弦之、舞之。’其说正本《墨子》，是三百篇皆可诵歌弦舞已。若非诗皆入乐，则何以六诗皆以六律为音，又何以同是三百篇而可诵者即可弦、可歌、可舞乎？《左传》，吴季札请观周乐，使工为之歌《周南》《召南》并及于十二国。若非入乐，则十四国之诗不得统之以‘周乐’也。《史记》言‘《诗》三百五篇，孔子皆弦歌之，以求合于《韶》《武》《雅》《颂》。若非入乐，则《诗》三百五篇，不得皆求合于《韶》《武》《雅》《颂》也。《六艺论》云：‘诗，弦歌讽谕之声也。’《郑志》答张逸云：‘国史采众诗，时明其好恶，令瞽蒙歌之，其无所主，皆国史主之，令可歌。'据此则郑君亦谓诗皆可入乐矣。程大昌谓《南》《雅》《颂》为乐诗，自《邶》至《豳》皆不入乐，为徒诗，其说非也。或疑诗皆入乐，则诗即为乐，何以孔子有删诗订乐之殊？不知诗者，载其贞淫正变之词。乐者，订其清浊高下之节。古诗入乐，类皆有散声叠字，以协于音律。即后世汉魏诗入乐，其字数亦与本诗不同。则古诗之入乐，未必即今人诵读之文一无增损，盖可知也。古乐失传，故《诗》有可歌，有不可歌。《大戴礼·投壶篇》曰：'凡《雅》二十六篇。其八篇可歌，歌《鹿鸣》《狸首》《鹊巢》《采蘩》《采苹》《伐檀》《白驹》《驺虞》；八篇废，不可歌；其七篇《商》《齐》，可歌也；三篇间歌。'所谓可歌者，谓其声律犹存。不可歌者，仅存其词，而声律已不传也。若但以其词言之，则三百五篇俱在，岂独《鹿鸣》《鹊巢》诸篇为可歌哉？"

唐代教坊伶人所歌，即当时文士之词。五代以后，诗流为词，金元以后，词又流为曲。故曲者词之变，词者诗之馀，源流虽远，本末相生。

【笺证】

王世贞《艺苑卮言》卷三："曲者词之变。自金、元入中国，所用胡乐，嘈杂凄紧缓急之间，词不能按，乃更为新声以媚之。而诸君如贯酸斋、马东篱、王实甫、关汉卿、张可久、乔梦符、郑德辉、宫大用辈，咸富有才情，兼喜声律，以故遂擅一代之长，所谓宋词元曲，殆不虚也。"

钱允治《国朝诗馀序》："词者，诗之馀也。曲，又词之馀也。"

诗不本于啸，词曲安得本于啸。命名已为不确，首列啸旨，殊为附会。其皇极经世、律吕、乐府原题之类，与词曲亦复阔绝。所列词谱第一体、第二体之类，以及平仄字数，皆出臆定，久为词家所驳。

【笺证】

万树《词律·发凡》："《啸馀谱》分类为题，意欲别于《草堂》诸刻。然题字参差,有难取义者,强为分列,多至乖违。"

万树《词律·自叙》:"(《啸馀谱》)触目瑕瘢,通身罅漏。"

万树《词律》卷九:"美成《陇云沈》一阕,末句云'断雨残云,只怕巫山晓'。《啸馀谱》落去'雨残'二字,作'断云只怕巫山晓'。谓有六十字一体,而以此六十二字者命为第二体。无论此调作者颇多,无七字尾者。若七字则竟与《蝶恋花》同矣,有何难辨?况片玉本集原有'雨残'二字,而各谱竟将不全之句列为一格,何其率略也?"

邹祇谟《远志斋词衷》:"至《啸馀谱》则舛误益甚,如《念奴娇》之与《无俗念》《百字谣》《大江乘》,《贺新郎》之与《金缕曲》,《金人捧露盘》之与《上西平》,本一体也,而分载数体。《燕春台》之即《燕台春》,《大江乘》之即《大江东》,《秋霁》之即《春霁》,《棘影》之即《疏影》,本无异名也,而误仍讹字。或列数体,或逸本名,甚至错乱句读,增减字数,而强缀标目,妄分韵脚。又如《千年调》《六州歌头》《阳关引》《帝台春》之类,句数率皆淆乱。成谱如是,学者奉为金科玉律,何以迄无驳正者耶?"

江顺诒《词学集成》卷一:"张綖之《诗馀图谱》、程明善之《啸馀谱》及毛先舒之《词学全书》,率皆谬妄错杂,倚声家无所遵循。"

曲谱所载,亦不及南北九宫谱之详备。徒以通俗便用,至今传之,其实非善本也。

【笺证】

《清朝文献通考》卷二三六经籍考:"《啸馀谱》一书,通行天壤。"

冯金伯《词苑萃编》卷九:"今人作诗馀,多据张南湖《诗馀图谱》及程明善《啸馀谱》二书。"

填词图谱六卷续集二卷 浙江汪启淑家藏本

国朝赖以邠撰。以邠字损庵,仁和人。

【笺证】

《清朝文献通考》卷二三七经籍考:"《填词图谱》六卷《续集》二卷,赖以邠撰。以邠字损庵,仁和人。"

《(乾隆)杭州府志》卷九六:"赖以邠,字水西,号迁翁。少为仁和诸生,负俊才。中年弃去,布衣野服,萧然物外。诗词书画,无不擅长。尤工于写兰,雨晴风雪,各尽其态。好事者争奉缣素相易,藏若拱璧。"

是编踵张綖之书而作,亦取古词为谱,而以黑白圈记其平仄为图。

【笺证】

据康熙十八年(1679)刻《词学全书》本《填词图谱》,前有凡例九则,卷一至卷二为小令,调二百四十二。卷三、卷四选录中调,调一百三十八。卷五、卷六选录长调,调一百八十八。《续集》上卷选录小令,调三十三。中卷选录中调,调十四。下卷选录长调,调六十七。各卷均依所选录词字数多寡排列次序,以字数少者居前,多者列后。每调先列图,次列谱。图用黑白圈表示平仄,〇为平,●为仄,平而可仄者用◖,仄而可平者用◗。共收录五百四十五调,备六百八十二调体。

颠倒错乱,罅漏百出,为万树《词律》所驳者不能缕数。

【笺证】

《清朝文献通考》卷二三六经籍考:"近复有《填词图谱》,图则葫芦张本,谱则剽捧《啸馀》。盖历来造谱之意,原欲有便于人。"

万树《词律·自叙》:"概自曲调既兴,诗馀遂废,纵览草堂之遗帙,谁知大晟之元音。……近复有《填词图谱》者,图则葫芦张本,谱则鞶捧《啸馀》,持议或偏,参稽太略。……列调既谬,分句尤讹。云昭示于来,兹实大误。"

词韵二卷浙江汪启淑家藏本

国朝仲恒撰。恒字道久,号雪亭。钱塘人。

【笺证】

《清朝文献通考》卷二三七经籍考:"《词韵》二卷,仲恒撰,恒字道久,号雪亭,钱塘人。"

李格《(民国)杭州府志》卷一三九引《钱塘县志》:"仲恒字道久,钱塘人。父敬则,以文行著于乡。恒九岁能文章,负气节,事母金,少不怿即长跪,俟颜霁乃起。伯兄鼎遭谤下狱,恒未弱冠,变服为佣保,营救得释。"

按,仲恒又号渔隐老人,仲恒《雪亭词跋》尾即自署"渔隐老人"。

词韵旧无成书,明沈谦始创其轮廓。

【笺证】

嵇曾筠《(雍正)浙江通志》卷一七八:"**沈谦**,《仁和县志》:字去矜。少颖慧,能辨四声,长益笃学,好为诗古文。弱不胜衣,与人语,气才属及,发辩议则电闪霆击,摧屈一坐。为文雅淡秀郁,错以绮丽。所著有《东江集钞》《词韵》《词谱》《古今词选》《临平记》凡若干卷。"

邹祗谟《远志斋词衷》:"沈天羽云:曲韵近于词韵,而支纸实上下分作支思、齐微两韵,麻马祃上下分作家麻、车遮两韵,及减去入声,故曲韵不可为词韵。胡文焕《词韵》,三声用曲韵,而入声用诗韵,居然大盲。将词韵不亡于无,而亡于有,深可叹也。今有去矜《词韵》,考据该洽,部分秩如,可为填词家之指南。但内中如支纸、佳蟹二部,与《周韵》齐微、皆来近;元阮一部,与《周韵》寒山桓欢先天殊。《周韵》平、上、去声十九部,而《沈韵》平、上、去声止十四部,故通用处较宽。然四支竟全通十灰,半元寒删先全通用,虽宋词苏、柳间然,毕竟稍滥,觉不如《周韵》之有别。且上去二声,宋词上如纸尾语御荠,去如寘未御遇霁,多有通用,近词亦然。而平韵如支微鱼虞齐,则断无合理,似又未能概以平贯去入。盖词韵本无萧画,作者遽难曹随,分合之间,辨极铢黍,苟能多引古籍,参以神明,源流自见。余于《沈韵》质疑一二,以当莛叩,不敢轻为嗤点也。"

毛奇龄《西河词话》:"词本无韵,故宋人不制韵,任意取押,虽与诗韵相通不远,然要是无限度者。予友沈子去矜创为《词韵》,而家稚黄取刻之。"

恒作是书,又因谦书而订之。

【笺证】

沈谦《词韵》十九部韵:东董、江讲、支纸、鱼语、街蟹、真轸、元阮、萧篠、歌哿、佳马、庚梗、尤有、侵寝、覃感、屋沃、觉药、质陌、物月、合洽。

仲恒《词韵》十九部韵仅改"街蟹"为"佳蟹"、改"佳马"为"麻马"。

考填词莫盛于宋,而二百馀载,作者云兴,但有制调之文,绝无撰韵之事。

【笺证】

沈雄《古今词话》词品卷上:"陶宗仪《韵记》曰:'本朝应制颁韵,仅十之二三,而人争习之,户录一编以粘壁,故无定本。后见东都朱希真,复为拟韵,亦仅十有六条。其闭口侵寻、监咸、廉纤三韵,不便混入,未遑校雠也。鄱阳张辑,始为衍义以释之。洎冯取洽重为缮录增补,而韵学稍为明备通行矣。值流离日,载于掌大薄蹄,藏于树根盎中,湿朽虫蚀,字无全行,笔无明画,又以杂叶细书如半菽许。愿一有心斯道者详而补之。然见所书十六条与周德清所辑,小异大同,要以中原之音,而列以入声四韵为准。'"

戈载《词林正韵·发凡》:"词始于唐,唐时别无词韵之书。宋朱希真尝拟应制词韵十六条,而外列入声韵四部。其后张辑释之,冯取洽增之,至元陶宗仪曾讥其淆混,欲为改定。今其书久佚,目亦无自考矣。厉鹗《论词绝句》有云:'欲呼南渡诸公起,韵本重雕菉斐轩。'注云:'曾见绍兴二年刊《菉斐轩词林要韵》一册,分东红邦阳十九韵,亦有上去入三声作平声者。'于是人皆知有《菉斐轩词韵》而又未之见。近秦敦夫先生取阮芸台先生家藏《词林韵释》,一名《词林要韵》,重为开雕,题曰《宋菉斐轩刊本》,而跋中疑为元明之季谬托。又疑此书专为北曲而设,诚哉是言也。观其所分十九韵,且无入声,则断为曲韵无疑,樊榭偶未深究耳。"

江顺诒《词学集成》卷四:"(《莲子居词话》)又云《菉斐轩韵》,不著撰者姓氏,平声三十九韵,次以上去声。其入声即配隶三声,不另立韵,厉樊榭诗所谓'欲呼南渡诸公起,韵本重雕菉斐轩'是也。顾其书无入声,究似北曲。且既为南宋所刊,不应有一百六部。诒案:菉斐轩乃元人填词度曲通用之韵,非宋韵也。近有以上去韵分列平韵后,而入声别自为部,乃入声分部者五,平声分部者十四,则并而又并为太简矣。"

核其所作,或竟用诗韵,或各杂方言,亦绝无一定之律。不应一代名流,都忘此事,留待数百年后始补阙拾遗。

【笺证】

冯梦龙《太霞新奏》卷九:"宋人不讲韵学,唯作诗宗沈韵,其诗馀率皆出入，但取谐音而已。自《中原音韵》既定，北剧奉之唯谨。南音从北而来，调可变而韵不可乱也。伯良谱诗馀为曲，共百馀章，然未能尽更其韵，余第于合韵者拔其尤数篇。"

杨慎《词品》卷一："沈约之韵未必悉合声律，而今诗人守之如金科玉条，此无他，今之诗学李、杜，李、杜学六朝，往往用沈韵，故相袭不能革也。若作填词，自可通变。如'朋'字与'蒸'同押，'打'字与'等'同押，'卦'字、'画'字与'怪''坏'同押，乃是鸠舌之病，岂可以为法耶？元人周德清著《中原音韵》，一以中原之音为正，伟矣！然予观宋人填词，亦已有开先者，盖真见在人心目，有不约而同者，俗见之胶固，岂能眯豪杰之目哉！"

毛奇龄《西河词话》："至如入韵，则信口揣合，方音俚响，皆许入押。"

盖当日所讲，在于声律，抑扬抗坠，剖析微芒。至其词则雅俗通歌，惟求谐耳，所谓有井水吃处，都唱柳词是也，又安能以《礼部韵略》颁行诸酒垆茶肆哉！作者不拘，盖由于此，非其智有所遗也。

【笺证】

李焘《续资治通鉴长编》卷一二〇："（景祐四年六月丙申）又诏国子监以翰林学士丁度所修《礼部韵略》颁行。初，崇政殿说书贾昌朝言，旧《韵略》多无训释，又疑混声与重叠出字，不显义理，致举人诗赋，或误用之。遂诏度等以唐诸家韵本刊定，其韵窄者凡十三处，许令附近通用，疑混声及重叠出字，皆于本字下解注之。"

万树《词律·发凡》："自沈吴兴分四声以来，凡用韵乐府无不调平仄者，至唐律以后浸淫而为词，尤以谐声为主。倘平仄失调，则不可入调，周、柳、万俟等之制腔造谱，皆按宫调，故协于歌喉，播诸弦管，以迄白石、梦窗辈，各有所创，未有不悉音理而可造格律者。今虽音理失传，而词格具在，学者但宜依仿旧作，字字恪遵，庶不失其矩矱。"

自是以还，周德清作《中原音韵》，摊派入声，立为定法，而词韵则终无续定者。良以北曲必用北韵，犹之梵呗必用梵音，既已自为一家，遂可自成一格。

【笺证】

罗宗信《中原音韵序》："吾友高安挺斋周德清，以出类拔萃通济之才，为移宫换羽制作之具，所编《中原音韵》并诸《起例》，平分二义，入派三声，能使四方出语不偏，作词有法，皆发前人之所未尝发者。"

李渔《闲情偶寄》卷二："旧曲韵杂，出入无常者，因其法制未备，原无成格可守，不足怪也。既有《中原音韵》一书，则犹畛域画定，寸步不容越矣。"

至于词体在诗与曲之间，韵不限于方隅，词亦不分今古。

【笺证】

沈谦《填词杂说》："承诗启曲者，词也。上不可似诗，下不可似曲。然诗曲又俱可入词，贵人自运。"

李渔《窥词管见》："作词之难，难于上不似诗，下不类曲，不淄不磷，立于二者之中。"

李渔《窥词管见》："诗有诗之腔调，曲有曲之腔调。诗之腔调宜古雅，曲之腔调宜近俗，词之腔调，则在雅俗相和之间。"

将全用俗音，则去诗未远；将全从诗韵，则与俗多乖。既虞针真因阴之无分，又虞元魂灰咍之不叶。所以虽有沈约陆词，终不能勒为一书也。

【笺证】

《词韵论略》："仲田叔曰：曲卑于词，而词为诗之馀。曲有成韵，而词无定法，遂无正律。……当世之士，不遵诗韵则遵曲韵。"

戈载《词林正韵·发凡》:"词学至今日可谓盛矣,然填词之大要有二:一曰律,一曰韵。律不协则声音之道乖,韵不审则宫调之理失,二者并行不悖。韵虽较为浅近,而实最多舛误。此无他,恃才者不屑拘泥自守,而谫陋之士往往取前人之稍滥者,利其疏漏,苟且附和,借以自文。"

沈谦既不明此理,强作解事。恒又沿讹踵谬,缪辍弥增。即以所分者言之,平上去分十四韵,割魂入真轸,制哈入佳蟹,此谐俗矣。而麻遮仍为一部,则又从古三声,既真轸一部,侵寝一部,庚梗一部,元阮一部,覃咸一部矣。入声则质陌锡职缉为一部,是真庚青蒸侵又合为一也;物月曷黠屑叶合一部,是文元寒删先覃盐又合为一也。不俗不雅,不古不今,欲以范围天下之作者,不亦难耶?

【笺证】

毛奇龄《西河词话》:"自上古迄今,偶一见之乡音之林外,而公然读押,嬗为故事,则是词韵之了无依据,而不足推求,亦可验已。况词盛于宋,盛时不作,则毋论今不必作。万一作之,而与古未同,则揣度之胸多所兀臬,从之者不安而刺之者有间,亦何必然。"

大抵作词之韵,愈考愈岐,万不得已,则于古韵相通之中,择其读之顺吻者用之,如东冬、江阳之类(江阳古亦不通,此据六朝以下言之),其割属也,亦择古韵相通者割之,如割魂入文,魂本通文;割哈入佳,哈本通佳之类。即入声亦以此为消息,庶斟酌于今古之间,或不大谬。必欲强立章程,不至于非马非驴不止。故今于诸韵书外,惟录《曲韵》,而《词韵》则概存目焉。

【笺证】

戈载《词林正韵·发凡》:"国初沈谦曾著《词韵略》一编,毛先舒为之括略,并注以东董、江讲、支纸等标目,平领上、去而止列平、上，似未该括；入声则连两字曰屋沃、曰觉药，又似纷杂。且用阴氏韵目，删并既失其当，则分合之界模糊不清；字复乱次以济，不归一类；其音更不明晰。舛错之讥，实所难免。同时有赵钥、曹亮武均撰《词韵》，与去矜大同小异。若李渔之《词韵》四卷，列二十七部，以支微部分为三：曰支纸寘，曰围委未，曰奇起气。鱼虞部分为二：曰鱼雨御，曰夫甫父。家麻部分为二：曰家假驾，曰嗟姐借。覃盐部分为二：曰甘感绀，曰兼检剑。入声则以屑叶为一部，厥月褐缺为一部，物北为一部，挞伐为一部。以乡音妄自分析，尤为不经。至前此胡文焕《文会堂词韵》平、上、去三声用曲韵，入声用诗韵，骑墙之见，亦无根据。近又有许昂霄缉《词韵考略》，亦以今韵分编，平、上、去分十七部，入声分九部，曰古通古转，曰今通今转，曰借叶，自称本楼敬思《洗砚集》中之论，大旨以平声贵严，宜从古，上、去较宽，可参用古今，入声更宽，不妨从今。但不知所谓古今者，何古何今？而又何所谓借叶？痴人说梦，更不足道。所幸者诸书俱未风行，犹不至谬以传谬。今填词家所奉为圭臬信之不疑者，则莫如吴烺、程名世诸人所著之《学宋斋词韵》。其书以学宋为名，宜其是矣，乃所学者皆宋人误处。……种种疏缪，其病百出，不知而作，贻误来兹，莫此为甚。而复有郑春波者，继作《绿漪亭词韵》以附会之，羽翼之，而词韵遂因之大紊矣。是古人之词具在，无韵而有韵，今人之韵成书，有韵而无韵，岂不大可笑哉！”

词学全书十四卷内府藏本

国朝查继超编。继超字随庵，海宁人。

【笺证】

《清朝文献通考》卷二三六经籍考：“继超，字随庵，海宁人。”

按，《爱日吟庐书画别录》卷二云：“查培继，字玉望，海盐人，顺治九年壬辰进士。由东莞知县内迁给事中，历官江西按察副侯，告归后购百可园为别业。是园为明郑端简公读书处，后为徐忠愍公所得也。著有《玉海堂集》，又辑《词学全书》十四卷。"查培继所辑《词学全书》十四卷与查继超所辑全同，有乾隆十一年（1746）世德堂刻本。据雍正《浙江通志》卷一六七载，查培继，字王望，海盐人，顺治壬辰进士。查继超、查培继或为同一人。

是编辑于康熙己未。以毛先舒《填词名解》四卷、王又华《古今词论》一卷、赖以邠《填词图谱》六卷《续集》一卷、仲恒《词韵》二卷汇为一编，无所发明考正。

【笺证】

阮元《文选楼藏书记》卷一："《填词名解》四卷，国朝毛先舒著，钱塘人，刊本。《古今词论》一卷，国朝王又华著，钱塘人，刊本。《填词图谱》六卷续集一卷，国朝赖以邠著，钱塘人，刊本。《词韵》二卷，国朝仲恒道辑，钱塘人，刊本。是四书汇为一编，题曰《词学全书》。"